"YIDAI YILU" BEIJING XIA WOGUO ZAI DONGNAN YA NAN YA CHUJING LÜYOU XIAOYING YANJIU

"一带一路"背景下我国在东南亚南亚出境旅游效应研究

张显春 著

华中科技大学出版社
http://press.hust.edu.cn
中国·武汉

内容提要

本书系笔者在国家社科基金项目"'21世纪海上丝绸之路'背景下我国在东南亚南亚出境旅游效应研究"（批准号：17BJY150）研究报告的基础上修改完善而成。书中以印尼、泰国、越南、马来西亚、菲律宾、斯里兰卡、印度等地实地调研数据为基础，系统地开展了关于我国出境旅游对东南亚南亚的经济、政治、社会文化、环境和科技的影响效应研究，提出了中国出境旅游的"一带一路"民心相通效应理论框架，构建了基于旅游目的地视角的中国出境旅游综合效应测量指标体系，结合典型案例分析了新时代新阶段影响下东南亚南亚旅游目的地民心相通出现的新动态，针对中国出境旅游的恢复与发展提出政策建议。

图书在版编目(CIP)数据

"一带一路"背景下我国在东南亚南亚出境旅游效应研究 / 张显春著. —武汉：华中科技大学出版社，2023.12

ISBN 978-7-5772-0278-5

Ⅰ. ①一… Ⅱ. ①张… Ⅲ. ①国际旅游－旅游服务－研究－中国 Ⅳ. ①F592.3

中国国家版本馆CIP数据核字（2023）第236094号

"一带一路"背景下我国在东南亚南亚出境旅游效应研究
"Yi Dai Yi Lu" Beijing xia Woguo zai Dongnan Ya Nan Ya Chujing Lüyou Xiaoying Yanjiu

张显春 著

策划编辑：王　乾
责任编辑：王　乾　鲁梦璇
封面设计：原色设计
责任校对：张会军
责任监印：周治超

出版发行：华中科技大学出版社（中国·武汉）　　电话：(027) 81321913
　　　　　武汉市东湖新技术开发区华工科技园　　邮编：430223
录　　排：孙雅丽
印　　刷：武汉科源印刷设计有限公司
开　　本：710mm×1000mm　1/16
印　　张：15.75
字　　数：242千字
版　　次：2023年12月第1版第1次印刷
定　　价：79.80元

本书若有印装质量问题，请向出版社营销中心调换
全国免费服务热线：400-6679-118　竭诚为您服务
版权所有　侵权必究

前　言

旅游业服务于"一带一路"倡议，是我国扩大和深化高水平对外开放中得出的一个重要理念。在"一带一路"倡议中，相对于"丝绸之路经济带"而言，"21世纪海上丝绸之路"在东南亚南亚地区沿线国家的建设将面临更大的挑战，在共建"一带一路"倡议下，我们应更关注出境旅游为"21世纪海上丝绸之路"所带来的积极效应。据此，国家社科基金项目"'21世纪海上丝绸之路'背景下我国在东南亚南亚出境旅游效应研究"课题组系统地开展了我国出境旅游对东南亚南亚的经济、政治、社会文化、环境和科技的影响效应研究，旨在探明出境旅游对"一带一路"民心相通推动效应的作用机制，准确掌握我国在东南亚南亚出境旅游的综合效应情况，梳理新时代新阶段中国出境旅游与东南亚南亚国家民心相通的内在联系和效应逻辑，提出更好地服务于东南亚南亚民心相通的出境旅游高质量发展的政策建议。本研究对我国加快新时代新阶段出境旅游业高质量发展及促进"21世纪海上丝绸之路"民心相通具有理论和实践上的重要意义。

本课题研究可直接利用的现有数据比较缺乏，东南亚南亚各国的国民经济统计体系及旅游业的产业分类体系不统一，导致数据收集及处理需要投入大量的时间和精力。为了获得课题研究所需的第一手资料，课题组在通过网络、书本、研究报告等渠道获取相关信息和数据的基础上，于2017—2019年先后十多次深入印尼、泰国、越南、马来西亚、菲律宾、斯里兰卡、印度等地开展了实地调研，访问了大量的旅游目的地居民、旅游从业人员、政府相关行业管理部门官员。

本书将"为什么要重视我国出境旅游在东南亚南亚地区民心相通的作用"和"双循环新发展格局背景下如何用好中国出境旅游'一带一路'

民心相通效应"这两个问题作为研究主线。将"民心相通"作为衡量出境旅游服务"一带一路"倡议实施效果的关键指标，据此构建了中国出境旅游"一带一路"沿线国家民心相通效应的测量模型，并运用该模型测量了印尼、泰国、越南、斯里兰卡、印度等东南亚南亚国家居民对华民心相通的成效。以经济、政治、社会文化、环境和科技等五个方面为一级指标建立东南亚南亚的中国出境旅游综合效应测量模型，测算了14个国家2010—2021年的综合效应水平，分析了东南亚南亚的中国出境旅游效应的区域差异及发展趋势，研究了新时代新阶段中国出境旅游对东南亚南亚民心相通影响的新动态，从应用角度回答"如何用好中国出境旅游'一带一路'民心相通效应"这一问题。

本书认为在我国推进高水平对外开放、促进出境旅游高质量发展的过程中，应该把握好新时代新阶段出境旅游恢复发展的契机，推动以服务"一带一路"民心相通为宗旨的出境旅游发展战略。本书指出实施这个战略的关键在于把握构建更加紧密的命运共同体框架下面向东南亚南亚的出境旅游高质量发展产业模式，找准新时代新阶段出境旅游新发展的共识、动能、空间和合作平台，进一步提升中国出境旅游的国际影响力和话语权。为此，本书从推动构建中国出境旅游"一带一路"民心相通效应的战略布局策略、合理运用中国出境旅游"一带一路"民心相通效应的战略布局策略、持续促进中国出境旅游"一带一路"民心相通效应的战略布局策略三个方面提出具体的政策建议。

本书为笔者主持的国家社科基金项目"'21世纪海上丝绸之路'背景下我国在东南亚南亚出境旅游效应研究"（批准号：17BJY150）的研究成果之一，课题参与人除本书作者外，还包括桂林旅游学院的朱锦晟博士、唐颖博士、潘俊阳博士、鲍青青博士，以及同济大学的博士生姚柱等，感谢他们为本课题做出的贡献。本书所依托的课题从选题到结题的全过程，均得到湖南大学工商管理学院博士生导师熊正德教授的悉心指导，得到时任桂林旅游学院校长程道品教授，以及桂林旅游学院相关部门及同事等的大力支持和帮助，在此一并表示衷心的感谢。

张显春
2023年9月6日

目　录

第1章　绪论　　1
1.1　问题提出　　3
1.2　研究意义　　17
1.3　文献回顾　　18
1.4　研究思路　　24
1.5　研究重点与难点　　27
1.6　研究方法与技术路线　　27

第2章　中国出境旅游效应和"一带一路"民心相通互动的理论框架　　31
2.1　中国出境旅游效应的内在关系与逻辑结构　　33
2.2　中国出境旅游"一带一路"沿线国家民心相通推动效应的产生　　37
2.3　中国出境旅游对"一带一路"沿线国家民心相通的作用机制分析　　40
2.4　基于旅游目的地居民视角的"一带一路"民心相通效应的测量　　53

第3章　东南亚南亚中国出境旅游效应研究　　65
3.1　经济效应：成为东南亚南亚地区经济发展的重要带动力　　67
3.2　政治效应：提升对东南亚南亚地区的软实力　　89
3.3　社会文化效应：对心理幸福感和文化包容性产生积极影响　　97
3.4　环境效应：促进东南亚南亚环境保护事业的发展　　106
3.5　科技效应：为数字经济发展提供市场动力和应用场景　　115

第4章 东南亚南亚中国出境旅游效应测量与驱动因素分析　123

4.1 东南亚南亚中国出境旅游效应的测量　125

4.2 东南亚南亚中国出境旅游效应的驱动因素分析　133

第5章 新时代新阶段东南亚南亚中国出境旅游效应的新动态　141

5.1 突发事件对东南亚南亚旅游经济的冲击效应　143

5.2 中国出境旅游对东南亚南亚"一带一路"倡议新解读的晕轮效应　153

5.3 中国出境旅游对东南亚南亚社会文化的资源诅咒效应　164

5.4 中国出境旅游对东南亚南亚旅游环境新影响的邻避效应与迎臂效应　176

5.5 中国出境旅游对旅游目的地居民科学素养的辐射效应　186

第6章 促进出境旅游高质量发展更好服务"一带一路"民心相通的政策建议　193

6.1 推动构建中国出境旅游"一带一路"民心相通效应的战略布局策略　195

6.2 合理运用中国出境旅游"一带一路"民心相通效应的战略布局策略　202

6.3 持续促进中国出境旅游"一带一路"民心相通效应的战略布局策略　213

第7章 结论　219

参考文献　224

第1章 绪论

"旅游是不同国家、不同文化交流互鉴的重要渠道,是发展经济、增加就业的有效手段,也是提高人民生活水平的重要产业。"国家主席习近平在致联合国世界旅游组织第22届全体大会的贺词中这样评价旅游的作用。出境旅游具有高度融合经济、政治、文化、社会和环境的特性,被视为增进全球经贸合作、文化融通、文明对话的重要驱动力。随着中国成为全球最大的出境旅游客源国及出境旅游消费国,出境旅游在国际关系活动中的"软外交"属性和"政治角色"不断彰显,日益成为国家之间的一种重要博弈工具。由于地缘政治、经济发展等因素的影响,共建"一带一路"倡议在东南亚南亚地区沿线国家面临着更复杂的外部挑战。随着出境旅游规模迅速扩大,出境旅游已成为增进"一带一路"民心相通的载体,在促进东南亚南亚共建"21世纪海上丝绸之路"中发挥出独特的作用。因此,研究我国在东南亚南亚的出境旅游效应对我国文化传播及"一带一路"建设具有重大的政治和经济意义。

本章阐述了课题的现实背景与研究意义,回顾了相关文献,在把握前人研究成果的基础上,提出了本课题的研究思路、研究重点及难点,并构思了研究方法与技术路线。

1.1 问题提出

1.1.1 中国成为全球最大出境旅游客源国

出境旅游是我国实行改革开放和社会经济发展的产物，伴随着出境旅游政策的逐步宽松与变化而获得快速发展。中国的旅游业遵循着入境旅游、国内旅游和出境旅游的顺序发展。在改革开放初期，国家重点发展入境旅游，严格意义上的出境旅游不存在。直到1983年，我国出境管制政策开始放松，国务院侨办、港澳办、公安部允许广东省居民赴港澳地区旅游探亲，中国公民出境旅游市场初具雏形。1990年，国家颁布《关于组织我国公民赴东南亚三国旅游的暂行管理办法》，标志着我国出境旅游发展真正开始起步。20世纪90年代，随着我国经济快速发展和人民生活水平显著提高，出境旅游政策逐步放宽，我国的出境旅游也得到了相应的快速发展。国家统计局从1993年开始统计国内居民出境人数，将出境旅游业纳入了国民经济核算体系。1997年，国家发布《中国公民自费出国旅游管理暂行办法》并开始实施ADS签证，我国才有了真正意义上的出境旅游。2009年，国务院出台了《国务院关于加快发展旅游业的意见》（国发〔2009〕41号），2013年《中华人民共和国旅游法》正式实施，这些举措为出境旅游业发展提供了强大的政策和法律保障。我国出境旅游在短短30多年中创造了一个又一个奇迹，1993—2019年，我国出境人数由374万人次增长至15463万人次，增长了约40倍；出境旅游消费支出由27.97亿美元增长至2775亿美元，增长了约98倍。总体来说，中国出境旅游自改革开放以来实现了巨大发展，成为中国旅游事业发展的重要组成部分。

从时间轴上看，我国出境旅游的发展可分为三个阶段：1993—2003年为起步发展阶段，出境旅游发展的政策环境逐步宽松，出境旅游业日益步入正轨；2004—2013年为快速增长阶段，中国成为全球最大出境旅游客源国和最大出境旅游消费支出国；2014—2019年为平稳发展阶段，出境旅游发展日趋成熟。从表1-1可知，1997年国家颁布《中国公民自费出国旅游管理暂行办法》，同年香港回归，我国出境旅游人数出现井喷式增长，并呈现出"高增长、高消费"的"双高"特征（杨军，2006）；2010年1月1日中国—东盟自由贸易区启动，我国出境旅游人数突破5000万人次，并且首次超过入境人数，贸易逆差日趋明显，国家开始强调出境旅游的综合效应；2012年我国出境人数为8318.27万人次，首次超过德国与美国，成为世界第一大出境旅游市场；在2013年提出"一带一路"倡议的加持下，中国出境旅游支出超过美国成为世界第一大出境旅游消费国，稳居全球最大出境旅游客源国和最大出境旅游消费国；2020年初受新冠疫情影响，全球出境旅游业按下暂停键，我国出境旅游经历连续20多年的增长后也因疫情停顿下来，2020—2021年总体处于停滞状态。2023年，自文化和旅游部发文试点恢复全国旅行社及在线旅游企业经营中国公民赴有关国家出境团队旅游和"机票+酒店"业务、先后公布两批目的地国家名单等利好政策以来，出境旅游政策不断优化，上半年出境旅游目的地共计接待内地（大陆）游客达4037万人次（中国旅游研究院，2023），上半年出境旅游景气度比2019年同期高21，出境旅游呈"U"形有序逐步恢复（世界旅游联盟，2023）。

表1-1 1993—2020年中国出境旅游人数

年份	出境旅游人数/万人次	增长率/（%）	年份	出境旅游人数/万人次	增长率/（%）
1993	374.00	—	2002	1660.23	36.8
1994	373.36	−0.2	2003	2022.19	21.8
1995	452.05	21.1	2004	2885.29	42.7
1996	506.07	12.0	2005	3102.63	7.5
1997	532.39	5.2	2006	3452.36	11.3
1998	842.56	58.3	2007	4095.40	18.6
1999	923.24	9.6	2008	4584.44	11.9
2000	1065.06	15.4	2009	4765.63	4.0
2001	1213.31	13.9	2010	5738.65	20.4

续表

年份	出境旅游人数/万人次	增长率/（％）	年份	出境旅游人数/万人次	增长率/（％）
2011	7025.00	22.4	2016	12202.79	4.4
2012	8318.27	18.4	2017	13050.71	6.9
2013	9818.52	18.0	2018	14971.84	14.7
2014	10727.55	9.3	2019	15463.00	3.3
2015	11688.58	9.0	2020	2022.40	−86.9

数据来源：旅游统计年报、国家统计局。

自1993年以来，尽管我国出境旅游市场发展随着国家经济的波动而有起伏，但总体上呈持续增长趋势。在全球范围内，越来越多的旅游目的地通过签证优惠政策及航线开通，积极拥抱中国旅游者。鉴于我国庞大的人口基数和巨大的市场体量，我国出境旅游已引起了各个国家及地区的高度关注，世界各国纷纷加强与中国国际旅游业的合作。中国出境旅游业在与世界的互动发展中突显了以下三个特点。

1. 中国出境旅游为全球经济发展贡献强大动能

全球国际旅游业形成于19世纪中叶，在20世纪50年代后迅速发展，并在20世纪90年代初成为超过石油工业和汽车工业的世界第一大产业，成为世界经济中持续高速稳定增长的重要战略性、支柱性和综合性产业。然而，世界旅游经济的发展并不是一帆风顺的，国际旅游业容易受到自然灾害和政治因素的影响，总体呈现出曲折中前进的发展态势。

中国出境旅游业在全球国际旅游业的震荡发展中不断注入活力和动能，特别是在2003年SARS和2004年海啸事件之后，中国高速发展的出境旅游业成为全球国际旅游业的一道风景线。即使在2017—2019年全球国际旅游业出现增速放缓、消费乏力的大背景下，中国出境旅游仍然保持平稳增长的发展态势。中国出境旅游人次占世界出境总人次的10.8％，对世界出境旅游的增长贡献度为24.7％；中国出境旅游支出占世界出境旅游总支出的18.5％，对世界出境旅游增长贡献度为33.2％（李中建，2019）。

中国出境旅游还推动了旅游目的地国与中国国际贸易的发展（孙根年，2012）。王洁洁（2010）和马丽君（2015）研究发现，中韩、中菲出入境旅游客流量的增长会促进双边进出口贸易的快速增长。江金波（2018）的研究则表明，中国出境旅游引领了中国与菲律宾的贸易发展，对印尼、印度、斯里兰卡、新加坡、泰国等国贸易产生了影响。高嘉勇（2022）分析了2013—2018年中国与东盟国家出入境旅游和进出口贸易往来情况，揭示出中国出境旅游与中国—东盟国际贸易呈正相关关系，国际旅游往来会促进国际贸易的发展。

2. 中国出境旅游谱写大国外交的旅游故事

我国从1995年开始实施ADS协议，开展"客源外交"，至2019年已有130多个国家被列入ADS名单，涵盖世界各大洲。出境旅游被视为一种经济援助手段，通过游客在境外消费支出外汇以平衡贸易收支。出境旅游增进了出境游客与目的地国家居民之间的相互了解与沟通，减少了摩擦，缓和并促进了国际关系。从2006年开始，中国联合其他国家举办"旅游年"活动，至今已与10多个国家举办了20多场次"旅游年"活动，使之成为配合大国外交战略的重要载体。这不仅促进了中国与各国旅游领域的交流与合作，还带动了双边经贸、文化、交通、外交等多个领域联动发展（王鹏飞、魏翔，2017），并将旅游的民间交往角色上升到国家制度层面（邹统钎、胡莹，2016；杨劲松，2019）。同时，旅游警告作为一种软外交工具，主要通过发出警告或禁令，截断出境客流或撤回旅游投资，取消对目标国的经济支持，使其蒙受一定程度的经济损失，以迫使其改变有损本国利益的内外政策（李中建、孙根年，2021）。随着我国国民收入不断增长，以及国家对出境旅游政策的不断放松，居民出境旅游规模迅速扩大，游客境外消费支出对目的地经济发展的带动力增强，出境旅游日益成为我国对外交往不可或缺的重要平台。

"旅游外交"作为一个独立的官方概念，在2015年1月的全国旅游工作会议中被明确提出来；2016年，国家《"十三五"旅游业发展规划》中将"旅游外交"纳入国家发展战略。自此，"旅游外交"被正式纳入国家外交业务体系，旅游外交的表达形式日益丰富，成为新时代国家外交工作的重要组成部分。国家通过举办"中国旅游年"、开展国际旅游合作、实施旅游警告、参与国际旅游议程设置等独特的旅游外交行为，不断深化与越来越多国际旅游组织的合作，不断提升中国在世界旅游领域的话语权和影响力。

3. 中国出境旅游成为"一带一路"民心相通的载体

旅游就是游客观察、感知、体验旅游目的地的自然、社会，并与目的地自然、社会互动的过程。每位游客都代表着一个文化符号，中国游客在赴境外旅游过程中，他们的言行举止、精神面貌都在旅游目的地中体现了中国形象，他们就是中华文化、中国故事和中国声音的传播者。在与旅游目的地居民的交流互动中，中国游客潜移默化地将中国精神、中国声音传递给当地，传播了文化，促进了文化交融，拉近了中国与目的地的距离，为中国与世界的联通架起了新的桥梁。随着我国综合国力不断增强、人民生活水平不断提高，旅游业成为提升人民生活品质的幸福产业，旅游所承载的文化意义与社会功能也逐渐丰富。国家《"十三五"旅游业发展规划》提出要开展"一带一路"国际旅游合作，拓展与重点国家的旅游交流，创新完善旅游合作机制。国家《"十四五"旅游业发展规划》强调要加强与重点目的地国家旅游双向交流，推动中华文化传播。

随着旅游的和平外交功能日益凸显，出境旅游在推动国际关系与国际经济发展中起到的作用越来越大。进入新时代，旅游外交功能的内涵和外延都被赋予了更大的历史使命。它在促进国家间政治关系、经贸合作、人文交流，以及传播本国文化、展示文明成果、提升国家形象、增强国际影响力和文化认同感等方面的作用显著增强（范周，2018）。中国出境旅游已成为向世界讲好中国故事、传播好中国声音的重要传播渠道。

自2013年中国提出"一带一路"倡议以来，以对话协商、共建共享、合作共赢和交流互鉴为特征的沿线国家旅游交往日益密切。2019年，中国与"一带一路"参与国的双向旅游交流超过6000万人次，沿线国家和地区成为中国公民出境旅游目的地，占我国公民出境旅游目的地总数的37%。中国游客到沿线国家的出境旅游，从2013年的1549万人次增长到2017年的2741万人次，五年间增长77%，年均增速达15.34%（中国旅游研究院，2018）。这使得中国成为"一带一路"沿线国家的重要旅游客源国，为沿线国家带来5.36%的直接就业贡献以及14.11%的旅游综合就业贡献，对沿线国家和地区降低失业率、减少贫困具有明显的促进作用。出境旅游以民间外交的方式不断促进中国与沿线国家和地区的政策融合、设施互通、经济合作、人员往来和文化交融，在"一带一路"建设中的先导带动作用日益显现，对"一带一路"倡议的实现起着重要的推动作用。

出境旅游成为"一带一路"沿线各国民心相通的亮丽纽带。"一带一路"倡议的核心目标是实现"五通"，即政策沟通、设施联通、贸易畅通、资金融通、民心相通，其中民心相通是"五通"最高层次的沟通。旅游业作为我国改革开放中率先对外开放的产业之一，具有对外联通的强大带动作用，对推动"一带一路"沿线国家和地区实现互联互通具有天然的优势（中国旅游报，2017）。特别是通过国民旅游外交，可以更进一步实现民心相通。因此，国家旅游部门提出了"'一带一路'，旅游先行"。出境旅游增进全球人文交流与文明互鉴，成为"一带一路"沿线各国民心相通的重要载体。

1.1.2 旅游业成为东南亚南亚经济发展的重要引擎

1. 东南亚南亚区域经济发展概况

东南亚指亚洲东南部地区，包括越南、老挝、柬埔寨、菲律宾、泰国、缅甸、印度尼西亚、马来西亚、文莱、新加坡、东帝汶11个国家。2021年，东南亚地区总人口为6.55亿，GDP总值为33587亿美元，是中国通往外部世界的最重要的海上通道，也是维护国家安全的重要门户。东盟（ASEAN）全称东南亚国家联盟，属于区域一体化组织，侧重经济共同体和安全共同体（庞中英，2003）。东盟成立于1967年，其中有10个正式会员国和1个候选国。东南亚具有战略地位重要、区域一体化强烈、经济发展非常不平衡、文化多样性突出等特点（贺圣达，2014）。东南亚的旅游业以国际旅游为主，与国际形势具有紧密的关联性，并在国民经济中占有重要地位（邓颖颖，2015）。中国于2003年与东盟建立战略合作伙伴关系，2010年建成中国—东盟自由贸易区，2022年建立全面战略合作伙伴关系，RCEP生效实施。根据中国商务部网站数据，2020年，中国与东盟实现了互为第一大贸易伙伴的历史性突破。2021年，中国与东盟货物贸易额达8782亿美元，同比增长28.1%。

南亚地区包括马尔代夫、尼泊尔、印度、孟加拉国、斯里兰卡、巴基斯坦、不丹7个国家，其中有4个国家与中国接壤。南亚地区是中国向西开放的门户，也是西进通道建设的起点，在"一带一路"国际合作框架中具有其他地区难以企及的枢纽地位。南盟是南亚区域合作联盟的简称，成立于1985年，是南亚国家共同建立的互助合作组织。南亚地区有18.9亿人口，大多为传统农业国，其经济以农业生产为主、轻工业为辅，服务业是带动发展的主力（任佳、马文霞，2015）。区域小国尼泊尔、马尔代夫、斯里兰卡等国家的经济更是高度依赖旅游业。地区经济总体发展水平较低，是较贫穷的地区之一。根据世界银行网站数据，2018年南亚地区人均GDP仅1905美元。尽管全球一体化进程不断加深，南亚的贸易渗透率依然在全球范围内垫底，2017年，服务业和货物进出口总额占了本区域GDP的39%。区域内经济发展极其不平衡，加上宗教、政治和社会安全形势严峻等因素影响，南亚国家经济发展的不确定性突出。中国对经济增长的强烈愿望促使南亚各国在双边和多边框架下进一步加强经贸合作。然而，中国对南亚的总体贸易规模并不大，到2019年，中国与南亚的贸易额为1362亿美元。

2.东南亚南亚区域旅游业发展特点

东南亚和南亚是"21世纪海上丝绸之路"的主要通道，也是中国游客出境旅游的主要目的地。从我国的出境旅游发展历程来看，初期我国游客的主要目的地是我国港澳地区，以及新加坡、马来西亚、泰国等东南亚国家；从1998年起，日本、韩国、澳大利亚和新西兰等国家相继成为我国出境旅游新热点；2003年，斯里兰卡、印度和马尔代夫成为我国出境旅游目的地，欧洲地区的大部分国家也从该年起逐渐对我国公民开放，中国的出境旅游版图扩大到了欧洲大陆；至2004年，中国与老挝签署《关于中国旅游团赴老挝旅游实施方案的谅解备忘录》，东南亚国家全部开放为中国公民自费出国旅游目的地；2008年，美国成为我国公民自费出国游目的地后，中国出境旅游目的地基本覆盖了全球主要大陆。总体上，中国出境旅游目的地国家在空间上呈"近程—中程—远程"分布，但以亚洲国家为主，东南亚国家是一直保持高热度的区域。根据《中国出境旅游发展报告2020》数据，2019年，我国赴其他国家和地区的游客约有50%选择了东南亚南亚国家，有33%出境游客选择前往欧洲、美洲、大洋洲和非洲等长线旅游目的地国。由此可看出，由于便捷的交通、亲民的价格、相近的文化习俗、较低的语言门槛，以及相对便利的签证办理，东南亚仍然是中国出境游客首选的出境旅游目的地。

东南亚一直受到中国游客的青睐。东盟国家历来重视旅游业在国民经济发展中的作用，将其作为国民经济的支柱产业（程胜龙，2011）。东南亚旅游业国际化程度较高，在从"印度洋海啸"恢复之后一直保持较高的发展速度，接待国际游客人数从2013年的10220万增加到2019年的14775万，六年间增长了45%，且在全球国际旅游总人数中占比稳定在9%以上（见表1-2），这使得东南亚在全球旅游市场中具有较高的竞争力（见表1-3）。

表1-2 2013—2019年东盟十国接待国际游客人数

国家	2013年/人次	2014年/人次	2015年/人次	2016年/人次	2017年/人次	2018年/人次	2019年/人次
新加坡	15567916	15095152	15231469	16403595	17424611	18508302	19111343
马来西亚	25715500	27437315	25721251	26757392	25948459	25832354	26100784
泰国	26546725	24779768	29881091	32529588	38178194	38277300	39797406
柬埔寨	4210165	4502775	4775231	5011712	5602157	6201077	6610592
印度尼西亚	8802129	9435411	10406759	11519275	14039799	15810300	16106900
越南	7581564	7887013	7898852	10012735	12922151	15497791	18008591
文莱	3279158	3885566	4060174	4257189	4315984	4521336	4600000
菲律宾	4681307	4833368	5360682	5967005	6620908	7127678	8260913
老挝	3779490	4158719	4684429	4239047	3868838	4186432	4790000

续表

国家	2013年/人次	2014年/人次	2015年/人次	2016年/人次	2017年/人次	2018年/人次	2019年/人次
缅甸	2044307	3081413	4681020	2907207	3443133	3551428	4364101
十国合计	102208261	105096500	112700958	119874745	132364234	139513998	147750630
全球国际游客人数	10.97亿	11.42亿	11.97亿	12.43亿	13.32亿	14.07亿	15.0亿
东南亚占比	9.32%	9.20%	9.42%	9.64%	9.94%	9.92%	9.85%

数据来源：世界旅游组织官网、中国—东盟中心官网，以及中国旅游研究院东盟旅游研究基地提供的内部资料整理的成果。

表1-3　2019年东盟国家旅游业竞争力情况

国家	类别			
	GDP世界占比/(%)	2009—2019年GDP年均增长/(%)	经济体竞争力世界排名	旅游业竞争力世界排名
新加坡	0.42	4.60	1	19
马来西亚	0.74	4.80	27	29
泰国	0.98	3.30	40	31
柬埔寨	0.05	6.10	106	98
印度尼西亚	2.59	4.80	50	40
越南	0.53	5.40	67	63
文莱	0.03	0.10	56	72
菲律宾	0.71	5.50	64	75
老挝	0.04	6.50	113	97
缅甸	—	—	—	—

数据来源：世界经济论坛官网。

然而，东南亚各国的旅游市场发展并不均衡。马来西亚、泰国、新加坡、印度尼西亚、越南等国都把旅游业列为国家的主要发展产业。2019年，马来西亚、泰国和新加坡三个国家的旅游市场份额分别达到26.93%、17.67%和12.93%。近年来，越南的国际旅游市场发展较快，2019年在东盟国际旅游市场占有12.19%。印度尼西亚和菲律宾的国际旅游发展则由于受到了政治和恐怖主义的冲击，近几年来旅游业发展一直处于不稳定的状态。东盟地区的柬埔寨、老挝、缅甸等国由于在旅游基础设施、服务设施等方面受到限制，在国际旅游中所占有的比重较低。不过，近年来这些国家在上述方面有了很大的改善，其竞争力在全球排名中有了一定提高。

东北亚是东南亚重要的客源市场，其中来自中国、日本和韩国的游客量迅速增长，中国于2007年超过日本成为东南亚最大客源国。2019年，到访东南亚的中国游客人数超过3000万人次，占当年中国出境旅游总人数的20.4%，占东南亚国际游客总人数的20.3%，充分表明中国游客对东南亚旅游业发展的重要性（见表1-4）。

表1-4 2018—2019年中国游客到访东南亚各国人数

国家	2018年/万人次	2019年/万人次
新加坡	341.7	362.7
马来西亚	294.4	311.4
泰国	1053.5	1099.7
柬埔寨	202.4	236.2
印度尼西亚	213.9	207.2
越南	496.7	580.6
文莱	6.6	7.5
菲律宾	125.5	174.3
老挝	80.6	102.3
缅甸	96.3	146.3
总计	2911.7	3228.2

数据来源：世界旅游组织官网、中国—东盟中心官网、东盟统计数据库。

南亚是中国游客传统的小众型出境旅游目的地。南亚有世界上最高和最雄伟的山脉、悠久的历史、神秘的宗教、多元的地理文化以及丰富多彩的异域风情,世界遗产众多,旅游资源极其丰富。然而,当前南亚的经济发展较为落后,其旅游业起步晚、发展慢、起伏大,发展水平仍然较低。南亚地区国际旅游收入在其服务贸易收入的占比不到30%,国际游客仅占世界游客的1%左右,远远落后于世界其他地区。《2019年旅游竞争力报告》分析,南亚是亚太地区唯一一个旅游竞争力低于全球平均水平的次区域。南亚旅游相对于全球平均水平的最大优势来自其价格竞争力,以及自然和文化资源,但它在后两个优势方面落后于亚太地区,在所有其他优势方面落后于全球指数,严重落后的旅游服务基础设施已成为其最大的相对劣势。此外,信息和通信技术准备程度低、国际开放性不高、安全和安保以及健康和卫生没有保障也是其旅游业发展缓慢的关键因素。自2017年以来,南亚虽然是全球旅游基础设施改善速度较快的地区之一,但是南亚的地缘和文化优势并没能像东南亚那样,使其成为中国大众化出境旅游目的地。马尔代夫、斯里兰卡的海岛旅游和印度、尼泊尔的特色文化旅游在中国的知名度很高,但规模仍然偏小。2014年9月,中国国家主席习近平先后出访马尔代夫、斯里兰卡和印度南亚三国,对中国与南亚三国的旅游业互动发展产生了积极的影响。其中,马尔代夫和斯里兰卡的中国游客数量增长尤为明显。2015年、2016年中国与印度互办"旅游年"后,赴印度旅游的中国游客明显增加,但总量仍然较小。2018年,赴印中国游客总数仅为28.2万人次,仅占印度当年国际游客人数的2.7%,这与印度的旅游资源和知名度极不相称。

1.1.3 中国出境旅游发展演变中的两个问题

1.为什么要重视出境旅游在东南亚南亚对华民心相通的作用

民心相通是"一带一路"五通的目标和民意基础,要实现"一带一路"民心相通,就必须"尊重世界文明多样性,以文明交流超越文明隔阂、文明互鉴超越文明冲突、文明共存超越文明优越",这就需要大规模的民间交流作为基础。根据2015年国家发展改革委、外交部、商务部联合发布的《推动共建丝绸之路经济带和21世纪海上丝绸之路的愿景与行动》（简称《愿景与行动》），可将"一带一路"民心相通大致归纳为教育、文化、旅游、卫生、科技、就业、非国家行为体交流等。旅游是一个多维度的活动，它的影响因素很多。游客热情和数量的增长不仅能反映一个国家的魅力，还能间接地体现出两个国家的好感度、文化认同度、观念的融合度和民间交流程度（翟崐，2016）。旅游具有亲民性、自发性、经济性、文化性等特质。出境旅游活动有利于超越社会制度和文化距离的约束，在民间交往中不断发挥潜移默化的影响，有效减少分歧，增强中国游客与目的地民众之间的了解与互信，巧妙地传达国家意志。

共建"一带一路"倡议已实施10年，在共建国家的共同推动下，"一带一路"倡议已从发展理念转化为合作行动，从理想愿景发展为可喜现实。然而，"一带一路"沿线国家在政治制度、发展模式、价值观念、历史文化等诸多因素的影响下，文化的碰撞甚至冲突是不可避免的，这对"一带一路"倡议的民心建设造成了很大的困难。由于特殊的地缘政治、错综复杂的文化和宗教差异等因素的影响，东南亚南亚的封闭文化与开放文化之间、宗教文化之间、传统文化与现代文化之间的冲突比较严重（郭鸿炜，2019），导致东南亚南亚与中国之间的文化碰撞与冲突也比较突出。当前，世界百年未有之大变局使外部环境和内部条件均发生深刻变化，逆全球化思潮泛起成为共建"一带一路"的巨大阻力，全球价值链步入深度调整回缩和数字化延伸趋势成为共建"一带一路"的巨大变量。在这种局势下，更凸显出民心相通是"一带一路"倡议最根本的要义。

丝绸之路是世界上最有生气、最有发展潜力的黄金旅游区，"一带一路"沿线地区在自然景观、历史文化、民族风情等方面存在着极大的差异性和互补性，而"一带一路"倡议是促进和加强沿线各国人民相互了解的催化剂。东南亚和南亚地区是中国主要的出境旅游目的地，各国之间有着很好的交流关系。出境旅游是促进各国民间交流、增进彼此了解的最直接的方式。旅游产业因其强大的经济社会效应，在1995年之后逐步被东南亚和南亚国家视为新时期的支柱产业，在马尔代夫等一些国家甚至支撑起整个国家的经济发展。

在提出共建"一带一路"倡议后,我国的出境旅游发展提速。2014年,中国游客出境旅游人数超过1亿人次,我国跃升为全球最大的旅游市场,这也成为我国"一带一路"人文交流的亮丽风景线和中国旅游业发展的里程碑。然而,在我国连续多年保持全球最大出境旅游客源国和最大出境旅游消费国的同时,世界正以复杂的心态审视和解读中国出境旅游带来的种种影响。同为"海上丝绸之路"重要节点的东南亚和南亚两个旅游目的地出现了极大的市场反差,东南亚和我国多年互为最大出境旅游目的地,而中国游客到南亚的出境旅游一直处于低水平状态。此外,我国的出境旅游在平衡"一带一路"的"心联通"与"硬联通"方面的表现也不尽如人意,旅游在人文交流领域的"先联先通"优势与"民心相通"建设的期望不匹配。尽管我国出境旅游为东南亚南亚等"一带一路"沿线国家的社会经济发展做出了巨大贡献,但并不是所有的旅游目的地都获得了理想的经济效益。随着一些旅游目的地反旅游化的声音和行为出现,我们不得不重新思考旅游业与经济、政治、文化、社会、生态环境的关系,明晰旅游业发展给旅游目的地带来的利与弊,重视中国出境旅游与"一带一路"倡议的关系。

2.百年变局与双循环新发展格局背景下如何用好中国出境旅游"一带一路"民心相通效应

我国已连续多年为全球最大出境旅游客源国和最大出境旅游消费国,已经是一个毫无疑义的出境旅游大国,但却还不是一个出境旅游强国。与美国、英国、日本、韩国等国相比,中国游客在东南亚和南亚的影响力仍然存在较大差距。国内国际双循环是中国经济未来一段时间的发展主线,出境旅游本应属于外循环的重要构成,受国际航班运力、海外旅游基建设施有待恢复、酒店及餐饮劳动力短缺等问题的制约,我国的出入境旅游的恢复发展注定是一个较为漫长的过程,旅游国际影响力的提升同样面临极大的不确定性。持续暂停了3年的出境旅游业务,对境外积累了30年的出境旅游效应产生了较大的影响。在当前错综复杂的外部环境和困难重重的内部挑战下,中国出境旅游在后疫情时代推进东南亚南亚共建"一带一路"中需要勇于面对四个历史性责任问题：

1）如何回应海外对新时代新阶段出境旅游恢复发展的质疑

2023年上半年，文化和旅游部发文试点恢复全国旅行社及在线旅游企业经营中国公民赴有关国家出境团队旅游和"机票＋酒店"业务，先后公布了两批目的地国家名单，出境游逐步回暖。但在中国游客赴东南亚南亚旅游数量恢复有限的情况下，仍有舆论质疑中国出境旅游对东南亚南亚旅游目的地经济带动影响力。东盟在2020—2022年连续三年超越欧盟成为中国第一大贸易伙伴，中国出境旅游与东盟国际贸易互动发展关系也受到质疑；中国出境旅游的缓速发展重新拉大了东盟地区青年与中国的文化距离；科技及新技术应用加速国际旅游业创新，传统的出境旅游业面临更艰难的恢复压力，东南亚众多旅游目的地对传统国际旅游业的未来发展信心也日益不足。

2）如何提升对东南亚南亚旅游目的地居民民心相通的渗透力

在东南亚，我国连续多年是其最大客源国，但与美国、日本等国游客相比，中国游客在东南亚的综合影响力尚显单薄，对目的地居民的影响力和渗透力有待加强。在南亚的印度、巴基斯坦、孟加拉国等人口大国中，中国游客数量仅居印度国际游客数量的第八位（印度旅游统计，2019），低于欧美国家和日本、韩国；马尔代夫、斯里兰卡近年来虽成为中国游客的"新宠"，但游客总量并不大。

3）如何真正建立共建"一带一路"的硬基础

在"一带一路"沿线各国和地区，数量庞大的中国出境旅游旅客的跨境流动有力地推动了当地航空、铁路、公路、港口等交通基础设施的发展，并为实现与我国的互联互通提供了实际的客源基础。孟加拉国、印度、缅甸等国家对我国出口市场及相关投资的需求都很高，巴基斯坦瓜达尔港也在积极地与中国的游船市场进行对接。

4）如何在新时代新阶段国际旅游新规则的制定中掌握主导权

在后疫情时代，中国游客逐步回归全球，许多目的地国都迫切希望深入了解中国在新时代新阶段的出境旅游市场。因此，我们必须积极主动地参与到有关国际问题的讨论和研究之中，以便在国际事务中获得更多的发言权。要充分重视东南亚南亚国家对我国旅游市场的关注，积极推进与东南亚南亚地区旅游目的地合作实施情况评价，以提高中国旅游业在新时代新阶段的对外开放水平和质量。需要进一步用好由中国主导的世界旅游联盟等国际组织平台，围绕健康、安全的紧急保障机制，积极参与国际旅游新规则的制定，并在规则的制定中积极反映中国市场的诉求，维护好游客与企业的安全利益和发展利益。

1.2 研究意义

1.2.1 理论价值

旅游具有较强的经济、政治、社会文化、环境等效应，并具有柔性产业属性。随着中国成为全球最大出境旅游客源国和出境旅游消费国，出境旅游日益成为国际关系活动中一种重要的博弈工具。由于南海安全、地缘政治等因素的影响，相对于丝绸之路经济带而言，"21世纪海上丝绸之路"在东南亚南亚地区沿线国家的建设将面临更大的挑战。在此背景下，本研究通过梳理文献，对出境旅游与"一带一路"民心相通的关系进行辨析，在前人的基础上提出中国出境旅游"一带一路"民心相通效应的概念，阐明中国出境旅游"一带一路"民心相通效应的作用机制，建立基于旅游目的地居民视角的中国出境旅游"一带一路"民心相通效应测量指标，丰富出境旅游效应的相关理论。本研究将系统研究东南亚南亚的中国出境旅游综合效应并建立相应的综合效应测量模型，深入分析中国出境旅游与东南亚南亚国家发展的内在关系和效应逻辑，基于此提出服务于"一带一路"民心相通的新时代新阶段出境旅游发展的思路和对策，构建新的理论视角，探索中国出境旅游对东南亚南亚国家产生的晕轮效应、资源诅咒效应、邻避与迎臂效应等现象，在一定程度上拓展相关理论的研究维度，丰富国际旅游和旅游政治学的理论内容和研究方法。

1.2.2 应用价值

将出境旅游的综合效应与东南亚南亚"一带一路"民心相通工作有机结合起来，测定中国出境旅游对"一带一路"沿线民心相通推动效应，以及中国出境旅游对东南亚南亚经济、政治、社会文化、科技和环境的综合效应，对中国出境旅游活动造成的既成事实和结果进行实证度量，研究结果对于了解过去的出境旅游政策实施效果、判定新时代新阶段恢复发展出入境旅游业的旅游政策导向及国际旅游合作战略、促进我国出境旅游与共建"一带一路"倡议更好地融合发展具有重要的现实意义。

1.3 文献回顾

1.3.1 出境旅游及出境旅游效应

旅游业由国内旅游、入境旅游和出境旅游三大业务构成。出境旅游（outbound tourism）是一个全球范围内的旅游现象，基于不同的国情和文化视角，国内外对出境旅游的界定不完全一致。世界旅游组织将出境旅游定义为游客跨越国界前往其他国家或地区的活动。而在国内，原国家旅游局将其定义为"中国（大陆）居民因公或因私出境到其他国家、中国香港特别行政区、澳门特别行政区和台湾省进行的观光度假、购物消费、探亲访友、就医、参加会议或从事经济、文体和宗教等的活动"。基于研究需要，本研究采用国内官方组织的定义，将出境旅游界定为中国（大陆）居民离开我国口岸前往其他国家、中国香港特别行政区、澳门特别行政区和台湾省所从事的活动，既包括经济类型的活动，也包括非经济类型的活动。刘倩倩等人（2021）以"出境旅游"和"outbound tourism"为主题,从中国知网数据库和Web of Science数据库2019年12月31日前的文献中,共筛选出437篇关于中国出境旅游研究领域的中英文文献,总结了目前中国旅游发展与政策调控、旅游需求与影响因素、旅游流向与形成机制、旅游行为与管理、出境旅游效应五个方面的研究现状。

"效应"泛指某种事物的发生、发展所引起的社会反应和效果。出境旅游是一种跨国界的人际交往活动,其经济价值十分显著,其对政治、社会、文化乃至生态等方面的重要性也是不容忽视的。具体而言,出境旅游效应是指旅游者跨境流动并在旅游目的地活动及消费所引发的种种利害影响,影响内容主要表现在经济、政治、社会文化、环境和科技等方面。

1) 经济效应

国际旅游业在世界经济中的关键作用和对一个国家或地区经济的积极影响得到许多权威机构的认同（Chen, 2008）,经济影响成为出境旅游效应研究的热点。因为国际游客支出可视为外国资金注入当地经济,在当地创造新的消费（Harcombe, 1999）,创造就业机会和新的税收（Boley et al., 2017; Tohmo, 2018）。在东南亚以旅游为国民经济支柱产业的旅游经济体,游客人数的增加与当地GDP的增加呈正相关,使当地就业率和经济增长率超过非旅游经济体（Capo, Valle, 2008）。孙根年（2012）从动态角度提出了出入境旅游与贸易互动的三阶段演化模型。章锦河等（2012）通过分析1985—2011年中国出境旅游与国际服务贸易相关数据实证了出境旅游与国际服务贸易的正相关关系。江金波（2018）进一步实证了中国与"一带一路"沿线国家间的旅游与贸易存在互动关系。出境旅游市场通常被视为中国旅游企业跨国投资的基本支撑点（杨劲松,2011）,通过出境旅游可带动中国企业海外投资（戴学锋,2012）。

2) 政治效应

中国的出境旅游作为一种非正式的对外宣传方式,在处理国际关系方面具有"软外交"性质,扮演着"政治角色"。中国旅游者已成为国外民众接触中国的最直接的媒介,也是一个国家形象沟通系统的一个重要力量(吴茂英、周玲强,2016)。中国频繁与目的地国家或区域的交流,会在一定程度上改变中国在国际媒体上的消极影响,从而让目的地国家民众对中国的国家形象有较为客观、积极的认识(刘娟,2015)。旅游外交是中国特色的外交思想,中国庞大的出境群体和消费能力共同构筑了中国旅游外交强大的现实基础(李飞,2019)。旅游外交是一国为了加强相互交流合作、促进人类文明传播、保护本国游客在境外权益不受损害而进行国际旅游合作的行为(王鹏飞、魏翔,2017)。出境旅游由此成为国家对外交往的资本和砝码、国家外交战略的重要组成部分和促进对外交往的重要抓手(李中建,2021)。然而,对于旅游目的地而言,描述出境旅游对其产生的政治影响是比较困难的(Eades, Cooper, 2013)。Lema等(2013)研究了美国游客对越南旅游目的地的政治影响,发现美国游客赴越旅游能反映和改变部分民众的政治态度,但是很难区分这种变化力量的来源。

3)社会文化效应

外来文化的影响是一个地区社会文化发展的基本推力之一(项顺贵,2012)。国际旅游业不仅是一种经济现象,也是一种对社会结构有重要影响的国际产业(Avcikurt, 2015),这种影响对经济不发达的国家更加明显(Mathieson, Wall, 1982)。除了积极影响,国际游客的跨文化活动也给旅游目的地带来了宗教态度、服饰、行为规范、传统习俗等方面的消极影响。旅游是文化传播、塑造文化话语权的舞台(Hollinshead, Hou, 2012)。出境旅游实质上是一种具有深厚文化内涵和丰富文化特色的跨文化交往,是传播中华文化和讲好中国故事的天然途径。根据文化影响的主体,可将出境旅游文化影响分为三个层面:客源对目的地的影响、目的地对客源的影响、客源与目的地之间的影响(杨莹莹,2018)。在中国出境旅游快速增长背景下,有关部门应该因势利导,借助出境旅游发展机遇,在世界范围内传播中华文化(戴学锋,2012)。但是,出境旅游在不同国家传播中华文化的效果是不一样的(朱丹、王珂、徐红罡,2018),中国游客在境外的不文明行为也成为文化传播的制约因素(郭鲁芳，2008)。此外，于游客本身而言，出境旅游影响了游客对目的地的凝视和满足，还影响到游客本人的存在感、幸福感和生活观念等（刘倩倩，2021)。

4) 环境效应

旅游的环境效应主要体现在自然环境和社会环境两个方面，为区别于旅游的社会文化效应，国内外学者对环境效应的研究大多侧重自然环境方面，而且主要集中在土壤、水环境、动植物、气温、空气等五个方面的环境因子（谢冬明，2019)。出境旅游是一种典型的跨地域资源消费，它不仅能为旅游目的地创造良好的社会经济效益，而且还能极大地影响目的地的资源和环境（王灵恩等，2016)。大众旅游的快速发展给自然资源和环境带来了压力，部分发展中国家往往为了吸引更多国际游客而忽视旅游对环境的有害影响（Holden，2016)。当游客在旅游目的地的资源消费水平高于当地环境的应对能力时，旅游的负面环境效应就会出现。东南亚作为国际游客导向的成熟旅游目的地，2019年接待国际游客总量达1.48亿人次，占到东南亚地区总人口的23%，这种游客强度容易导致目的地环境的破坏。游客产生的垃圾越来越多，大量垃圾排放造成水资源污染，海洋垃圾日益严重，这被认为是旅游对东南亚环境带来的重大负面影响（Kaymaz，2012)。近年来，从游客到旅游目的地，环境意识在迅速增强，供应端的生态旅游、低碳旅游，以及消费端的游客绿色消费行为和旅游目的地居民环境责任行为成为旅游环境效应研究的热点。

5) 科技效应

旅游产业是充满众多科技创新和应用成果的社会经济部门，已成为科技创新驱动明显、创新要素流动迅速、创新产出应用广泛的全球性产业（周成、冯学钢、张旭红，2022)。旅游业和科技创新二者具有相互作用的耦合协调关系，旅游产业影响着科技创新并推动其成长（陈国宏、朱建秋，2013)。信息技术推动了旅游产业的发展，而科技创新则是最直接的推动因素（Isabel et al.，2014)。旅游业和科技革命的关系体现在科技革命与旅游消费、旅游发展、旅游品质提升和旅游产品创新等四方面

（宋子千，2020）。互联网、大数据、云计算等科学技术的发展，不断拓宽旅游业的供给和需求边界，推动了旅游产业的信息交流共享，促进了消费模式、经营管理模式等的信息化变革和智慧旅游的发展（李怡，2019）。Benckendorff等（2014）认为在旅游生态系统中引入智能技术，可以有效建立节点之间的连接，从而创建一个智慧旅游生态系统（smart tourism ecosystem）。科技创新要依靠资金和人才，而旅游经济则是促进科技创新的重要力量（闵冬梅、汪发元，2021）。我国旅游科技创新能力与旅游经济基础密切相关，旅游产业基础是驱动旅游产业科技创新的核心因素（王毅等，2017）。科技发展的目的是满足需求，旅游消费需求的升级也会促进航空、租车公司和旅行社等进行技术创新（Weiermair，2005）。游客对个性化体验的追求可以带动科技革新，并为新科学技术应用提供载体和平台（陈颖等，2020）。当前，需求导向的旅游科技供需体系初步形成，国内对智慧旅游生态系统研究刚起步，科技创新将成为国际旅游全球竞争新赛道。

1.3.2　出境旅游国际影响力与"一带一路"建设

中国出境旅游快速发展的同时也带动了亚太和世界旅游的增长，提升了中国在国际旅游领域的话语权（Dai B et al.，2017）。李中建（2019）提出了出境旅游国际影响力概念，认为中国出境旅游的国际影响力是指出境客流量和旅游花费对目的地国家入境旅游及旅游经济发展所产生的影响。中国出境旅游的影响力来源于中国经济的快速崛起和出境旅游的高增长、高消费，出境旅游应成为扩大中国国际影响力的重要手段（戴学锋，2011）。出境旅游国际影响力可以评价出境旅游对旅游目的地国的影响程度，但一国影响力的大小不仅取决于其实力的大小，还取决于影响者的资源转化、运用能力和被影响者的心理接受意愿。

学界对"一带一路"的研究始于2014年，通常将"一带一路"作为一个整体研究对象，研究领域涵盖政治、经济、文化、科技和环境等方面，关于我国对"一带一路"沿线国家经济状况的影响及中国传统文化传播现状的研究较少（黄娟，2019）。"21世纪海上丝绸之路"是"一带一路"建设的重要组成部分，是中国参与和引领全球治理尤其是亚太治理的经济外交平台（贾益民等，2017），区域覆盖了东亚、东南亚、南亚、西亚、欧洲、北非和东非等地区的众多国家。它是自中国沿海地区起始，经过东南亚、南亚，位于波斯湾、红海和印度洋之间的一条航线，是世界上最长、最有潜力的一条经济走廊，是一个由各国的港口组成的国际贸易网络（陈万灵、何传添，2014）。建设"21世纪海上丝绸之路"，可进一步深化我国改革开放，加速经济全球化进程，推动沿线国家经济共同发展（范月娇、王金燕，2020）。当前国内学者对"21世纪海上丝绸之路"的研究主要集中在内涵、战略意义、风险和挑战、推进建设相关策略建议，以及围绕国别、地区、产业等的专题研究上，这些研究多以战略性分析为主，缺乏对产业经济转型、贸易政策调整、对外投资路径等较为细致具体的问题的研究（尹文渊，2015）。

东南亚和南亚是"21世纪海上丝绸之路"最重要的区域，也是中国出境旅游最重要的旅游目的地之一，但是关于出境旅游对"21世纪海上丝绸之路"影响力研究，仍停留在对出境旅游重要影响的感性认识上（李中建，2019）。刘民坤等（2015）对中越跨境旅游合作进行了研究，并提出中越跨境旅游共生发展的观点。赵倩（2016）通过AHP-SWOT法研究了中国与东盟的旅游合作问题，提出应采用多元经营战略的合作方式。华侨大学海上丝绸之路研究院编写出版了《海丝蓝皮书：21世纪海上丝绸之路研究报告》，中国社会科学院"一带一路"研究中心编写出版了《"一带一路"蓝皮书："一带一路"建设发展报告》，追踪研究沿线国家和地区的"五通"建设情况，但鲜有提及出境旅游或国际旅游的影响力问题。

1.3.3　中国出境旅游与东南亚南亚民心相通

习近平主席指出，国家关系发展，说到底要靠人民的心通意合。随着"一带一路"倡议的提出和深化，旅游业与共建"一带一路"倡议之间关联性研究显得日益重要。国内学者围绕"一带一路"民心相通问题进行了大量的研究，涉及民心相通的基础理论、现状分析和对策建议等，包括民心相通的本质内涵、逻辑规律、评价体系、主要成就、问题挑战、原因分析以及政府路径、经济路径、文化路径、旅游路径、民间路径、制度路径等方面的对策建议（徐绍华等，2019），认为民心相通的核心包含人员的交流、交往、交好和文化的相识、相容、相融两个方面内容（黄端、陈俊艺，2017），形成了"一带一路"智库合作联盟秘书处编写的《"一带一路"民心相通报告》等重要理论成果。根据《政协天地》发布的数据，"一带一路"沿线国家民心相通指数总体处于"潜力型"。李蕊含（2017）通过测算分析了俄罗斯、新加坡、阿联酋、哈萨克斯坦、巴基斯坦五国的民心相通水平差异。翟崑、王丽娜（2016）对"一带一路"的中亚及蒙古国、东南亚/东盟、南亚、中东欧、西亚北非五个区域的民心相通水平进行指标分析，发现中国与东盟成员国的民心相通水平明显高于其他区域，南亚得分排第二，也高于其他三个区域。文化旅游是文明交流的重要组成部分，也是促进民心相通的重要方式和载体，但我国与旅游目的地国的旅游资源禀赋差异性和互补性会影响民心相通效果。例如，东盟国家旅游资源、经济发展水平、文化特色以及旅游活动规模等的差异性是造成中国—东盟民心相通差异性和发展不平衡的原因。此外，在出境旅游发展中还存在顶层设计不足（储殷，2016）、出境旅游市场拓展深度不够（赵可金，2015；卫志民，2015）、"走出去"国际旅游合作投资单一化（曾博伟，2015）、华侨华人作用发挥不足（曹云华，2016；陈奕平，2018）等问题，导致我国与东南亚南亚的民心相通还存在许多不足。

1.4 研究思路

以"21世纪海上丝绸之路"的关键节点——东南亚南亚区域作为研究范围，将出境旅游置于"一带一路"民心相通的工作中来进行考量，既要进行深入的理论机制分析，又要用大量的实践事实来支撑。因此，本课题研究一方面从理论上阐述了中国出境旅游对"一带一路"民心相通产生影响的路径及其作用机制，并以此理论成果为基础，系统研究中国出境旅游对东南亚南亚的经济、政治、社会文化、科技和环境的综合效应，从调研分析和计量检验两个角度来进行实证；另一方面，本课题开展研究过程中发生了全球性新冠疫情，而旅游业特别是出境旅游业是受疫情影响最深、恢复最难的行业，因此适时调整了研究思路和框架，增加了突发事件影响因素，以及新时代新阶段的东南亚南亚中国出境旅游效应新动态的研究内容，在对策研究上则选取了新时代新阶段如何有序恢复发展我国的东南亚南亚出境旅游市场，以更好服务东南亚南亚对华民心相通的视角，提出具体的政策建议。本研究具体从以下几个方面展开。

1.4.1 审视中国出境旅游发展与"一带一路"民心相通的两个问题

出境旅游是国家与地区间促进人员交流、增进彼此了解的最直接的方式。东南亚南亚是我国公民重要的出境旅游目的地，国家间具有良好的旅游交往基础，但我国出境旅游在平衡东南亚南亚的"心联通"与"硬联通"方面的表现不尽如人意。通过审视为什么要重视我国出境旅游在东南亚南亚地区民心相通的作用、百年变局与双循环新发展格局下如何用好中国出境旅游"一带一路"民心相通效应这两个问题，确立本课题的研究主线。

1.4.2 构建中国出境旅游"一带一路"民心相通效应理论模型

"民心相通"是衡量出境旅游服务"一带一路"倡议实施效果的关键指标。在文献梳理的基础上，探明中国出境旅游产生"一带一路"民心相通效应的路径、表现形式及作用机制，通过实证研究探明出境旅游是促进"一带一路"民心相通的动因还是结果这一问题。基于旅游目的地居民视角构建中国出境旅游"一带一路"民心相通效应的测评模型，从理论上回答"为什么要重视我国出境旅游在东南亚南亚地区民心相通的作用"的问题，运用该模型选取东南亚南亚样本国进行实证研究，以检验东南亚南亚当地居民对华民心相通的成效，为后续研究提供理论依据。

1.4.3 量化研究东南亚南亚中国出境旅游效应

从经济、政治、社会文化、环境和科技五个方面系统分析中国出境旅游在东南亚南亚产生的综合效应。经济上，着重分析中国出境旅游对东南亚南亚经济增长的带动效应；政治上，着重分析我国在东南亚南亚的软实力和好感度；社会文化上，着重分析东南亚南亚旅游目的地居民心理幸福感及当地文化包容性发展情况；环境上，着重分析东南亚南亚旅游目的地居民对旅游环境影响的感知及环境责任行为意向的情况；科技上，着重分析中国出境旅游对东南亚南亚数字经济发展的影响，为新时代新阶段加快中国与东南亚南亚开展旅游数字经济合作提供理论依据。以上述五个效应为一级指标，建立东南亚南亚中国出境旅游综合效应的测量模型，测算其综合效应水平，把握东南亚南亚中国出境旅游效应的区域差异及发展趋势，并深入分析其驱动因素，从应用角度回答"如何用好中国出境旅游'一带一路'民心相通效应"的问题，为系统把握中国出境旅游对东南亚南亚的影响提供依据。

1.4.4 分析新时代新阶段东南亚南亚中国出境旅游效应新动态

在持续近3年的新冠疫情影响下，东南亚南亚的对华民心相通出现诸多新挑战，我国出境旅游须勇担时代使命。本研究从经济、政治、社会文化、环境和科技五个方面系统把握新时代新阶段东南亚南亚中国出境旅游效应的新动态，从服务国家战略上为我国出境旅游恢复发展从而促进东南亚南亚"一带一路"民心相通提供理论依据。

1.4.5 提出新阶段东南亚南亚中国出境旅游恢复发展的政策建议

在我国推进高水平对外开放、促进出境旅游高质量发展的过程中，抓紧出境旅游疫后重启的关键契机，推动以服务"一带一路"沿线对华民心相通为宗旨的东南亚南亚出境旅游发展战略。基于这一战略需要，从新时代新阶段面向东南亚南亚出境旅游恢复发展的共识、动能、空间和合作平台等方面提出政策建议，以进一步提升中国出境旅游的国际影响力和话语权。

1.5 研究重点与难点

1.5.1 研究重点

本研究的重点是中国出境旅游与"一带一路"民心相通的内在效应关系，以及东南亚南亚中国出境旅游效应的变化及国别差异，由此准确把握出境旅游效应新动态，同时注重对新时代新阶段出境旅游恢复发展的相关政策导向的把握。

1.5.2 研究难点

本研究的难点在于构建一个能够准确衡量民心相通和出境旅游效应的指标体系及采集东南亚南亚的相关数据。一方面，数据获取难度大。东南亚南亚国家的官方语言基本是小语种，且大部分国家属于发展中国家，其官方统计系统水平不高，相关数据获取难度偏大。另一方面，数据效度值得商榷。衡量"一带一路"民心相通效应的数据量化比较困难，所获取的相关数据的合理性、科学性需要深入甄别，由此加大了"一带一路"背景下我国在东南亚南亚地区出境旅游效应的评估难度。

1.6 研究方法与技术路线

1.6.1 研究方法

（1）文献梳理。收集并梳理国内外关于中国出境旅游发展、出境旅游效应、东南亚南亚国家旅游业发展状况、中国旅游业与"一带一路"及东南亚南亚沿线国家互动发展情况等相关文献资料,掌握其研究现状。

(2) 数学建模。在文献梳理基础上,分析出境旅游对"一带一路"民心相通的作用机制,构建基于旅游目的地居民视角的中国出境旅游"一带一路"民心相通效应测量的指标体系、东南亚南亚中国出境旅游综合效应评价的指标体系,构建测评模型。从联合国世界旅游组织、世界经济论坛、中国—东盟中心、东盟秘书处、各国相关政府网站及我国统计局、文化和旅游部等相关网站收集数据,结合实地调研数据,对相关模型进行实证检验和计算。

(3) 实地调研。充分发挥课题组与东南亚南亚20多所高校及中国—东盟中心等国际机构建立的稳定深度合作关系,以及学校在东南亚设立的海外校区的优势,深入东南亚南亚进行实地调研,大样本收集第一手数据。

(4) 理论与实证研究相结合。采用面板数据分析法,对出境旅游"一带一路"民心相通效应和东南亚南亚中国出境旅游效应的驱动因素进行实证研究;运用因果分析预测方法分析出境旅游效应的发展变化;利用回归分析方法探索东南亚南亚地区的中国游客入境旅游效应的国别差异及新时期新阶段恢复发展的趋势。

(5) 事件分析与案例研究。根据出境旅游的经济、政治、社会文化、环境和科技五大效应,重点选择了东南亚南亚有代表性的案例,分析其产生的中国出境旅游效应。

(6) 情景分析。根据以服务新时代新阶段"一带一路"沿线对华民心相通为宗旨的东南亚南亚出境旅游发展战略需要,从东南亚南亚出境旅游恢复发展的共识、动能、空间和合作平台等方面寻求优化出境旅游效应的对策,以维持中国出境旅游在东南亚南亚地区对华民心相通的影响效应。

1.6.2 技术路线

本研究的技术路线如图1-1。

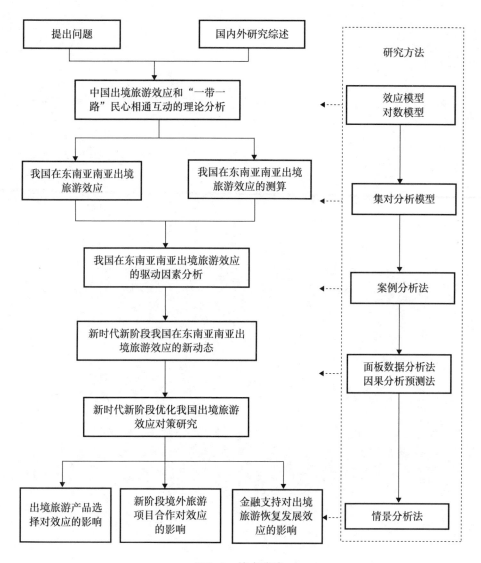

图 1-1 技术路线

第 2 章

中国出境旅游效应和"一带一路"
　　民心相通互动的理论框架

中国出境旅游市场的持续发展是亚太旅游经济增长的主要动力源。这大大提升了中国在旅游领域的国际影响力，增强了中国在处理与世界大国及周边国家关系方面的软实力。民心相通是在海外推进"一带一路"倡议的关键点和重要目标（黄端、陈俊艺，2017），出境旅游应当在缓解和消除误解中发挥出优势作用。考虑到中国出境旅游发展的基础条件和未来可能，出境旅游人次和境外消费的增减变化不仅可作为判断旅游目的地"一带一路"建设成效的重要标准，还可以作为衡量旅游目的地民心相通水平的指标。然而，目前关于中国出境旅游与共建"一带一路"的关联性多聚焦于"一带一路"倡议促进出境旅游发展、"一带一路"沿线国际旅游发展和竞争力评价、国际旅游流空间分布和国家间合作网络态势等领域。而对于出境旅游在促进"一带一路"建设的重要性上，还停留于比较笼统的感性认识。中国出境旅游缘何产生"一带一路"民心相通推动效应、有哪些表现形式、出境旅游是"一带一路"民心相通的动因还是结果、如何衡量出境旅游民心相通效应水平，这些都尚无定论，更缺少相关的实证检验，导致还不能清晰回答中国出境旅游发展过程中"为什么要重视出境旅游在东南亚和南亚地区民心相通的作用"和"百年变局与双循环新发展格局背景下如何利用好中国出境旅游'一带一路'民心相通效应"这两个重大问题。

基于此，本研究从中国出境旅游持续发展的事实入手，分析中国出境旅游"一带一路"民心相通效应的表现形式、作用机制，依据文献数据及课题组2018年、2019年在斯里兰卡、泰国等东南亚南亚国家的访谈调研数据，建立出境旅游"一带一路"民心相通效应指数，并实证检验中国出境旅游"一带一路"民心相通推动效应，以揭示中国出境旅游对"一带一路"民心相通的贡献程度和实际效果，为准确把握中国出境旅游对东南亚南亚的影响效应、新时代新阶段深化中国与东南亚南亚国家旅游合作、促进出境旅游业有序恢复和创新发展、增强中国出境旅游国际影响力提供理论依据。

2.1 中国出境旅游效应的内在关系与逻辑结构

2.1.1 中国出境旅游效应概念界定

1. 旅游效应

"效应"指某种动因或原因导致的一种特定的科学现象，多用于描述自然现象和社会现象及所引起的社会反应和效果（王丽民、刘永亮，2018）。旅游业作为一种综合性高、关联带动性强的产业，其发展也会产生一定的经济、社会、文化、生态等效益，也就是说具有一定的产业效应。旅游效应（tourism effects）又称旅游影响，是指由于旅游活动（包括旅游者的活动和旅游产业内部各主体的活动）所引发的种种利害影响（谢彦君，2004）。旅游业的发展受到旅游目的地本身的区域特性影响，旅游目的地富有区域特色的自然条件、社会条件往往能为该地旅游业的发展带来比较优势。旅游效应的产生有多方原因，其中主要的因素包括：旅游目的地的经济发展水平；旅游目的地的地理位置、资源禀赋和历史文化传统；良好的旅游基础设施；雇佣本地劳力的情况；旅游目的地地方政府政策；游客的类型与规模等。

2. 中国出境旅游效应

出境旅游是指一个国家的公民基于某种目的，跨越国境前往其他国家或地区的旅游活动。出境旅游作为旅游业发展的"三驾马车"之一，具有经济、政治、社会文化和环境等多方面的属性，因此出境旅游的多维效应成为政府部门和学术研究关注的重点（刘倩倩等，2021）。出境旅游发展过程中受到了国际政治环境、产业经济政策、出境旅游者行为、旅游企业行为等多种因素的影响，并对旅游目的地国产生特定的经济、社会、生态等效益，即具有一定的旅游效应。中国连续多年成为全球最大出境旅游客源国和出境旅游消费国，使中国出境旅游成为世界瞩目的经济文化现象。中国出境旅游因此成为能够改变旅游目的地旅游产业结构、社会文化变迁、自然环境变化的变革性影响因素，中国出境旅游效应由此产生并不断强化。其中，"一带一路"沿线国家是中国出境旅游的重要目的地，"丝路旅游"也已成为全球著名的旅游名片，"一带一路"沿线国家的中国出境旅游效应备受关注。

本研究认为，中国出境旅游效应是指中国公民基于某种目的，前往其他国家或地区进行旅游活动，对旅游目的地经济发展、社会进步、文化变迁和生态环境保护等产生的综合影响。从概念界定看，中国出境旅游效应是中国游客在旅游目的地的旅游活动导致的。随着"一带一路"倡议的推进和中国出境旅游业的不断发展，中国出境旅游在"一带一路"沿线的效应会不断扩大，对"一带一路"沿线旅游目的地产生越来越深刻的影响。中国出境旅游效应的内容主要包括出境旅游经济效应、出境旅游政治效应、出境旅游社会文化效应、出境旅游环境效应和出境旅游科技效应五个方面。

总体来看，在我国进一步扩大对外开放、推进共建"一带一路"高质量发展之际，从旅游目的地的角度来研究中国出境旅游效应具有现实意义。这有助于准确认识中国出境旅游在国家面对旅游目的地经济体的外交、国际经济合作、人文交流时的作用及贡献，有助于深入分析促进中国出境旅游国际大循环发展的各项影响因素，从而精准制定出不同发展阶段的出境旅游发展对策，促进出境旅游发展，提高出境旅游服务国家意志的能力。

2.1.2 中国出境旅游效应特征

1.内涵分析

由于中国出境旅游发展具有显著的动态性特征，中国出境旅游效应的动态内涵不仅包括中国出境旅游作用于旅游目的地社会经济发展的单向过程，还包括了旅游目的地对中国的反作用过程，从而形成了中国出境旅游与"一带一路"沿线旅游目的地社会经济发展之间的互动关系。由于中国出境旅游的发展推动了旅游目的地经济增长、就业水平提高、环境质量提升，进而提升了旅游目的地居民对中国和"一带一路"倡议的了解与好感度，促进了民心相通。旅游目的地的民心相通也为中国出境旅游业的发展提供了友好的环境，从而有助于"一带一路"倡议在当地更好地落地和开花结果。这种互动过程循环反复，推动了中国出境旅游与旅游目的地互动发展系统不断演进。基于此，本研究主要从"一带一路"沿线国家民心相通视角，研究中国出境旅游对"一带一路"沿线国家的旅游效应问题。

2. 基本特征分析

中国出境旅游效应是一个综合概念，从出境旅游与"一带一路"沿线旅游目的地的互动关系来看，中国出境旅游效应具有开放性、综合性、动态性、迟滞性等特征。

（1）开放性特征。出境旅游不仅促进人员的交往和文化交流，还承载着客源国与接待国之间重要的国际关系。游客与目的地居民的开放的心态、客源国与接待国之间开放的国际关系，都是出境旅游实现可持续发展的关键。

（2）综合性特征。出境旅游作为一种特殊的旅游产业形态，产业系统内的各产业要素需相互作用、相互联系、相互影响才能有效地推动出境旅游业的运行。出境旅游效应所具有的经济、政治、社会文化、环境等属性也不能相互独立存在，各个属性之间存在重叠、交错和相互影响的关系，这种关系形成了出境旅游的综合性特征。

（3）动态性特征。中国出境旅游发展具有显著的动态性特征，出境旅游效应随出境旅游活动的产生而产生，也将随着出境旅游活动强度、活动环境的变化而变化。出境旅游一旦停止，其在旅游目的地所产生的效应也将逐步消退。出境旅游的动态性特征已成为推动旅游目的地演变的重要影响因素。

（4）迟滞性特征。旅游目的地发展与出境旅游业务速度相比具有明显的滞后性。虽然出境旅游的发展能给当地的GDP、当地居民的就业与经济收入带来即时的变化，但出境旅游的经济、社会、环境等效应通常存在一定的时间延迟。因此，出境旅游效应不能直接全面地反映同一时间段的旅游目的地发展水平。

2.1.3 中国出境旅游效应的内在结构

1.中国出境旅游效应的基本类型

从中国出境旅游效应的概念内涵可知，其具有丰富的内涵以及复杂的内容结构。从中国出境旅游在"一带一路"沿线国家的影响情况看，中国出境旅游效应大体上可分为经济效应、政治效应、社会文化效应、环境效应和科技效应五种类型。

经济效应是指中国出境旅游活动对旅游目的地经济产生的作用和影响，如促进经济发展、增加外汇收入、扩大就业等。

政治效应是指中国出境旅游活动成为我国对旅游目的地的一种国家外交行为（李中健、孙根年，2021），如对旅游目的地中国国家形象传播、增强国家软实力等方面的作用和影响。

社会文化效应是指中国出境旅游活动对旅游目的地社会结构、就业机会、价值观念、生活习俗、文化特征等方面的作用和影响。

环境效应是指中国出境旅游活动对旅游目的地生态环境的作用和影响，如对自然环境的保护和改善噪声、垃圾污染等。

科技效应是指中国出境旅游活动对旅游目的地的旅游科技应用、居民科学素养的作用和影响，如对移动支付应用的普及、智慧旅游的促进、旅游直播的推动等。

2.中国出境旅游效应的逻辑结构

中国出境旅游效应的各个构成内容对旅游目的地发展的影响，将因其所处的地位和作用的不同而呈现出一定的逻辑层次关系。

经济效应是关键。中国出境旅游给旅游目的地所带来的经济增长、就业机会增加、旅游产业结构优化、旅游企业竞争力增强等经济效应，是中国出境旅游在旅游目的地取得正面效应的关键因素，是中国出境旅游其他效应产生的基础，也是中国出境旅游产生"一带一路"民心相通效应的根本保障。

政治效应是落脚点。作为国家的"民间外交"，中国出境旅游活动都将落实到具体的与旅游目的地人员面对面的交往上,中国出境旅游效应最终都将体现为旅游目的地居民对华民心相通的影响。

环境效应是基础。随着中国出境旅游游客规模的扩大,中国出境旅游给旅游目的地的生态环境带来影响。这不仅关系到旅游目的地的可持续发展,也关系到旅游目的地居民对中国游客和中国形象的基本判断。

科技效应是动力。中国游客将国内快速发展的生活应用科技带到旅游目的地,在当地居民中形成强大的示范效应,为当地旅游企业数字化转型营造了氛围,带动了当地旅游科技的发展。

社会文化效应是本质。中国出境旅游给旅游目的地带来的经济发展、环境改善、科技发展等,最终都可以归结为促进当地居民与社会文化的整体发展(谢春山,2009),增进其对中华文化的认同感。

基于上述分析,中国出境旅游效应的逻辑结构呈现出五个层次(见图 2-1):社会文化效应是本质,环境效应是基础,科技效应是动力,经济效应是关键,政治效应是落脚点。

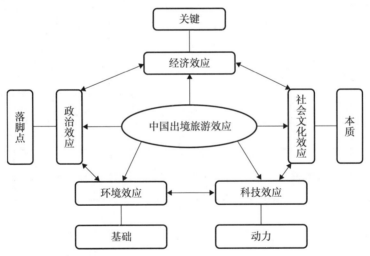

图 2-1 中国出境旅游效应的逻辑结构

2.2 中国出境旅游"一带一路"沿线国家民心相通推动效应的产生

出境旅游属于跨境消费活动,不仅具有显著的经济意义,而且在政治、社会文化和环境上的所产生的影响也不容忽视。正是由于中国出境旅游持续多年的高增长、高消费，促进了"一带一路"沿线国家在政治、社会、文化、环境和经济领域的正向变化，从而产生了中国出境旅游"一带一路"民心相通效应。中国政府认识到出境旅游在促进国家对外交往的重要作用，并于2015年从国家层面提出"旅游外交"的概念，出境旅游上升为国家对外交往的资本和砝码。这一举措从国家顶层设计上为发挥出境旅游"一带一路"民心相通效应提供了保障。

在国家政策框架内，中国出境旅游主要通过旅游外交、来华旅游、科教文卫交流等形式，使出境旅游成为国家推动"一带一路"沿线国家民心相通的重要抓手，有效服务国家推进共建"一带一路"整体战略（见图2-2）。中国出境旅游"一带一路"民心相通效应主要体现在以下方面。

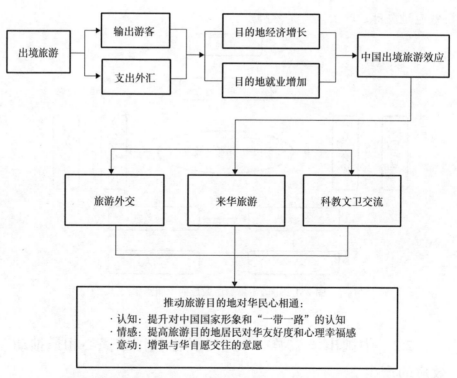

图2-2 中国出境旅游"一带一路"沿线国家对华民心相通效应的产生

2.2.1 旅游外交

中国出境旅游逐渐成为全球旅游业增长引擎，中国游客因此成为众多国家争取的对象。"国之交在于民相亲"，国际旅游交往作为一种非正式的外交手段，其政治属性较弱，更容易被境外民众接受，在处理某些外交事务上具有正式外交所不具备的优势。

"旅游年"是最典型、最具影响力的旅游外交民心相通效应表现形式，它不仅是旅游促销活动，更以旅游为媒介促进国家间的理解，为国家间正式外交铺路架桥（李中建，2019）。从2012年中俄互办"旅游年"以来，中国已与东南亚的老挝、柬埔寨等国家联合举办了20多次"旅游年"。这些活动不仅明显带动了两国人员流动，促进了双方旅游领域的交流合作，还带动了双方经贸、文化、交通、外交联动发展（王鹏飞、魏翔，2017）。

2.2.2 来华旅游

入境旅游的旅游目的地热度和来华旅游人数，能够真实地反映外国民众对华的民心相通情况（翟崑、王丽娜，2016）。"一带一路"沿线居民在决定是否选择中国作为旅游目的地时，会受到中国出境旅游游客的个体或所承载的中国国家印象的影响。这种影响更多的是居民基于个人认知判断，能比较客观地反映出其对华民心相通状态。此外，来华旅游人数的多少也反映了中国对"一带一路"沿线居民的国际旅游影响力、文化吸引力等，而这些都是民心相通的重要内容。

2.2.3 科教文卫交流

在对外传播过程中，中国文化会通过各种传播渠道对他国受众的文化认知、态度和接受行为产生影响。相较于旅游活动，以汉语学习、来华留学和科研交流合作为主要形式的科教文卫人文交流更能反映中国与该国民心相通的层次和质量。中国出境旅游的发展，不仅大大拓宽了中国与"一带一路"沿线国家科教文卫交流的空间，而且通过出入境旅游载体弱化了中国与"一带一路"沿线国家民族、宗教、政治制度和发展模式等方面的巨大差异带来的人文交流障碍。

2.3 中国出境旅游对"一带一路"沿线国家民心相通的作用机制分析

由上述可知,中国出境旅游通过多种表现形式与"一带一路"沿线国家民心相通相互影响。出境旅游推动"一带一路"沿线国家民心相通,民心相通促进出境旅游发展,两者的相互影响过程不是静止的,而是动态循环的。出境旅游对"一带一路"沿线国家民心相通的影响涉及经济、政治、社会文化、环境等领域,影响范围广泛。

同时,出境旅游对"一带一路"沿线国家民心相通的影响具有"双刃剑"效应。若运用得当,出境旅游可提升我国的国家形象,拉近沿线居民与中国游客的心理距离,促进沿线居民对"一带一路"倡议的共情和共识;若运用不当,则有可能会引起政府层面的双边关系冲突、民间层面的心理排斥。出境旅游促进"一带一路"沿线国家民心相通的作用机制如图2-3所示。

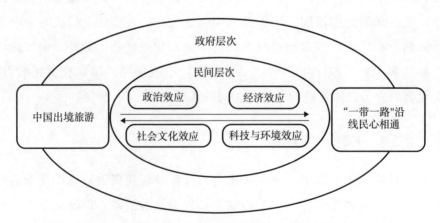

图2-3 中国出境旅游促进"一带一路"沿线国家对华民心相通的动力机制

2.3.1 分层作用

中国出境旅游推动"一带一路"沿线国家对华民心相通的通道较为丰富。中国的出境旅游是受政策导向发展的,政府层面从开放探亲游开始,到ADS协议推动团队出境旅游发展,再到国家间开展"旅游年"等旅游外交活动,都对中国出境旅游的发展产生了明确而重要的影响。由各级政府、行业组织、民间团体企业等组织的各类跨境文化交流活动,内容丰富,形式灵活多样,为推进"一带一路"沿线国家居民近距离了解中国、体验中国开辟了新渠道。在中国面向"一带一路"沿线国家开展的留学、游学和教育培训等国际教育交流活动中,中国经验、中国方案深受当地欢迎,学习汉语的热情不断高涨,得到中方支持的赴华学习培训受到当地民众的欢迎,教育国际交流日益成为中国出境旅游推动"一带一路"民心相通的重要载体。因此,中国出境旅游促进"一带一路"民心相通是多层次、多通道并行的,政府层次是主导,民间层次是基础,文化和教育的国际交往在"一带一路"民心相通中日益发挥基础性作用。

2.3.2 多元推动

1. 通过带动当地经济发展提升旅游目的地居民的获得感

旅游带动经济增长的观点,已得到国内外众多学者的验证。旅游业对旅游目的地最直观的影响,是带动了目的地的收入和就业。游客的到来带动了消费,促进了旅游目的地经济增长。旅游业的发展使目的地居民在餐饮、住宿、交通、零售、文化体验服务性消费等领域获得了更多的就业岗位。随着"一带一路"倡议的提出,国际旅游业与目的地经济发展之间关联性研究日益受到重视。研究表明,中国的出境旅游为"一带一路"沿线国家和地区带来了庞大的旅游市场空间,为其他产业领域注入了新活力,提升了"一带一路"沿线国家各经济产业合作势能,有效增进了旅游目的地居民的福祉。

2.通过旅游外交调整双边关系和对华国家形象认知

旅游就像经济、外贸、科技一样，已经成为展现国家形象的重要形式。出入境旅游的开展使得中国与目的地国家民众交流的广度和深度得以拓展。旅游过程中民众的感受、评价、文化交流、思想碰撞等都成为他们判断一个国家、读懂一个国家的重要依据，这种形式更容易被大众理解和国际社会接受。在信息时代下，游客的直接感受和评价会被网络媒体不断传播放大，进而升级为普遍的感受和印象，国家形象将会被广泛认知。

"旅游外交"作为正式用语首次明确出现，是在2015年的全国旅游工作会议报告中。2016年，国务院发布的《"十三五"旅游业发展规划》首次将"旅游外交"纳入国家战略，旅游领域开始成为中国外交的"重要战场"。ADS协议和旅游警告是随着中国出境旅游规模持续发展而出现的两种旅游外交行为。ADS协议是中国独有的出境旅游政策，它不仅使国家有效地控制着出境客流的流动性，也是指导中国如何开展对外旅游合作、如何处理国际旅游事务、如何提升中国在国际旅游的影响力等方面工作的重要依据。和ADS协议一样，旅游警告也是中国有效保护本国旅游利益的一项重要措施，是中国积极参与国际制度建设等旅游外交行为的体现。这一措施既不损害中国与旅游目的地所在国的双边关系，又起到有效的"警告"作用。

3.通过庞大的出境旅游客流增强目的地主客交往的文化包容性

"一带一路"互联互通的根本是民心相通，它离不开文化价值的润泽。共建"一带一路"倡议，其本质是倡导具有一定共性特征的地区、国家形成一个在经济、文化、社会等多领域发展的共同体。共同体的形成需要建立在文化包容和互相信任的基础上。旅游本质上是一种文化交往活动，文旅融合发展后，旅游的文化本质更加凸显。旅游可以彰显中国文化，传播中国文化，讲述中国故事。旅游让来自不同地方的人们与旅游目的地居民有了更多自然性的交流，这种自发性、非官方性的交流更有利于克服区域之间的文化差异、经济差异、发展互信等基本问题。

旅游目的地的主客之间的沟通，有助于不断增进旅游目的地的主客之间的了解，建立友谊，促进形成文化价值认同，只有这样才能形成具有文化包容精神的"一带一路"共同体。

4. 通过旅游环境感知促进目的地主客对人类命运共同体的共识

"一带一路"倡议不仅涉及经济发展方面，还包括生态建设方面。绿水青山的生态环境为人与自然和谐共生提供条件。只有旅游资源被有效保护并得到合理开发，才能形成良好的旅游发展环境，实现旅游各要素与生态建设的和谐发展。这样，人类命运共同体才有存在的前提条件，才有发展的坚实基础（吴宁、章书俊，2018）。同理，只有当人类命运共同体得到了良好构建，才能为人类和旅游发展提供机会和条件。

在当今世界快速发展，但却缺乏生态保护措施、环境不断恶化的情况下，人类都渴望打造良好的生存环境，建立美丽的家园。通过生态和绿色发展，可以促进旅游目的地旅游环境优化。这也就成为了国际旅游学术界关注的研究领域。Vaughan（1999）明确定义了"旅游环境感知"，认为旅游环境感知是对旅游目的地景观、环境和社会服务等某种主观感受和体验的描述。也有学者从旅游目的地视角对旅游环境感知的概念进行解释，认为旅游环境感知是游客对目的地环境形成认识的一种心理过程，受到游客体验、活动等多方面因素的影响。可见，旅游环境感知带有较强的主观色彩，会根据游客对当地旅游环境深入了解不断变化（张显春，2018）。因此，学者们重视研究分析游客和目的地居民对旅游环境的感知是否会直接影响到整个旅游目的地的形象，也尝试研究游客的忠诚度和满意度是否会对居民的心理幸福感造成影响，是否会进而影响到旅游目的地居民的对华态度等。

从许多学者对旅游环境感知影响因素的研究成果可发现，旅游环境感知会影响游客和当地居民对人类命运共同体的共识。张显春（2018）认为，这些研究主要分为两种观点。一种观点认为，旅游环境感知受到主体因素（如旅游者偏好、旅游方式、文化差异程度等）、刺激因素（如旅游交通等）和情境因素（如旅游设施状况、旅游服务质量、旅游宣传氛围等）的影响，导致游客和当地居民对人类命运共同体理念的理解和接受程度产生差异,从而影响当地居民的对华民心相通。另一种观点认为,旅游环境感知是心理因素和非心理因素共同作用的结果。心理因素包括期望、态度、满意度等,而非心理因素包括资源条件、设施情况等方面。旅游目的地的主客关系也会因此发生变化。Gajdosik等(2018)学者基于旅游目的地居民的视角,采用半结构式访谈方法分析了居民环境感知与游客旅游环境感知之间的关系。通过研究,得出居民是影响旅游目的地环境感知的重要因素,居民所创造的旅游产品对旅游环境感知有显著的影响,应努力提升居民的幸福感并将其纳入目的地治理问题中。Sarantakou等(2018)认为,新技术作为一种刺激因素,在旅游的发展和实践过程中发挥着关键作用,会影响游客对旅游目的地的环境感知,进而影响到目的地的整体形象。Su等(2017)通过对游客的调查,发现游客对旅游目的地的好的旅游环境感知会正面提升对旅游整体目标的满意度,反之,则会降低整体满意度。

2.3.3 长期积累

中国出境旅游对"一带一路"沿线民心相通的推动是以中国与目的地国之间的经济关系、政治关系、文化环境关系等为基础,以沿线民众认知态度和价值共识的转变为中介,不断互相作用,经过长期积累才能实现。出境游客和"一带一路"沿线旅游目的地居民之间的情感或态度产生共鸣的传导路径较长,中间会受到一系列不确定性或不可控因素的影响。此外,探究中国出境旅游对"一带一路"沿线国家民心相通的推动效应需要考虑大的国际关系背景。出境旅游深受国际大环境的影响,特别是客源国与目的地国的国际关系的影响。出境旅游也受到"一带一路"沿线国家民心相通的反作用,两者间相互影响,形成一个动态、持续的过程。

2.3.4 "双刃剑"效应

中国出境旅游促进了目的地国家的经济发展和社会交流,但与其他旅游产品一样,它也对传统文化和环境保护带来冲击和影响。这些影响有时会被夸大，这给"一带一路"民心相通的实现带来了困难和阻力，导致"一带一路"沿线民众的对华认知存在多样化态度，既有积极的，也有消极的。旅游的政治属性较低，在民间交往中更容易被人接受，但在旅游外交不断增强的影响下，部分民众对旅游的政治属性日益排斥。中国出境旅游为"一带一路"众多沿线国家的年轻人提供了更多的就业机会，却也因此对目的地的一些就业岗位产生了虹吸效应，进而影响了目的地的就业结构。中国出境旅游可以促进旅游目的地对中国的理解，但也可能因为客源国与目的地国之间的文化差异以及出境游客的旅游行为等因素而引发偏见，影响对中国的认知。

2.3.5 实证检验

中国出境旅游一方面作为旅游目的地的消费输入手段，与旅游目的地建立起积极的经济关系，另一方面，作为非政府行为体，它承载着塑造国家形象的重要任务。中国出境游客前往"一带一路"沿线国家旅游不仅直接促进了旅游目的地的经济增长，还产生了政治、经济、社会文化、环境等多方面的综合影响。这势必会与国家在"一带一路"沿线国家旅游目的地共建"一带一路"的民意基础产生互动反应，从而推动共建"一带一路"的发展。中国出境游客通过与"一带一路"沿线国家旅游目的地的群际接触，建立起了亲密的情感联系，传递了可视化的中国国家形象，从而创造了良好的舆论效应。因此，考虑到中国出境旅游在推动民心相通中的特殊作用，本部分将对"一带一路"沿线国家民心相通的中国出境旅游推动效应的作用机制进行相关学理分析，以验证出境旅游是否是"一带一路"沿线国家民心相通的促进因素。

1. 研究模型与研究假设

基于对文献的梳理，针对中国出境旅游对于"一带一路"沿线居民民心相通的关系，建立了以下研究概念模型，如图2-4所示。

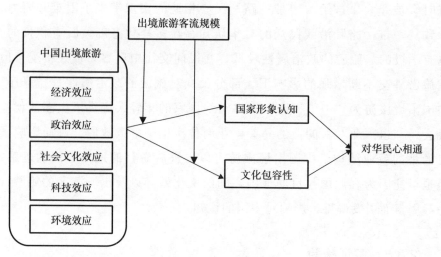

图2-4 研究概念模型

基于文献背景与研究问题,探讨中国出境旅游与"一带一路"沿线国家民心相通的关系,本研究设定了以下假设:

H1:中国出境旅游对"一带一路"沿线国家民心相通有正向影响。

H2a:旅游目的地中国国家形象认知在中国出境旅游与"一带一路"沿线国家民心相通间起中介作用。

H2b:旅游目的地文化包容性在中国出境旅游与"一带一路"沿线国家民心相通间起中介作用。

H3a:中国出境旅游客流规模正向调节中国出境旅游与旅游目的地中国国家形象认知之间的关系,即在高客流规模下,中国出境旅游对旅游目的地中国国家形象认知的促进作用增强。

H3b:中国出境旅游客流规模正向调节中国出境旅游与旅游目的地文化包容性之间的关系,即在高客流规模下,中国出境旅游对文化包容性的促进作用增强。

2.样本与数据收集

本研究主要采用问卷调查的方式,于2018年11月17日至12月9日,分别在印尼雅加达和泰国曼谷的旅游景区附近街区,面向当地从事与旅游相关工作的居民开展问卷调查。共计发放问卷500份,回收有效问卷

345份（漏答题项过多、填答题项具有规律性和作答明显不符合要求的视为无效问卷），回收有效率为69%，样本具体特征分布如表2-1所示。

表2-1 样本特征分布情况

变量	题项	样本数/个	占比/(%)	变量	题项	样本数/个	占比/(%)
性别	男	188	54.49	工作年限	5年及以下	72	20.87
	女	157	45.51		6—10年	112	32.46
年龄	30岁及以下	48	13.91		11—15年	100	28.99
	31—40岁	54	15.65		15年及以上	61	17.68
	41—50岁	177	51.30	单位规模	5人及以下	109	31.59
	51岁及以上	66	19.13		6—10人	100	28.99
学历	初中及以下	4	1.16		11—15人	84	24.35
	高中	40	11.59		15人及以上	52	15.07
	本科及大专	207	60.00				
	硕士及以上	94	27.24				

数据的调查问卷采用Likert-5点量表（1代表完全不同意，5代表完全同意），各变量均采用国内外现有的成熟量表，并结合本课题研究需要进行适当改进。

3. 实证分析

1) 相关分析

各变量间的相关系数矩阵如表2-2所示。中国出境旅游与国家形象认知（$r=0.478$，$p<0.01$）、文化包容性（$r=0.467$，$p<0.01$）、民心相通（$r=0.507$，$p<0.01$）呈显著正相关；国家形象认知（$r=0.643$，$p<0.01$）、文化包容性（$r=0.589$，$p<0.01$）与民心相通呈显著正相关。以上结果为本研究假设提供了支持。

表 2-2 变量间相关系数矩阵

	1	2	3	4	5	6	7	8	9	10
1 性别	N/A									
2 年龄	−0.077	N/A								
3 学历	0.034	0.123*	N/A							
4 工作年限	−0.056	−0.136*	−0.003	N/A						
5 单位规模	−0.022	0.031	0.011	−0.036	N/A					
6 出境旅游	−0.044	−0.033	0.125*	−0.030	−0.078	0.923				
7 客流规模	−0.049	0.089	−0.011	0.082	−0.023	0.427**	0.806			
8 国家形象认知	−0.065	0.061	0.101	−0.016	0.035	0.478**	0.399**	0.764		
9 文化包容性	−0.070	0.013	−0.025	0.005	0.029	0.467**	0.376**	0.516**	0.875	
10 民心相通	−0.071	−0.014	0.085	−0.002	−0.035	0.507**	0.406**	0.643**	0.589**	0.819

注：$n=345$，**$p<0.01$，*$p<0.05$；双尾检验，对角线上数值为克朗巴哈系数。

2）信度和效度检验

应用SPSS 21.0软件对各量表进行信度检验，各变量的克朗巴哈系数均大于0.7（见表2-2），说明本研究量表的信度良好。虽然各量表均借鉴国内外较为成熟的量表，但在实际调研中根据调研对象情况对部分题项做了适当改进。为确保研究的可信度，本文通过探索性因子分析以验证调整后量表的结构效度，结果如表2-3所示。所有变量的KMO均大于0.6，巴特利特球形检验结果的显著性为0.000，所有题项的因子载荷均大于0.5，说明本研究所使用的量表结构效度良好。

表 2-3 探索性因子分析结果

变量	题项	载荷	均值	标准差	KMO	P值
中国出境旅游（A）	A1 中国游客对当地经济发展有影响	0.801	3.55	0.967	0.909	0.000
	A2 中国游客对两国关系发展有影响	0.865	3.67	0.956		
	A3 中国游客对当地社会文化有影响	0.805	3.79	0.891		
	A4 中国游客对当地环境保护有影响	0.854	3.72	0.918		
	A5 中国游客对当地的科技应用有影响	0.828	3.66	0.904		

续表

变量	题项	载荷	均值	标准差	KMO	P值
客流规模（B）	B1中国游客人数规模越大越好	0.877	3.25	0.980	0.742	0.000
	B2中国游客消费越高越好	0.893	3.33	1.026		
	B3中国游客团队旅游影响大	0.871	3.22	1.056		
	B4中国游客自由行旅游影响大	0.639	2.91	1.091		
	B5中国游客在当地停留时间越长越好	0.764	3.04	1.071		
国家形象认知（C）	C1认可中国的经济发展模式	0.799	4.16	0.924	0.715	0.000
	C2赞同中国的旅游外交活动	0.809	3.73	0.922		
	C3中国人勤劳能吃苦	0.827	4.13	0.834		
	C4欢迎中国企业到本地投资	0.634	3.46	0.964		
文化包容性（D）	D1通过中国游客了解中国文化	0.848	3.49	0.880	0.800	0.000
	D2对中国游客一些旅游行为表示理解	0.835	3.62	0.861		
	D3中国游客一些消费习惯影响了当地人	0.877	3.52	0.965		
	D4当地一些传统文化受到中国游客冲击	0.851	3.63	0.919		
民心相通（E）	E1中国对本国发展影响大	0.746	4.04	0.892	0.831	0.000
	E2"一带一路"倡议有利于两国共同发展	0.821	3.92	0.866		
	E3对中国比较了解	0.749	3.52	0.909		
	E4中国游客促进了当地生活水平提高	0.809	3.92	0.940		
	E5愿意学习汉语	0.729	3.90	0.872		
	E6希望有机会到中国旅游或学习	0.590	3.45	0.954		

为进一步确认本文量表的效度，本研究应用AMOS 22.0软件对中国出境旅游、客流规模、国家形象认知、文化包容性和民心相通等五个变量进行验证性因子分析，具体结果如表2-4所示。五因子模型拟合度最高，说明测量模型具有良好的区分效度。本文根据Podsakoff等的建议，发现单因子拟合指标（$\chi^2/df=9.115$，IFI=0.765，TLI=0.782，

CFI = 0.791，RMSEA = 0.097）并不理想，可见测量中存在的同源误差并不严重，不会对本研究结果造成严重影响。

表 2-4 验证性因子分析结果

模型	因子	χ^2/df	IFI	TLI	CFI	RMSEA
五因子模型	COT, SF, CNI, CI, PC	1.832	0.942	0.955	0.961	0.051
四因子模型	COT+SF, CNI, CI, PC	2.521	0.915	0.923	0.934	0.063
三因子模型	COT+SF, CNI+CI, PC	4.441	0.876	0.885	0.892	0.072
双因子模型	COT+SF, CNI+CI+PC	6.924	0.832	0.841	0.858	0.086
单因子模型	COT+SF+CNI+CI+PC	9.115	0.765	0.782	0.791	0.097

注：COT代表中国出境旅游，SF代表客流规模，CNI代表国家形象认知，CI代表文化包容性，PC代表民心相通，下同，+代表前后两个因子合并为一个因子。

3）假设检验

（1）主效应检验。在进行回归分析之前，先对各变量进行多重共线性检验，结果发现各变量VIF值均小于10，容忍度均大于0.100，说明不存在严重的多重共线性问题。本文使用STATA 14.0软件进行回归分析，具体结果如表2-5。根据M8可知，COT对PC有显著的正向影响（$b=0.306$，$p<0.001$），H1得到支持。根据M9可知，CNI、CI分别对PC具有显著的正向影响（$b=0.259$，$p<0.001$；$b=0.183$，$p<0.001$）。

表 2-5 回归分析结果

	国家形象认知(CNI)			文化包容性(CI)			民心相通(PC)		
	M1	M2	M3	M4	M5	M6	M7	M8	M9
控制变量									
性别	−0.092	−0.041	−0.038	−0.104	−0.052	−0.049	−0.103	−0.049	−0.029
年龄	0.031	0.059	0.043	0.009	0.037	0.019	−0.022	0.007	−0.015
学历	0.105	0.013	0.029	−0.029	−0.124*	−0.100	0.094*	−0.003	0.016
工作年限	−0.009	0.010	−0.002	0.003	0.023	0.009	−0.008	0.012	0.006
单位规模	0.020	0.054	0.054*	0.020	0.055	0.059	−0.023	0.012	−0.012
自变量									
COT		0.376***	0.315***		0.361***	0.329***		0.306***	0.249***

续表

	国家形象认知(CNI)			文化包容性(CI)			民心相通(PC)		
	M1	M2	M3	M4	M5	M6	M7	M8	M9
中介变量									
CNI									0.259***
CI									0.183***
调节变量									
SF			0.185*			0.191**			
交互项									
COT×SF			0.078*			0.065*			
R^2	0.018	0.307	0.346	0.006	0.340	0.366	0.015	0.503	0.596
ΔR^2		0.289***	0.039**		0.334***	0.026**		0.488***	0.093***

注：$n=345$，*** $p<0.001$，** $p<0.01$，* $p<0.05$。

(2) 中介效应检验。根据 M2 和 M5 可知，COT 分别对 CNI 和 CI 具有显著的正向影响（$b=0.376$，$p<0.001$；$b=0.361$，$p<0.001$），为了进一步验证中介效应，本文通过 SPSS 22.0 软件 PROCESS 插件对其进行 Bootstrapping 中介效应检验，如表 2-6 所示。COT 对 CNI、CI 的间接效应 Bia-corrected 95% 置信区间依次为 [0.127，0.236]、[0.088，0.191]，均不包含 0，这说明 CNI 和 CI 在 COT 和 PC 之间的中介效应存在，这分别验证了 H2a 和 H2b。

表 2-6 中介效应检验

变量	Bootstrapping			
	Bia-corrected 95%CI		Percentile 95%CI	
	Lower	Upper	Lower	Upper
间接效应				
中国出境旅游→国家形象认知→民心相通	0.127	0.236	0.352	0.506
直接效应				
中国出境旅游→国家形象认知→民心相通	0.125	0.233	0.352	0.506

续表

变量	Bootstrapping			
	Bia-corrected 95%CI		Percentile 95%CI	
	Lower	Upper	Lower	Upper
间接效应				
中国出境旅游→文化包容性→民心相通	0.088	0.191	0.397	0.545
直接效应				
中国出境旅游→文化包容性→民心相通	0.086	0.186	0.397	0.545

注：$n=345$，Bootstrapping 随机抽样2000次。

（3）调节效应检验。首先，由表2-5可知COT×SF对CNI、CI均有显著的正向影响（M3，$b=0.078$，$p<0.05$；M6，$b=0.065$，$p<0.05$）。简单斜率检验表明，在高SF下（均值+1标准差），COT对CNI具有显著的正向影响（$b=0.459$，$p<0.01$）；低SF下（均值-1标准差），COT对CNI影响不显著（$b=0.371$，$p=0.287$），这说明相较于低SF，高SF下COT更容易影响CNI，H3a得到支持，简单斜率检验如图2-5所示。在高SF下（均值+1标准差），COT对CI具有显著的正向影响（$b=0.466$，$p<0.01$）；低SF下（均值-1标准差），COT对CI影响不显著（$b=0.392$，$p=0.260$），这说明相较于低SF，高SF下COT更容易影响CI，H3b得到支持，简单斜率检验如图2-6所示。

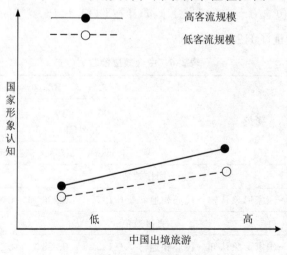

图2-5 简单斜率检验(1)

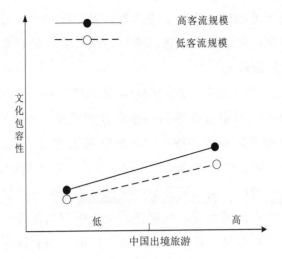

图 2-6　简单斜率检验（2）

4. 研究结论

本研究基于目前"一带一路"沿线国家民心相通现状，从出境旅游的视角探讨了中国出境旅游对"一带一路"沿线国家民心相通的作用机制。结果表明：①中国出境旅游对"一带一路"沿线国家民心相通具有显著的正向影响；②国家形象认知、文化包容性在上述关系中起中介作用；③中国出境旅游客流规模正向调节中国出境旅游与国家形象认知、文化包容性之间的关系，即中国出境旅游客流规模越大，中国出境旅游对国家形象认知和文化包容性的影响越强。

2.4　基于旅游目的地居民视角的"一带一路"民心相通效应的测量

2.4.1　测量指标构建

既有研究表明，基于"一带一路"沿线旅游目的地居民视角的民心相通研究是准确把握国家形象和沿线居民对华态度的关键（孔建勋、沈圆圆，2021）。本研究将以面向东南亚南亚的中国出境旅游为研究对象，从旅游目的地当地居民的主观态度出发,对中国出境旅游推进"一带一路"沿线国家民心相通的成效进行测量,既符合理论视角的需求,又兼顾民心相通的价值诉求。

一方面,"一带一路"沿线旅游目的地当地居民是中国出境游客面对面的直接接触者,对中国游客的形象有直观感受。根据群际接触理论,具有不同文化背景的群体在特定的环境空间下进行适当的社会性接触,能更好地促进不同群体之间的理解和包容,产生积极的群际关系。"一带一路"沿线旅游目的地当地居民是中国出境游客的直接接触者,因其旅游区域的稳定性和旅游消费的便利性,会与中国出境游客产生频繁的互动与交流。在这种频繁的接触下,当地居民能更为直接地获得信息,减少或者增加偏见,进而产生积极或是消极的对华态度。

另一方面,在以中国游客为主体的"一带一路"沿线国家旅游活动中,当地居民是通过中国游客实际行为来实现对华认知的情境刺激的接受客体。根据认知心理学,认知主体和认知客体之间存在一个认知情境。认知主体传递信息的过程,往往会受到情境的调节作用。在中国出境旅游目的地,当地居民长期处于中国游客的主客关系情境中,中国游客的旅游活动和旅游行为产生的情境刺激首先传递给旅游目的地当地的旅游从业人员,然后扩展到当地居民和其他群体。这种来源于中国出境游客旅游活动环境的近刺激,将更为直观地影响当地居民对华主观态度的形成,促成当地居民对主体信息的整理、加工和归纳。

基于上述学理分析,并借鉴Bogardus、翟崑、孔建勋等学者的成果,课题组提出以"一带一路"沿线旅游目的地居民对中国出境游客的心理感受或主观态度为测量对象,构建东南亚南亚旅游目的地当地居民对华民心相通的测量指标(见表2-7)。

表2-7 中国出境旅游"一带一路"沿线国家民心相通效应测量指标

一级指标	二级指标	三级指标	指标含义
E民心相通	E1认知	E11中国游客形象认知	中国游客对本地影响力大小的评价
		E12"一带一路"倡议认知	"一带一路"倡议对本国影响力大小的评价

续表

一级指标	二级指标	三级指标	指标含义
E 民心相通	E2 情感	E21 愿意与中国游客成为密友	当地居民对中国游客情感的亲密程度
		E22 愿意与中国游客成为熟人	
		E23 仅愿意与中国人生活在同一城市	
		E24 不能接受中国人来本国旅游	
	E3 意动	E31 对中国文化消费品的关注度	当地居民对中国影视、音乐等文化产品的喜爱程度
		E32 学习汉语的意愿	当地居民学习汉语的意愿
		E33 赴华旅游的意愿	当地居民赴华旅游意愿
		E34 赴华交流学习的意愿	当地青年学生赴华交流学习意愿

如表 2-7 所示，本研究采用的是认知心理学常用的态度形成测量方法，主要从认知、情感、意动三个维度测量中国出境旅游"一带一路"沿线旅游目的地居民民心相通效应。首先，认知指的是客体通过概念、知觉、判断或想象对主体对象形成感知的过程。东南亚南亚旅游目的地当地居民对中国游客形象和"一带一路"倡议的认知评价，恰恰就是当地居民接收中国出境游客所传达的主体信息后，进行系统感知后内化的主观评价。其次，情感是客体对主体对象的一种情感表达，也是东南亚南亚旅游目的地当地居民通过中国出境游客这一行为主体对中国游客形象和"一带一路"倡议是否符合自己主观认知的一种态度趋势。为更好测量当地居民对中国出境游客的情感取向，本研究借鉴博格达斯（Bogardus）社会距离量表，从中选出四项与本研究相关性大的选项，从亲到疏依次测量当地居民对愿意与中国游客成为密友、愿意与中国游客成为熟人、仅愿意与中国人生活在同一城市、不能接受中国人来本国旅游这四个问题的态度，以此得到当地居民与中国出境游客的情感亲密程度。最后，意动是客体在主体对象面前的一种决策意向。为更好地观察中国

出境旅游对旅游目的地当地居民关于中国相关事务、行为偏好的影响，课题组选取当地居民对中国文化消费品的关注度、学习汉语的意愿、赴华旅游的意愿和赴华交流学习的意愿进行测量，以求出符合民心相通强调文化包容和价值观共情的特性。

2.4.2 民心相通效应分析

根据本课题的研究需要和研究计划，课题组借助所在单位的海外校区及海外合作教育机构的便利条件，在2018年12月至2019年3月深入印度尼西亚、泰国、越南、斯里兰卡、印度等东南亚南亚国家，通过当地大学生的支持，以问卷的方式向旅游目的地当地中青年开展中国出境旅游对当地经济社会和当地居民影响的调查，成功采集到3391个有效样本数据。通过数据处理和分析，从认知、情感和意动三个维度展现东南亚南亚当地居民对华民心相通效应。

1. 认知维度的民心相通

在认知维度的民心相通的成效测量中，东南亚南亚居民对中国游客及"一带一路"倡议影响力的评价能显示出当地居民对中国认知态度的综合判断。从图2-7可以看出，除了印度以外，其他4个国家旅游目的地居民认为中国游客对本地具有"很大影响"和"有些影响"的总占比超过60%，影响力程度与中国游客规模相关。从国别来看，泰国当地居民认为中国游客具有"很大影响"的占比最高，达60%；越南、印度尼西亚当地居民认为中国游客具有"很大影响"占比分别为53%、47%，认为"有些影响"占比分别为34%、32%。然而，印度当地居民认为中国游客具有"很大影响"占比最低，仅17%，具有"有些影响"的占比也仅为32%，两项总占比仅为49%。近年来斯里兰卡虽成为中国游客的新兴热门旅游目的地，但中国游客对当地居民的影响力水平仍然不高，当地居民认为"有些影响力"及"没多大影响"分别占到33%、28%，两项总占比为61%。由此也可以看出，中国游客在东南亚的影响力远远大于南亚。

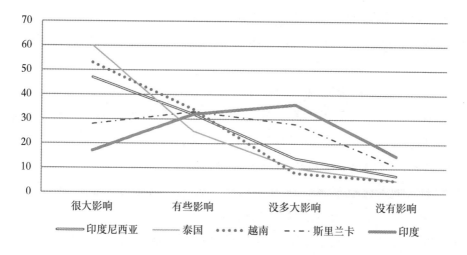

图 2-7 中国游客对五国旅游目的地影响力大小(%)

根据样本数据（见图 2-8），东南亚南亚当地居民超过 60% 认为"一带一路"倡议对本国有"很大影响"或"有些影响"，说明"一带一路"倡议对东南亚南亚的整体影响力高于中国游客对东南亚南亚的整体影响力。

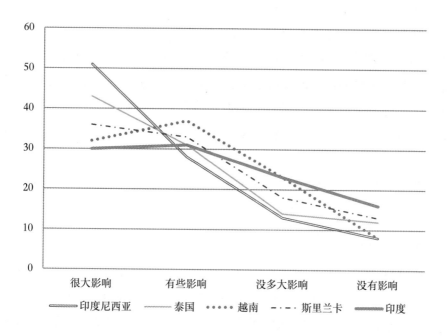

图 2-8 "一带一路"倡议对五国影响力大小(%)

印度尼西亚当地居民认为"一带一路"倡议对本国有"很大影响"的占比最高，达到51%，这与中国在印度尼西亚首次提出"21世纪海上丝绸之路"倡议、中国在印度尼西亚整体输出"一带一路"首条高速铁路项目，以及印度尼西亚建设"全球海洋支点"战略有一定关系。泰国、越南、斯里兰卡当地居民也都普遍认为"一带一路"倡议对本国有影响，认为"很大影响"及"有些影响"的总占比分别为74%、69%、69%。值得特别关注的是，印度当地居民认为"一带一路"倡议对本国有"很大影响"的占比达30%，认为"一带一路"倡议具有"很大影响"及"有些影响"的总比也远远高于中国游客对其本地影响力的占比，这说明在印度"一带一路"倡议对其影响力要高于中国游客的影响力。这也说明了"一带一路"倡议在东南亚南亚的影响力普遍较大，与中国游客在当地的影响力程度并不完全一致。

总体来看，东南亚南亚旅游目的地当地居民普遍肯定中国游客与"一带一路"倡议的影响力，通过中国游客及"一带一路"倡议对中国形象形成了积极的认知，但其中也有一些现象值得关注。大部分国家旅游目的地当地居民认为中国游客和"一带一路"倡议对本地有很大的影响力，但不同国家间的影响力程度有一定差异，如印度和斯里兰卡认为"没多大影响"及"没有影响"的比例远远大于东南亚的3个国家。对中国游客与"一带一路"倡议影响力认知的一致性也存在差异，如印度尼西亚当地居民在对中国游客与"一带一路"倡议的影响力评价上具有高度一致性，而印度当地居民在对中国游客与"一带一路"倡议的影响力评价上则出现较大的不一致性，"一带一路"倡议在当地的影响力大于中国游客的影响力。这也说明中国出境旅游在促进"一带一路"沿线国家民心相通的过程中，在东南亚发挥的效应水平要高于南亚。

2.情感维度的民心相通

情感维度是东南亚南亚旅游目的地当地居民对中国游客喜恶程度的直接反映，也在一定程度上体现了当地居民的对华情感。本研究根据社会距离量表的累积性假说，按"1、2、3、4、5、6、7"的分值分别对测量对华距离的4个问题进行赋值，分值越低表示对华情感的亲密程度越高，分值越高表示对华情感的亲密程度越低。从表2-8可看出，东南亚南亚国家当地居民对华社会距离的均值为2.79，且标准差均值较小，显示出大部分东南亚南亚国家当地居民与中国游客情感较为亲近，也表现出大部分东南亚南亚国家当地居民愿意和中国游客交往。但从国别分值和其标准差来看，存在东南亚南亚国家国别差异较大、每一国家的内部个体差异程度不一致的情况。例如，越南的当地居民与中国游客社会距离的均值较小，对中国游客情感亲密程度整体较高，但内部个体差异也较其他国家大；而印度尼西亚和印度当地居民对中国游客的社会距离均值分别为3.56和3.47，对中国游客情感亲密程度一般。

表2-8 东南亚南亚国家当地居民对华社会距离的描述性分析

国别	样本量	均值	标准差
印度尼西亚	872	3.56	0.77
泰国	734	2.17	0.62
越南	863	1.97	0.82
斯里兰卡	435	2.76	0.14
印度	487	3.47	0.68
总体	3391	2.79	0.61

3.意动维度的民心相通

意动维度是东南亚南亚国家当地居民在面对与民心相通有密切关系的中国文化、教育和旅游产品时做出取舍的一种决策意向。以对中国的文化产品、教育产品和旅游产品的关注度为测量指标，通过分析旅游目的地居民关注中国的文化、教育和旅游三类产品的程度，确定当地居民的对华情感行为偏好，从而更科学地归纳当地居民对华民心相通的新维度。由图2-9可知，东南亚南亚国家当地居民总体上接受中国文化产品，选择"不喜欢"和"非常不喜欢"选项的比例不高，五个国家居民对中国文化产品喜爱程度主要集中在"一般"选项上，可见东南亚南亚国家居民消费中国影视和音乐等文化产品的数量并不多。按国别来看，选择"非常喜欢"占比最高的是越南，达26%；其次是印度，达23%；泰国也达到20%；最低的是斯里兰卡，占比为13%。从"非常喜欢"和"喜欢"两个选项合计数看，印度尼西亚为48%、泰国为42%、越南为43%、印度为41%，总体比例相近；斯里兰卡为34%，明显低于其他四国。

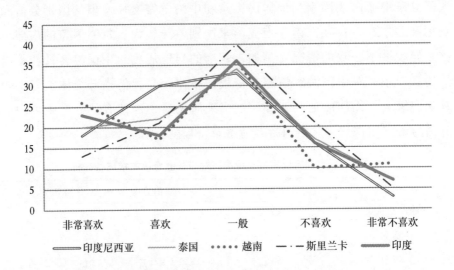

图2-9 五国居民对中国影视和音乐等文化产品喜爱程度(%)

从五国当地居民对汉语学习的意愿来看（见图2-10），汉语在当地是比较受欢迎的，印度尼西亚、泰国、越南和印度的"非常想学"和"想学"总占比高于"不想学"和"非常不想学"总占比。其中，越南对汉语学习的意愿最强烈，"非常想学"和"想学"两项总占比达54%；泰国次之，"非常想学"和"想学"两项总占比达49%；印度尼西亚排第三，"非常想学"和"想学"两项总占比达44%；斯里兰卡和印度较低，学习汉语意愿最高的越南比最低的斯里兰卡占比高出19%。值得关注的是，旅游业作为重要支柱产业的斯里兰卡对汉语学习的排斥最强烈，"不想学"和"非常不想学"的总占比达39%，而"非常想学"和"想学"的总占比为35%。

从五国居民对赴华旅游的意愿来看（见图2-11），当地居民在有条件的情况下普遍愿意赴华旅游，"非常想去"和"想去"意愿的总占比均超过50%。其中，印度尼西亚、泰国、越南的居民意愿较强烈，有"非常想去"意愿的占比分别为36%、34%、41%；印度和斯里兰卡较低，分别为31%、28%。旅游具有低政治属性、容易得到民众支持的特性，在本次调查也得到体现。在受访的五国居民中，对赴华旅游排斥的占比非常低，其中越南、斯里兰卡选择"非常不想去"选项的占比为零。

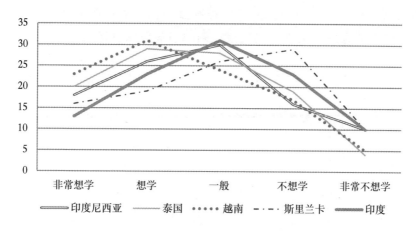

图 2-10　五国居民的汉语学习意愿(%)

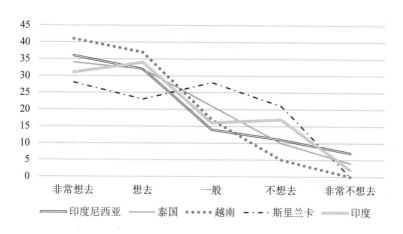

图 2-11　五国居民赴华旅游意愿(%)

从五国居民赴华学习交流的意愿看（见图2-12），赴华学习交流对五国中青年具有较强的吸引力，在有学习交流机会和经济条件允许的情况下，印度尼西亚、泰国、越南、斯里兰卡和印度五国有"非常想去"和"想去"意愿赴华参加相关学习交流活动的总占比均超过50%，两个选项总占比分别为68%、66%、78%和51%。其中，印度尼西亚、泰国、印度的比例较高，越南和斯里兰卡次之。

与认知维度和情感维度相比，意动维度的浮动变化较为明显。整体上呈现出对中国影视和音乐等文化、汉语学习的行为意向一般，对赴华旅游和学习交流的行为意向较高，且东南亚三国当地居民比南亚两国当地居民的表现更出色。在认知、情感和意动三个维度的综合比较中，东南亚三国当地居民的表现也均比南亚两国当地居民更优。

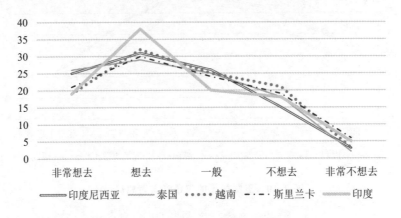

图 2-12　五国居民赴华学习交流意愿(%)

2.4.3　研究启示

民心相通作为"一带一路"倡议的"五通"（政策沟通、设施联通、贸易畅通、资金融通和民心相通）之一，是中国出境旅游助力"一带一路"建设的重要内容。民心相通取得的成效如何，是检验中国出境旅游在"一带一路"沿线国家是否转换为发展动能、文化交流互鉴是否能升华为情感共鸣的关键标准。面对东南亚南亚国家与我国在政治、民族、宗教、习俗上的巨大差异，积极用好中国出境旅游的优势、推动民心相通是增强政治共识、消除文化隔阂、促进中国与东南亚南亚国家友好往来的重要途径。基于此，本研究提出如下几点思考：

首先，在面向东南亚南亚推动中国出境旅游业发展的同时，应从游客本身、出境旅游产品、出境旅游商业模式等多层次重视讲好中国故事的媒介建设，以期加强旅游目的地国家当地居民对中国及"一带一路"倡议的正面认知。中国游客及中国出境旅游业务、品牌是旅游目的地居民评价中国形象的重要依据。居民通常会以中国游客消费行为和中国旅游企业经营行为、产品品牌文化等为中介，由中国游客形象的好坏或中国旅游企业经营行为、产品品牌文化的优劣联系到中国国家形象和对"一带一路"倡议的理解。目的地居民通过旅游活动的开展一旦形成某种"第一印象"，就会通过传播在当地社会形成"刻板印象"，从而影响到旅游目的国民众对中国形象的评价。

中国形象是国外公众对中国综合情况的认知和评价，主要受到三大方面的因素影响：一是国家层面因素，如政治、外交、制度等；二是社会层面因素，如民族文化、外贸；三是个人层面因素，如个人形象、公民素质。在旅游过程中，个人层面的中国形象要素由参加旅游活动的中国公民担当主体，此时游客行为的意义远远超出公民个人，其一言一行与中国形象直接相关。出境旅游产品则应当在传统的"吃、住、行、游、购、娱"六要素基础上，加强文化元素的融入，让出境游客体验到更好、更真实的目的地文化。

其次，通过行前社会教育引导中国游客和中国旅游企业把中华传统文化和中国当代发展经验融入旅游目的地当地文化习俗之中，倡导"像当地人一样在当地旅行"，加强中国游客与当地居民的情感共鸣。国家的文化认同可以通过建筑、文物、饮食、服饰、非物质文化遗产等各种民族象征物和话语来建构和表达，这些象征物也正是旅游的吸引物。因此，将这些因素作为旅游吸引物在旅游过程中进行推广，有助于加强不同国家的文化认同，从而促进旅游目的地民族形象的塑造。

"一带一路"倡议强调不同区域间的文化交流和文明互鉴。加强对东南亚南亚不同国家文化的宣传与学习，使中国公民更多、更深入地了解和理解东南亚南亚的各国文化，尊重各地文化差异、缩小中国游客与旅游目的地国的文化隔阂显得尤为重要。中国出境游客是"一带一路"倡议的直接参与者，尊重并融入旅游目的地国家的文化习俗，不仅能提高出境旅游的体验质量，也符合"一带一路"倡议的价值取向，有效拉近两国民众间的情感距离。

最后，通过加强中国游客和中国旅游企业的社会责任，提升中国游客和中国旅游企业在旅游目的地的认知度和信任感，从而增强当地居民的对中国出境旅游的认可度和信赖感。作为游客，应该对目的地当地的自然、社会风俗、文化资源等给予尊重和保护，并通过与当地居民的有效互动，为目的地的生态环境和下一代的发展提供有效的支持。作为旅游企业，应该遵守行业规范，提升企业的文化建设品位，履行在旅游中的经济责任、环境责任。在利用中国出境旅游促进"一带一路"沿线国家民心相通的过程中，应注意加强对中国出境游客和中国旅游企业社会责任感的引导，在关注中国游客旅游效用最大化和中国旅游企业综合收益最大化之外，更应注重培养他们的社会责任感。通过中国游客和中国旅游企业在境外的社会责任行为，塑造良好的行为文化，提升旅游目的地当地居民的对华认知度和好感度。

第3章

东南亚南亚中国出境旅游效应研究

出境旅游具有经济、政治、文化和社会等属性，因此国内外学术界对出境旅游效应的研究不仅关注传统领域的经济、政治和社会文化影响，也越来越关注环境、科技等可持续发展领域的影响。本章将从经济、政治、社会文化、环境和科技五个方面系统阐述中国出境旅游对东南亚南亚的影响效应，以厘清"我国出境旅游对东南亚南亚产生了怎样的影响"这一问题。

3.1 经济效应:成为东南亚南亚地区经济发展的重要带动力

根据联合国世界旅游组织(UNWTO)发布的《2019年国际旅游报告》数据,2018年全球国际旅游出口收入达1.7万亿美元,占全球服务出口总额的29%、所有商品和服务出口总额的7%。大多数实证检验结果表明,国际旅游是带动经济增长的重要力量(Brida et al.,2016)。旅游业在经济中的重要作用和旅游业发展对一个国家的积极影响,亦已被大家普遍接受(Chen,2008)。其产生的经济影响包括经济多样性、收入、就业和税收(Brida et al.,2011)等积极方面,也包括导致房地产、商品、服务及诸多其他领域的价格上涨等消极方面(Marzuki,2012)。刘倩倩、姚战琪等(2021)认为目前对于入境旅游专业化程度与经济增长之间的关系并不明确,还缺少对入境旅游在国民经济中地位或占比的增加是否会促进国民经济的整体增长、带动效应到底如何等问题的深入分析研究。其实证研究表明入境旅游可以有效带动宏观经济增长,但入境旅游对经济增长的带动效应强弱因不同的发展时代背景、国家区域而不同,两者之间的变化不成正比。中国出境旅游对东南亚南亚经济增长的带动效应已成为共识。根据刘倩倩、姚战琪等人的研究方法和相关文献成果的推演,中国出境旅游与东南亚南亚各国的经济增长效应之间呈非线性关系,各国的经济发展水平、旅游资源禀赋、居民支持度等因素会调节最终的经济增长效应。

3.1.1 对东南亚南亚国家经济增长的影响

从上述相关文献的分析中可发现,大部分的国内外研究者都认同出境旅游和国家经济增长之间存在相互促进关系,但该相互关系的强弱却因国家、区域、经济发展环境与程度等的差异而不同。各类不同的实证案例是最好的支撑证明。例如,Manzoor等(2019)以巴基斯坦作为案例。尽管巴基斯坦的旅游业并不发达,但研究发现旅游业对巴基斯坦的经济增长和就业稳定有较大贡献，旅游流量的增加可以给各国带来积极的经济增长，旅游业成为南亚国家经济发展和国内生产总值增长的重要动力源。旅游业对一个国家或区域的经济增长的意义通常通过其对GDP的贡献来评估。表3-1的数据呈现了2013年中国提出"一带一路"倡议以来至2019年东南亚南亚国家国际旅游对GDP的贡献，在这些国家中均呈现出国际游客收入增长与GDP的增长同步，且近七年来对GDP贡献呈上升趋势，也与中国游客赴东南亚南亚旅游的人数规模呈正相关，故将其同等视为中国出境旅游对东南亚南亚GDP的贡献值。对于泰国、柬埔寨、斯里兰卡等特别重视旅游业发展的国家与孟加拉国、巴基斯坦等旅游业欠重视的国家相比，国际旅游业在其经济增长方面影响更明显。

表3-1　2019年东南亚南亚入境旅游对GDP的贡献

国家	GDP/亿美元	国际旅游收入/亿美元	国际旅游收入对GDP的贡献/(%)	2013—2019年平均增速/(%)
新加坡	3744	203	5.4	2.6
马来西亚	3653	198	5.4	4.1
泰国	5443	598	11.0	12.9
柬埔寨	271	48	17.7	10.1
印度尼西亚	11190	169	1.5	10.9
越南	2619	118	4.5	12.7
文莱	135	2	1.5	25.8
菲律宾	3768	98	2.6	13.9
老挝	182	9	4.9	8.5
缅甸	761	25	3.3	25.3
印度	28705	307	1.1	12.4
马尔代夫	57	32	56.1	—
斯里兰卡	840	36	4.3	21.8
尼泊尔	306	7	2.3	13.7
孟加拉国	3026	4	0.1	23.0
巴基斯坦	2877	5	0.2	6.2(2019年为26.7)

数据来源：课题组依据世界旅游组织、华经情报网等官网数据整理计算。

印度的经济体量巨大且旅游资源丰富，但国际旅游收入在GDP总值中占比较低，还没有达到全球平均值（1.7%），这可能与中国游客占比偏低有一定关联。尽管许多印度游客到中国旅游，但因安全、旅游基础设施等因素影响，到访印度的中国游客数量大大少于到访中国的印度游客。2018年，到印中国游客为28.2万人，仅占印度入境国际游客的2.7%（印度旅游部，2020）。而同年赴中国旅游的印度游客为86.3万人（中国文化和旅游统计年鉴，2019），是中国赴印度旅游人数的2倍多。相比之下，作为中国出境旅游传统目的地大国的泰国，对中国出境旅游的依赖更大。在经济体量较小的国家，如马尔代夫、柬埔寨等，对中国游客的依赖性也更大。新加坡、马来西亚、越南、老挝四国的国际旅游收入的GDP占比超过4%，说明境外游客对这些国家旅游业的发展影响重大。而孟加拉国和巴基斯坦国际旅游收入的GDP占比为0.1%和0.2%，尽管近七年的年均增速较高，但其国际旅游业仍然非常落后。由于目前无法从东南亚南亚目的地国家官方渠道收集到中国游客在当地的旅游消费数据，只能从旅游人数推测出中国出境旅游对东南亚南亚国家GDP的贡献情况。

由于旅游业的具有很强的产业联动作用，国际上许多学者都采用"经济乘数"来测量旅游对经济的影响（Khan et al.，1990；Frechtling，1994；Archer，Fletcher，1996）。旅游乘数指旅游经济结构直接、间接引发的变化与直接起始变化本身之间的比率（Archer，1977；Fletcher，Archer，2011），旅游乘数的大小会随着国家的差异而有所不同，这取决于目的地国家的经济基础及其对旅游的依赖性，目的地国家的经济基础越差，旅游乘数就越低。因此，中国出境旅游在东南亚的文莱和印度尼西亚，以及马尔代夫和斯里兰卡以外的南亚国家的旅游乘数较小，对其经济增长的贡献率较低。

旅游业作为国际服务贸易的一个主要类别，其对国际收支平衡的重要性已得到广泛认识，大量入境游客在一个国家的消费可以对其国际收支平衡做出很大的贡献（Kumar，Hussain，2014）。世界旅游组织（UNWTO）和国际货币基金组织（IMF）的数据表明，国际旅游居世界出口领域之首，2019年全球国际旅游收入占到全球出口收入的6.9%，有

83%国家的旅游外汇收入排在国家外汇收入前五位,有三分之二国家的主要外汇收入来源是旅游,这种情况在东南亚南亚大多数国家都得到体现。2019年,东南亚南亚国家旅游出口统计数据表明,有60%的国家的旅游出口收入占到其国家总出口收入10%以上,表明旅游是其实现国际资本内流的重要渠道,其中马尔代夫、尼泊尔、斯里兰卡的外汇收入则严重依赖于旅游(见表3-2)。

表3-2 2019年东南亚南亚国际旅游对国际收支平衡的贡献

国家	国际旅游收入/亿美元	旅游出口占国家总出口/(%)	旅游出口占国家服务出口/(%)
新加坡	203	3	9
马来西亚	198	8	57
泰国	598	20	83
柬埔寨	48	27	91
印度尼西亚	169	11	68
越南	118	4	43
文莱	2	3	35
菲律宾	98	11	30
老挝	9	14	84
缅甸	25	10	38
印度	307	7	17
马尔代夫	32	87	96
斯里兰卡	36	28	73
尼泊尔	7	31	50
孟加拉国	4	2	14
巴基斯坦	5	8	39

数据来源:课题组依据世界旅游组织、世界银行等官网数据整理计算。

近年来,东南亚南亚入境旅游快速发展,旅游服务进口已占到其商业服务贸易进口的近60%。根据我国海关总署公布的统计数据,2022年前十个月，中国与东盟贸易总值为5.26万亿元，中国对东盟的贸易顺差为8547.5亿元，扩大93.3%。从平衡国际贸易的视角，中国赴东盟各国旅游人数规模的持续增长能有效减少贸易逆差，某种程度上能平衡中国与东盟各国的双边贸易，推动了中国与东盟的可持续发展。反观印度与中国的国际旅游贸易，中国赴印度旅游的人数长期以来在低位徘徊，近年来更是远低于印度赴华旅游人数，中国与印度的旅游贸易顺差与国际贸易逆差没有因中国出境旅游快速发展并成为全球最大客源国而得到缓和，使中国出境旅游在印度失去"一带一路"倡议的推动作用。

自2010年以来的10多年间，泰国的旅游业占外汇收入的比例一直稳步提升，由2010年的11%提升至2019年的20%。2019年，中国游客人数也占到泰国国际游客人数的三分之一，中国游客的旅游支出在泰国外汇收入中占有重要地位，在持续弥补由于其农业和制造业部门出口不足所带来的贸易赤字中发挥了重要作用。而作为南亚第一大国的印度，其旅游出口总量一直较低且增长速度缓慢（由2010年的4%增长至2019年的7%），面向中国的旅游进口一直大于旅游出口，使其入境旅游对国际收支的实际贡献可能会在相对重要性方面持续减弱。

3.1.2 对东南亚南亚国家就业的影响

就业和创造收入是旅游业发展最显著的好处（Vanhove，2005），这个行业提供了全球约10%的就业岗位（UNWTO，2019），显示出旅游业在世界各地创造就业机会的重要性。在东南亚南亚国家，旅游业比其他行业更容易提供更多的就业机会。旅游业本身具有劳动密集型产业属性，就业门槛低，就业范围广，就业层次多，较好地吸纳了东南亚南亚20世纪80年代以来人口高增长带来的大量劳动力及因第一产业的产业结构调整升级转移出的大量富余劳动力。中国作为东南亚南亚一些国家的最大客源国，中国出境旅游在促进这些区域吸纳富余劳动力方面发挥了重要作用。

从表3-3中可看出，东南亚南亚各国的旅游业为本国提供了大量的就业机会，且旅游就业人数与本国的经济发展水平及旅游业对GDP贡献度呈正相关，与学者的研究结论相吻合。国际游客在东南亚南亚的旅游活动显然创造了丰富的就业，而向国际游客提供商品和服务的旅游企业，通常情况下都是由国内外游客和常住居民的消费共同支持的。因此，有关国际旅游在旅游业就业贡献上的结论往往是推断性的，中国出境旅游对目的地国家的就业贡献，也只能是推断性的，而非精确的数据分析所得。以泰国、越南、印度尼西亚、印度四个国家为例，从其2018年接待的中国游客数量及其旅游就业岗位数的比值可推断出中国游客对这四个国家的旅游就业贡献情况：泰国为4∶1（即每4名中国游客可为泰国创造出1个旅游就业工作机会）、越南为2∶1、印度尼西亚为0.4∶1、印度为0.01∶1（见表3-4）。由此可知，中国出境旅游对东南亚南亚各国家的旅游就业贡献的国别差异很大，其对印度的旅游就业贡献非常小。

表3-3　2018年东南亚南亚部分国家旅游就业及占全国就业人口比例

国家	新加坡	马来西亚	泰国	柬埔寨	印度尼西亚	越南	文莱	菲律宾	老挝	缅甸
旅游就业人数/万人	17.3	8.7	243.6	134.7	464.9	254.8	0.5	293.6	11.0	—
占全国就业人口比	4.7%	4.6%	6.5%	14.6%	3.7%	4.7%	2.4%	7.1%	3.3%	—

国家	印度	马尔代夫	斯里兰卡	尼泊尔	孟加拉国	巴基斯坦
旅游就业人数/万人	2674.2	—	47.3	45.4	118.1	148.4
占全国就业人口比	5.1%	—	5.7%	2.9%	1.9%	2.4%

表3-4　2018年中国出境旅游对东南亚南亚部分目的地国的就业贡献

国家	接待国际游客数/万人	接待中国游客数/万人	旅游就业总人数/万人	国际游客对旅游就业贡献	中国游客对旅游就业贡献
新加坡	1851	341.7	17.3	107∶1	19.8∶4
马来西亚	2583	294	68.7	37.6∶1	4.2∶1
泰国	3828	1053.5	243.6	15.7∶1	4∶1
柬埔寨	620	202.4	134.7	4.3∶1	1.5∶1
印度尼西亚	1581	213.9	464.9	3.4∶1	0.4∶1

续表

国家	接待国际游客数/万人	接待中国游客数/万人	旅游就业总人数/万人	国际游客对旅游就业贡献	中国游客对旅游就业贡献
越南	1550	496.7	254.8	6:1	2:1
文莱	452	6.6	0.5	904:1	13.2:1
菲律宾	713	125.8	293.6	2.4:1	0.4:1
老挝	419	80.5	11.0	38:1	7.3:1
缅甸	355	29.7	—	—	—
印度	1742	28	2674	0.7:1	0.01:1
马尔代夫	—	—	—	—	—
斯里兰卡	203	53.5	47	4.3:1	1:1
尼泊尔	120	15.4	45.4	2.6:1	0.3:1
孟加拉国	32	—	118.1	—	—
巴基斯坦	—	—	148.4	—	—

近年来，中国游客在东南亚南亚的旅游消费行为发生了重大变化。例如，越来越多的消费点接受支付宝和微信等移动支付方式。游客们在境外不再只是购物，而是倾向于更多样的旅游活动，越来越多的自由行取代了传统的跟团游。根据课题组的调查，这些消费行为的变化已引起了目的地旅游就业的变化，特别是随着旅游新业态不断涌现，这些消费行为进一步促进了旅游产业链非正式就业比例的增加，吸引了更多年轻人从事与旅游相关的工作，从而导致在其他一些行业的用工上出现"挤出效应"。海量中国游客的到访，也促使东南亚南亚旅游从业人员纷纷学习接待中国游客的相关知识和技能，客观上提升了旅游从业人员的整体素质。2018年以来，中国—东盟中心面向东盟国家持续开展"China Ready"旅游援助培训，这正是帮助东盟国家应对旅游就业变化的一种官方行为。

3.1.3 对东南亚南亚旅游企业创业绩效的影响:来自小微旅游企业的实证

在中国出境旅游带动东南亚南亚经济增长的过程中,当地的旅游企业也得到了快速发展。特别是当地大量的小微旅游企业和个体经营户在中国游客消费转型升级中,不断增强其创新创业能力。根据第46次《中国互联网发展状况统计报告》,中国的互联网用户数和移动支付消费金额均位于全球首位。在东南亚南亚,数千万中国游客无处不在的移动互联网消费行为,对东南亚南亚旅游企业和当地民众产生了深刻的影响,也成为当地旅游经营和创业者获取创业社会资源的互联网信息源,带动了旅游目的地民众的互联网行为,促进了这些国家的互联网发展,也推动了东南亚南亚国家小微旅游企业的创业绩效。

探究旅游企业如何在经济体中经营,对于了解旅游对经济发展的影响不可或缺(Shaw,Williams,2002)。以个体经营户为主体的小微旅游企业,是东南亚南亚旅游目的地居民面向游客提供各类旅游服务的主要创业载体。这些小微旅游企业在中国出境旅游的旅游流、游客行为特征等因素的影响下,也呈现出不同的组织形式、创业精神和创业绩效(Zhang,Yao,2019)。随着东南亚南亚互联网的发展及"互联网+"新业态的普及,越来越多的人借助互联网扩大创业机会和规模,不仅能推动传统产业发展,还能激发创造新兴产业、改变商业模式。对于创业者来说,互联网创业是基于互联网思维的大众创业,是通过利用计算机互联网络或者其他电子通信设备,挖掘和捕捉市场新商机、提供新商品服务、创造新价值的商业过程。互联网创新了人与人之间的联系,因此互联网平台不仅可以为创业者提供海量用户,使其更好地进行交流,同时还能加强用户体验的反馈,助力产品或服务升级,更好地帮助创业者达到某一创业目标。于是,越来越多的学者也开始探讨互联网嵌入对创业者创业绩效的影响(郭红东,2013)。

旅游业是移动互联网应用最早、最大众化的领域之一。近年来,中国出境旅游者在新加坡、马来西亚、泰国、印度尼西亚等东南亚传统旅游路线的即时通信、新媒体和移动支付等互联消费行为,给东南亚南亚旅游目的地带来巨大的"互联网+旅游"效应，运用互联网向中国游客提供服务、推广旅游"打卡"点已成为旅游从业人员的重要服务手段和经营模式。在东南亚南亚地区，许多旅游目的地的经济发展水平并不高，有的甚至属于贫困地区，当地从事旅游服务业的创业者普遍缺乏创业资源，需要通过主动学习来获取知识并识别机会。因此，课题组选择了正在全国范围内推进国家经济社会数字化转型的印度尼西亚作为样本国，以中国游客占比较大的巴厘岛为研究区域，以巴厘岛内较著名旅游景区的经营店铺为对象，以双元创业学习为视角，深入研究互联网嵌入对小微旅游企业经营者创业绩效的作用。

1. 理论与假设

（1）互联网嵌入与创业绩效。

互联网嵌入（internet embedding，简称 IE）是指个体在使用互联网的过程中，会受到社会、心理和经济等方面的影响，并会积极与其他个体保持联结（刘玉国等，2016）。这一概念源自工作嵌入，其体现了个体与互联网接触的频繁程度，同时也可为创业者提供更加丰富和广泛的信息资源。互联网嵌入主要包含联系度、匹配度和牺牲感三个方面。其中，联系度是指个体借助互联网与其他网络主体之间产生的联系；匹配度是指个体能够较好地适应网络环境；牺牲感是指个体离开互联网后会丧失物质、资金和精神上的利益（刘玉国等，2016）。通过嵌入互联网，个体不仅可以获取更多的信息渠道，提高关键信息的传播速度，同时也能获得与外界交流和沟通的平台。在这个平台上，各个网络主体能够获取与创业相关的关键信息（Greeff，2018）。当前，东南亚南亚各国将发展数字经济列为国家重要的发展战略，纷纷加强互联网基础设施建设并加强与中国的设施连通。人们对互联网的依赖也愈发强烈，这不仅改变了传统的交流方式，也不断刷新个体对社会的认知。互联网已逐渐成为人们生活的一部分。然而，当前大部分地区的创业者仍需要进一步嵌入互联网，提高对互联网的利用程度，增加创业知识（张军、许庆瑞，2017）。

创业绩效是指创业主体在创业过程中所需要完成某些任务的程度，主要表现为销售业绩的增长和企业利润的增加等方面（朱红根、解春艳，

2012）。根据资源保存理论，个体所拥有的资源越多、越丰富，其获得资源的能力就越强，个体在面临资源流失时，也越不容易遭受损失（Halbesleben et al.，2014）。首先，互联网嵌入能够较好破解小微旅游企业创业者面临的信息阻塞、交流不畅等问题，为创业者提供相关产品价格、创业运营知识等重要信息。这些关键信息资源的积累，能够帮助小微旅游企业创业者降低收集创业信息所需要的成本。其次，互联网嵌入也有助于小微旅游企业创业者拓展客户资源，进一步开拓销售渠道，有效解决众多旅游目的地渠道狭窄的难题，促进产品和服务的销售进一步提升，从而达成创业目标（Sam，2016）。最后，小微旅游企业创业者的创业活动具有一定特殊性。其市场规模较小，经验不丰富，同行竞争也较为激烈，产品和服务的层次不高，产品特色不足，市场同质化比较严重。尤其在创业初期，小微旅游企业创业者尚缺乏资源和先进的管理理念来建立品牌优势，若能借助互联网，则可以通过发现更多有价值的市场信息，整合外部资源（Meyer，2016），来完成创业任务和达成创业目标。由此可见，互联网嵌入可以帮助受教育水平相对较低，却能初步使用互联网的小微旅游企业创业者，形成互联网思维，增强整合外界资源的能力，以提升其创业绩效。基于此，本研究提出如下假设：

H1：互联网嵌入对东南亚南亚旅游目的地小微旅游企业的创业绩效具有正向影响。

（2）双元关系网络的中介作用与组合构型。

①互联网嵌入与双元关系网络。关系网络是指由不同主体之间的关系组成，可视作主体的一系列社会关系。根据郭红东等（2013）学者的理论，本研究将关系网络划分为社会关系网络和市场关系网络，由此组成双元关系网络。其中，前者是指基于非商业化的社会合约建立的关系，包括具有血缘关系的亲戚和不具有血缘关系的挚友、同学等熟人，是先天就存在或通过后天长时间的交往积累起来的关系；后者是指基于市场交易秩序，共同遵守商业基本组织制度和精神，并通过谈判确定关系双方的利益、责任和风险，在长时间的市场行为中形成的互信关系。当前东南亚南亚旅游持续火爆，但东南亚南亚的城乡二元结构依然使信息资源获取极不均衡，小微旅游企业创业者所能获取的资源依然相当有限

(赵媛，2016)。通过关系网络来获取信息、拓宽渠道成为众多小微旅游企业创业者的首选。互联网可以拉近游客与当地民众彼此之间的距离，有着文化鸿沟、空间距离的主客体之间通过网络，便可进行即时视频沟通。这跟传统的通信电话相比，不仅大幅度降低了联系成本，而且在便利性、亲近性、沟通效率等方面也有很大程度的提高（Dong，2017）。通过互联网频繁与游客、客户、亲戚朋友等保持联系，更能促进感情升温，巩固关系网络。基于以上分析，本研究提出如下假设：

H2a：互联网嵌入对小微旅游企业创业者的社会关系网络具有正向影响；

H2b：互联网嵌入对小微旅游企业创业者的市场关系网络具有正向影响。

② 双元关系网络的中介作用。从社会关系网络来看，在小微旅游企业创业者创业初期，由于创业资源极度匮乏，即使有好的创业项目，创业者一方面难以将其推广以让市场投资者关注，另一方面，项目创意与风险成正比，创业者通常会求助于社会关系网络，以获取所需资源。创业者可以据此获取创业启动资金、人力资本等，同时也可以通过请求游客转发分享、亲戚朋友帮忙，利用他人网络传播创业产品的信息，以获取更多的客户资源和销售渠道（Antonioni，2017）。从市场关系网络来看，同与客户和其他合作者关系较差的创业者相比，频繁与客户保持联系的创业者更能识别创业机会和获得创业资源。同时，随着企业规模不断扩大，市场关系网络也会不断扩大，这有助于创业绩效的提升（Gao，2018）。综上所述，互联网嵌入能够促使创业者更加频繁和便捷地与亲戚、朋友、客户等主体联系，有助于双元关系网络的提升，进而提升其创业绩效。基于以上分析，本文提出如下假设：

H3a：社会关系网络在互联网嵌入与小微旅游企业创业者的创业绩效之间起中介作用。

H3b：市场关系网络在互联网嵌入与小微旅游企业创业者的创业绩效之间起中介作用。

③ 双元关系网络的组合构型与创业绩效。根据资源守恒理论，个体所拥有的各种资源是有限的，故需要探讨不同性质的关系网络对创业绩

效的差异化影响。本研究从小微旅游企业创业者的社会关系网络和市场关系网络两方面将双元关系网络组合成四种情况：强社会—强市场、弱社会—弱市场、强社会—弱市场、弱社会—强市场，具体见图3-1。

		市场关系网络	
		弱	强
社会关系网络	弱	弱社会—弱市场 关系网络一致	弱社会—强市场 关系网络不一致
	强	强社会—弱市场 关系网络不一致	强社会—强市场 关系网络一致

图3-1 双元关系网络的组合构型

尽管郭红东（2013）等学者已经探讨了社会关系网络与市场关系网络对创业绩效的差异化影响，但双元关系网络的强度不同是否也存在差异，目前暂未见到相关的研究成果（Li，2017）。在"强社会—强市场"组合的情况下，小微旅游企业创业者可以充分利用亲友、同学的个人社会资源，通过朋友圈等在线平台或口头宣传等方式为自己的创业产品进行宣传推广。同时，他们还可以充分利用与客户的联系，了解行业动态，积极与客户保持合作，拓宽销售渠道，从而提升其创业绩效。而在"弱社会—弱市场"组合的情况下，小微旅游企业创业者从亲戚朋友和客户那里获得的帮助十分有限，所获得的资源也十分有限（Kubberød，2018），对创业绩效提升帮助不大。故本研究提出如下假设：

H4a：相较于"弱社会—弱市场"组合，在"强社会—强市场"组合的情况下，小微旅游企业创业者的创业绩效更优。

在"强社会—弱市场"组合的情况下，小微旅游企业创业者拥有较多的社会关系资源，能够从亲戚朋友那里获得资金、信息、情感等支持，这些都能显著改善创业者的创业绩效。而且在创业初期，通过亲朋好友的资源，创业者能较快地获取关键资源的支持，这也能较好地改善创业绩效。然而，在"弱社会—强市场"组合的情况下，小微旅游企业创业者与客户关系保持较好，客户能够提供一定的帮助。但在非中心城市或经济发达区域的旅游目的地，基本投入相对较少，获取回报也较为一般。同时，由于所创企业规模较小，较高强度的市场关系网络实际对小微旅游企业创业者创业绩效提升有限。故本研究提出如下假设：

H4b：相较于"弱社会—强市场"组合，在"强社会—弱市场"组合的情况下，小微旅游企业创业者的创业绩效更高。

如前文所述，小微旅游企业创业者在利用关系网络进行创业活动时，会形成强弱配对的四种情况。显然，相较于"强社会—强市场""强社会—弱市场"两种情况，在"弱社会—强市场"组合的情况下，双元关系网络对创业绩效的促进效果最差。故要想比较关系网络一致和关系网络不一致在何种情况下对小微旅游企业创业者创业绩效的促进效果更明显，只需要比较关系网络一致的"弱社会—弱市场"和关系网络不一致的"强社会—弱市场"这两种情况。在后者的情况下，小微旅游企业创业者可以充分利用社会关系，从亲戚朋友那里获取创业所需的关键资源。但初始资源存量极其有限，特别是对资源积累较少的小微旅游企业创业者来说，从上述方式获得的资源很快就会消耗殆尽。同时，根据资源守恒理论的观点，小微旅游企业创业者通过社会关系获取的资源，实际上是其用其他资源交换过来的，如情感、信任、时间、资金等。这实际上也消耗了资源，导致所创企业成本大大增加，但其创业绩效却未能得到较大幅度的提高。因此，本研究推断，在"弱社会—弱市场"这种关系网络一致的情况下，双元关系网络对创业绩效的提升作用与"强社会—弱市场"这种关系网络不一致的情况下相差不大，前者可能略高于后者。因此，相较于关系网络不一致的情况，在关系网络一致的情况下，小微旅游企业创业者创业绩效更优。故本研究提出如下假设：

H4c：社会关系网络与市场关系网络的一致性程度越高，小微旅游企业的创业绩效越高。

（3）认知距离的调节作用。

认知距离是指个体间因个体特征（包括学历、年龄等）、行业背景和外部环境不同而导致的在认知上的差异（曾德明，2017）。学界对认知距离的早期定义主要是由 Nooteboom 等（2007）学者提出的。他将认知距离定义为个体与个体之间对某一特定事物在感知、理解和评价上的差异，不仅反映了学历方面的差异，而且反映了其所掌握的资源、技能等方面的"势差"。由于小微旅游企业创业者的受教育程度相对较低,所处区域交通设施较差,信息较为闭塞,他们的社会关系网络基本局限于社区或者地域,教育水平相对相差较小,因此认知距离也相对较小。在这种背景下,如果小微旅游企业创业者嵌入互联网,他们能够与中国游客等外部主体更加频繁地沟通交流,这一方式的改变将利于创业者更好地获取和利用资源,提升沟通效率。一方面,通过网络进行沟通不仅能节约时间和通信成本,还可以进一步维系彼此间的情感,有助于感情升温。另一方面,较小的认知距离可以避免个体之间因缺乏"共同语言"而导致沟通交流不畅。曾德明等(2017)学者指出,如果个体间认知距离较小,那么二者的认知结构存在较多的交叉或重复,更容易产生共同话题,以维系彼此之间的关系。小微旅游企业创业者与来自中国的游客客户之间存在相近的知识背景,因此认知距离较小,交流中很少出现理解上的偏差和障碍,更容易巩固社会关系网络和市场关系网络。反之,随着旅游业和区域经济不断发展,小微旅游企业创业者前期可能与来自世界各地的游客接触交流,与这些游客在学历、见识等方面可能存在较大差异,此时认知距离也较大。在这种背景下,即使嵌入互联网,见识较多(相对长期待在本地的其他居民来说)的小微旅游企业创业者也可能与其亲戚朋友或客户因缺乏"共同语言"而陷入"寡言少语"的尴尬或客套交流中,此时感情升温不明显,对社会关系网络和市场关系网络促进作用也较弱。基于以上分析,本文提出如下假设:

H5a:认知距离负向调节互联网嵌入与小微旅游企业创业者社会关系网络之间的关系;

H5b:认知距离负向调节互联网嵌入与小微旅游企业创业者市场关系网络之间的关系。

综上,本研究的概念模型如图3-2所示。

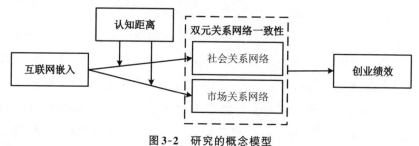

图3-2 研究的概念模型

2. 研究设计

(1) 数据收集。

课题组前期与有多年国际旅游教育合作的巴厘岛国际旅游学院项目团队取得联系,向他们表明了意图,并得到了他们的大力支持。他们利用在巴厘岛的社会资源和行业影响力,为数据收集工作提供了支持。调研地点主要选择了巴厘岛的海神庙、大秋千(Bali Swing)等景区景点内部或周边区域。选取其作为调研地点的原因主要是这些景点比较成熟,游客众多,且中国游客比较集中。这些区域创业环境较好,生态环境优良,产业优势明显,经营较具地方特色,在同类项目上有示范作用。课题组主要采取跨时点的问卷收集方式。首次主要收集了小微旅游企业创业者的基本信息、互联网嵌入情况和认知距离等变量,并记录其联系方式。2018年5月,共计发放问卷400份,回收有效问卷271份。三个月后,于2018年8月对上次被调查的小微旅游企业创业者的社会关系网络、市场关系网络和创业绩效进行了调查,该阶段共计回收有效问卷137份,回收问卷有效率为34.25%。在筛选有效问卷时,主要剔除了规律性作答、作答明显不合格、漏答过多及并非小微旅游企业创业者等情况。具体样本特征分布如表3-5所示。

表3-5 样本特征分布情况

变量	题项	样本数	占比	变量	题项	样本数	占比
性别	男	72	52.55%	学历	初中及以下	41	29.93%
	女	65	47.45%		高中与大专	73	53.28%
年龄	25岁及以下	18	13.14%		本科及以上	23	16.79%
	26—30岁	40	29.20%	企业规模	3人及以下	35	25.54%
	31—35岁	53	38.69%		3—5人	47	34.31%
	36—39岁及以上	26	18.98%		5—10人	34	24.82%
					10人及以上	21	15.33%

(2) 变量测量。

数据的调查问卷采用 Likert-5 点量表（1 代表完全不符合，5 代表完全符合），各变量均采用现有的成熟量表，并进行严格的翻译与回译，以保证整体问卷的高质量。对各变量的测度方式作如下说明：

① 互联网嵌入（IE）。本研究主要采用芮正云等（2018）研究中的量表，包括联系度、匹配度和牺牲感三个维度，每个维度各 3 个题项，共计 9 个题项。示例题项如：我经常上网参与互动；我需要借助互联网完成我的大部分工作。

② 认知距离（CD）。本研究采用在曾德明等（2017）研究基础上改进的量表，共计 3 个题项。采取反向计分的方式，评分越高，认知距离越小。示例题项如：我与其他网络主体的思想观念差距很小。

③ 双元关系网络（ARN）。本研究参考郭红东等（2013）开发的双元关系网络量表，分为社会关系网络（SRN）和市场关系网络（MRN）两个维度，每个维度各 5 个题项，共计 10 个题项。示例题项如：我拥有很多频繁联系的朋友；我已与很多潜在或已有客户建立了联系。

④ 创业绩效（EP）。本研究主要参考罗明忠等（2014）使用的创业绩效量表，共计 5 个题项。示例题项如：我已经达到了创业的预期目标；我所创企业的利润较高。

⑤ 控制变量。本研究根据小微旅游企业创业者个人基本信息和创业形式的特征，选择性别、年龄、学历和企业规模作为控制变量。

(3) 分析技术。

本研究采用回归分析、Bootstrapping 中介效应和简单斜率检验等方法检验假设 H1、H2a、H2b、H3a、H3b、H5a 和 H5b。对于假设 H4a、H4b 和 H4c 的检验主要采取多项式回归和响应面分析方法，具体如下：将控制变量、中心化后的社会关系网络（SRN）、市场关系网络（MRN）、社会关系网络的平方项（SRN^2）、社会关系网络和市场关系网络乘积项（SRN×MRN）和市场关系网络的平方项（MRN^2）纳入回归方程，检验其对小微旅游企业创业者的创业绩效（EP）的影响，具体如公式（1）所示。根据 Edwards（2009）等的研究，探讨一致性线（SRN = MRN）和不一致性线（SRN = −MRN）下响应面的状态以深入探讨创业学习一致性对创业绩效的差异化影响。

$$EP = a_0 + a_1(SRN) + a_2(MRN) + a_3(SRN^2) + a_4(SRN \times MRN) + a_5(MRN^2) + e \quad (1)$$

(4) 信效度和同源误差检验。

本研究通过 SPSS 22.0 软件对各变量进行信度检验, 具体结果如表3-6所示。各变量的克朗巴哈系数均大于0.7, 说明本研究的量表信度良好。为进一步检验本研究量表的区分效度, 使用 AMOS 22.0 软件对互联网嵌入、认知距离、社会关系网络、市场关系网络和创业绩效五个小微旅游企业创业者自评式变量进行验证性因子分析, 具体如表3-6所示。可见, 五因子模型拟合度最高, 说明测量模型具有良好的区分效度。此外, 根据 Podsakoff 等 (2003) 的建议, 单因子模型拟合指标 ($\chi^2/df=13.353$, IFI=0.715, TLI=0.724, CFI=0.736, RMSEA=0.137) 不理想, 可见同源误差并不严重, 不会对结果造成较大影响。

表 3-6 验证性因子分析结果

模型	因子	χ^2/df	IFI	TLI	CFI	RMSEA
五因子模型	IE, CD, SRN, MRN, EP	1.432	0.964	0.943	0.955	0.046
四因子模型	IE+CD, SRN, MRN, EP	3.024	0.885	0.891	0.902	0.061
三因子模型	IE+CD, SRN+MRN, EP	6.167	0.827	0.847	0.869	0.088
双因子模型	IE+CD, SRN+MRN+EP	9.725	0.768	0.782	0.795	0.102
单因子模型	IE+CD+SRN+MRN+EP	13.353	0.715	0.724	0.736	0.137

注: IE 代表互联网嵌入, CD 代表认知距离, SRN 代表社会关系网络, MRN 代表市场关系网络, EP 代表创业绩效, +代表前后两个因子合并为一个因子。

3. 数据分析

(1) 相关分析。

各变量间的相关系数矩阵如表3-7所示。互联网嵌入与小微旅游企业创业者社会关系网络 ($r=0.404$, $p<0.01$)、市场关系网络 ($r=0.361$, $p<0.01$)、创业绩效 ($r=0.253$, $p<0.01$) 均显著正相关。社会关系网络 ($r=0.364$, $p<0.01$)、市场关系网络 ($r=0.390$, $p<0.01$) 与创业绩效显著正相关。上述结果为研究假设提供了初步的支持。

表 3-7 变量间相关系数矩阵

	互联网嵌入	认知距离	社会关系网络	市场关系网络	创业绩效
互联网嵌入	0.844				
认知距离	0.273**	0.800			
社会关系网络	0.404**	0.324**	0.855		
市场关系网络	0.361**	0.228**	0.400**	0.918	
创业绩效	0.253**	0.213**	0.364**	0.390**	0.860
均值	3.711	3.620	3.809	3.574	3.166
标准差	0.607	0.694	0.688	0.793	0.580

注：$n=137$，**$p<0.01$，*$p<0.05$；双尾检验，对角线上数值为克朗巴哈系数。

(2) 假设检验。

① 主效应与中介效应。本研究采用 SPSS 22.0 软件进行逐步回归分析，结果如表 3-8 所示。互联网嵌入对小微旅游企业创业者的创业绩效（M6，$b=0.128$，$p<0.05$）、社会关系网络（M2，$b=0.384$，$p<0.001$）、市场关系网络（M4，$b=0.308$，$p<0.001$）均产生显著的正向影响，假设 H1、H2a 和 H2b 均得到支持。

表 3-8 多元线性回归和响应面分析

	社会关系网络		市场关系网络		创业绩效		
	M1	M2	M3	M4	M5	M6	M7
性别	0.097	0.087	0.131*	0.143*	0.053	0.009	−0.009
年龄	0.070	0.015	0.054	−0.001	0.076*	0.045	0.044
学历	−0.100	−0.041	0.008	0.070	−0.009	0.010	0.006
企业规模	−0.018	0.039	−0.013	0.056	−0.118*	−0.101*	−0.108*
自变量							
IE		0.384***		0.308***		0.128*	
中介变量							
SRN						0.204***	0.244***
MRN						0.145**	0.113*
SRN²							−0.042
SRN×MRN							−0.053

续表

	社会关系网络		市场关系网络		创业绩效		
	M1	M2	M3	M4	M5	M6	M7
MRN^2							−0.025
调节变量							
CD		0.260***		0.164*			
交互项							
IE×CD		0.132*		0.111*			
R^2	0.019	0.445	0.008	0.371	0.026	0.297	0.301
ΔR^2		0.426***		0.363***		0.271***	0.275***
一致性(SRN=MRN)							
$Slope_1$							0.357***
$Curvature_1$							−0.014
不一致性(SRN=−MRN)							
$Slope_2$							0.131*
$Curvature_2$							−0.120*

注：$n=137$，*** $p<0.001$，** $p<0.01$，* $p<0.05$。

为了进一步检验双元关系网络的中介效应，本研究使用SPSS 22.0的PROCESS插件进行Bootstrapping中介效应检验，结果如表3-9所示。互联网嵌入通过社会关系网络、市场关系网络对创业绩效的间接效应Bia-corrected 95%置信区间分别为[0.101，0.287]、[0.115，0.330]，均不包含0，说明社会关系网络、市场关系网络对互联网嵌入和创业绩效关系的中介效应存在，假设H3a和H3b得到支持。

表3-9 中介效应检验

	互联网嵌入→社会关系网络→创业绩效		互联网嵌入→市场关系网络→创业绩效	
	Lower	Upper	Lower	Upper
间接效应	0.101	0.287	0.115	0.330
直接效应	0.099	0.379	0.088	0.349

② 匹配一致性影响。本研究对样本数据进行多项式回归与响应面分析，结果如表3-8所示。首先，根据多项式回归和响应面分析结果，响应面沿着不一致线（SRN=-MRN）的曲率显著并且小于0（$Curvature_2=-0.120$，$p<0.05$），说明当社会关系网络和市场关系网络强度一致时对创业绩效的正向影响比不一致时强，H4c得到验证；其次，响应面沿着一致性线（SRN=MRN）的斜率显著大于0（$Slope_1=0.357$，$p<0.001$），且曲率不显著，说明当社会关系网络和市场关系网络强度一致时，"强社会—强市场"组合相对于"弱社会—弱市场"组合更有利于促进小微旅游企业创业者的创业绩效，H4a得到验证；最后，响应面沿着不一致线（SRN=-MRN）的斜率显著为正（$Slope_2=0.131$，$p<0.05$），这说明在社会关系网络和市场关系网络强度不一致时，"强社会—弱市场"组合相对于"弱社会—强市场"组合更有利于促进小微旅游企业创业者的创业绩效，H4b得到验证。响应面分析如图3-3所示。

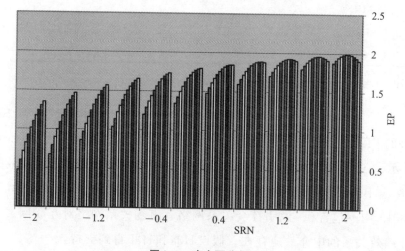

图3-3　响应面分析

③调节效应。首先，由表3-8可知，互联网嵌入和认知距离的交互项与社会关系网络、市场关系网络均呈显著正相关（M2，$b=0.132$，$p<0.05$；M4，$b=0.111$，$p<0.05$）。课题组在研究设计时，对认知距离的题项设计采用了逆向表述的方式，即评分越高，认知距离越小。简单斜率检验表明，在低认知距离下（Mean+1个SD），互联网嵌入与社会关系网络呈显著正相关（$b=0.476$，$p<0.05$）；高认知距离下（Mean-1个

SD），互联网嵌入对社会关系网络影响不显著（$b=0.292$，$p=0.473$），这说明相较于高认知距离，低认知距离下互联网嵌入更容易影响社会关系网络，H5a得到支持，简单斜率检验如图3-4所示。在低认知距离下（Mean+1个SD），互联网嵌入与市场关系网络呈显著正相关（$b=0.385$，$p<0.001$）；高认知距离下（Mean−1个SD），互联网嵌入对市场关系网络影响不显著（$b=0.231$，$p=0.239$），这说明相较于高认知距离，低认知距离下互联网嵌入更容易影响市场关系网络，H5b得到支持，简单斜率检验如图3-5所示。

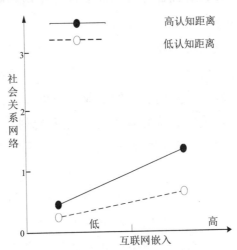

图3-4 对社会关系网络的调节效应

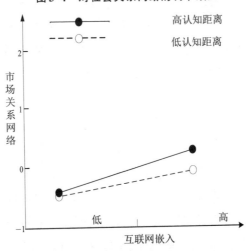

图3-5 对市场关系网络的调节效应

4. 结论与启示

小微旅游企业创业者是与中国游客深度接触的群体，提高其创新绩效，有助于提升其对中国游客的好感度，对社区发展和建立良好的主客关系具有现实意义。本研究通过对137位小微旅游企业创业者的调查，研究了互联网嵌入对小微旅游企业创业者创业绩效的影响。第一，互联网嵌入与小微旅游企业创业者的社会关系网络、市场关系网络和创业绩效均呈显著正相关。第二，社会关系网络和市场关系网络均在互联网嵌入与小微旅游企业创业者创业绩效之间起中介作用。第三，当关系网络强度一致时，相较于"弱社会—弱市场"组合，在"强社会—强市场"组合的情况下，小微旅游企业创业者的创业绩效更高；当关系网络强度不一致时，相较于"弱社会—强市场"组合，在"强社会—弱市场"组合的情况下，小微旅游企业创业者的创业绩效更高；社会关系网络和市场关系网络一致性越高，小微旅游企业创业者的创业绩效越高。第四，认知距离分别负向调节互联网嵌入与社会关系网络、市场关系网络之间的关系。

从研究结果中也可得到以下启示。第一，进一步提高互联网嵌入的深度。从个体层面来说，互联网嵌入可以破解个体之间在地理空间上交流不畅的困境，帮助其与来自中国等地游客建立联系，并通过这些游客获得更多的信息、市场、资金、渠道等创业关键资源。此外，通过频繁愉快沟通，可以保持良好的社会或市场关系，提升互联网嵌入水平和层次。从政府层面来说，政府也应该认识到"要致富先修路"的道理，这里的"路"是指互联网嵌入之路。因此，政府需要进一步改善东南亚南亚主要旅游区域通信设施，降低当地互联网资费标准，并加强对旅游社区的互联网使用培训，以进一步嵌入互联网。第二，注重社会关系网络与市场关系网络的配合使用。在创业过程中，来自亲戚朋友的帮助和来自客户的支持都必不可少，但在创业初期，应更加重视从目标客户即游客那里获取创业所需的关键市场信息资源，因为这可能是获取资源的最有效途径。同时，创业者也需要平衡社会关系网络与市场关系网络的强度。因为根据结论，两种关系网络强度越一致，对创业绩效影响越大，因此需要重视二者的平衡。第三，缩小个体间的认知距离。虽然认知距离与受教育程度、见识和个人经历等方面有关,但互联网上的知识与信息对所有人是均等的。因此,小微旅游企业创业者也需要重视学习和充分利用中国游客的学习资源,不断借助知识充实自己,减小认知势差。

3.2 政治效应:提升对东南亚南亚地区的软实力

"软实力"概念由美国学者约瑟夫·奈于1990年首次提出,他认为软实力是通过吸引与说服而非威逼或利诱来影响他人,从而达己所愿的能力。"软实力"是一种能力,是一国综合实力中除传统的军事和经济硬实力之外的另一组成部分,主要来自文化、政治价值和外交政策。旅游不仅是政治的继续,而且是世界政治经济的一个整体部分。在全球化浪潮推动下,旅游可以作为一种多元渠道影响国家间关系,也会通过国家间关系影响国内政治。因此,旅游很快成为许多国家关注的对象和利用的资源,其政治效应也日益突出。旅游业对政治领域的影响有很多种方式,中国出境旅游的政治影响领域,需要特别关注旅游目的地国与中国的双边和多边关系、旅游目的地居民对中国国家形象感知及对"一带一路"好感度。随着中国公民赴东南亚旅游的人数规模快速扩大,旅游的政治属性及其价值不断被中国游客的出境旅游行为所揭示和证实。

3.2.1 对东南亚南亚双边和多边关系的影响

双边和多边关系是国家软实力三大主要来源之一。国际旅游对国际关系具有显著的影响作用,相关研究显示,国际旅游互动每变化1%,将引起国际关系2.85单位的显著变化(李中建、孙根年,2021)。中国在2012年和2013年先后成为全球最大的出境旅游消费国和出境旅游客源国,2014年进一步稳定了这两大出境旅游指标的世界地位(2014中国旅游业发展报告,中国旅游研究院)。在2012—2014年这一时间窗口,我国正好提出了"一带一路"倡议,我国外交战略原则也由"韬光养晦"向"奋发有为"转型,印证了学者们已有的关于国际旅游与国际关系互动关系的研究成果。

根据2013—2019年中国出境旅游人数、清华大学国家双边关系定量衡量方法（阎学通，2004），以及中越、中印尼、中印2013—2019年两国双边关系分值表数据（见表3-10至表3-12），可以绘制出中国出境旅游与中越、中印尼、中印国际关系的影响关系图。

表3-10　2013—2019年中越关系分值

	1月	2月	3月	4月	5月	6月	7月	8月	9月	10月	11月	12月
2013	5.0	5.0	5.0	5.0	5.0	5.3	5.3	5.3	53	5.4	5.4	5.4
2014	5.4	5.4	5.4	5.4	4.8	4.6	4.6	4.6	4.6	4.7	4.7	4.7
2015	4.7	4.7	4.7	4.7	4.6	4.6	4.6	4.6	4.6	4.6	4.8	4.8
2016	4.7	4.7	4.7	4.7	4.7	4.8	4.8	4.8	5.0	5.0	5.0	5.0
2017	5.1	5.0	5.0	5.0	5.2	5.2	5.2	5.2	5.2	5.2	5.4	5.4
2018	5.4	5.4	5.4	5.4	5.4	5.4	5.4	5.4	5.5	5.5	5.6	5.6
2019	5.6	5.6	5.6	5.6	5.6	5.6	5.5	5.5	5.5	5.5	5.5	5.5

数据来源：清华大学国际关系研究院中国与大国关系数据库。

表3-11　2013—2019年中印尼关系分值

	1月	2月	3月	4月	5月	6月	7月	8月	9月	10月	11月	12月
2013	4.7	4.7	4.7	4.7	4.7	4.7	4.7	4.7	4.8	5.0	5.0	5.0
2014	5.0	5.0	5.0	5.0	5.0	5.0	5.0	5.0	5.0	5.0	5.0	5.0
2015	5.0	5.0	5.2	5.2	5.2	5.2	5.2	5.2	5.2	5.2	5.2	5.2
2016	5.2	5.2	5.1	5.1	5.1	5.0	5.0	5.0	5.0	5.0	5.0	5.0
2017	5.0	5.0	5.0	5.0	5.0	5.0	5.0	5.0	5.0	5.0	5.0	5.0
2018	5.0	5.0	5.0	5.0	5.1	5.1	5.1	5.1	5.1	5.1	5.1	5.1
2019	5.1	5.1	5.1	5.1	5.1	5.1	5.1	5.1	3.3	3.2	3.2	

数据来源：清华大学国际关系研究院中国与大国关系数据库。

表 3-12　2013—2019 年中印关系分值

	1月	2月	3月	4月	5月	6月	7月	8月	9月	10月	11月	12月
2013	5.0	5.0	5.0	4.9	5.1	5.1	5.1	5.1	5.1	5.2	5.2	5.2
2014	5.2	5.2	5.2	5.2	5.2	5.3	5.3	5.3	5.5	5.5	5.5	5.5
2015	5.5	5.4	5.4	5.4	5.6	5.6	5.6	5.6	5.6	5.6	5.7	5.7
2016	5.7	5.7	5.7	5.8	5.9	5.9	5.9	5.9	5.9	5.7	5.7	5.7
2017	5.7	5.6	5.3	5.1	5.1	4.5	3.5	3.0	3.0	3.0	2.9	2.9
2018	2.9	2.8	2.9	3.0	3.0	3.1	3.1	3.1	3.1	3.1	3.1	3.2
2019	3.3	3.3	3.3	3.3	3.3	3.3	3.3	3.3	3.3	3.3	3.2	3.2

数据来源：清华大学国际关系研究院中国与大国关系数据库。

3.2.2　对旅游目的地居民中国国家形象感知的影响

国家形象是他国公众对一个国家形象的总体认知和评价（何高平，2016），是国家软实力的重要组成部分。中国的国际形象主要取决于我国的对外政策（阎学通，2009），同时也受中国公民在境外旅游中的行为与消费活动影响。可以使用出境旅游空间对应分析的方法来评价旅游目的地民众对中国国家形象的感知（刘娟，2015）。国家形象建立后，在一定时间内不容易改变，并影响他国消费者和民众对一国的信念、态度与评价（李东进，2008）。因此，中国公民在东南亚南亚旅游中的行为与消费活动，不仅会影响这个区域对中国国家形象的感知，还会进一步影响东南亚南亚居民对"一带一路"倡议的理解。由于中国实行"周边优先"的外交政策导向，东南亚一直是中国出境旅游的主要流向区域。印度也试图通过与中国在2015—2016年联合举办"旅游年"来提升中国赴印旅游人数规模。然而，面向东南亚南亚开展大规模的旅游促销，试图增加国际客流输出的做法，是否能真正有效提升国家形象，两者之间的关系缺少科学的定量分析。

为了探讨这一问题，课题组选择了2018年中国出境旅游和入境旅游人数均排在前十五名的越南、泰国、马来西亚、菲律宾，以及出境旅游虽没有进入前十五但入境旅游排名前十五的印度等五个国家作为样本国。

基于数据来源的可行性和数据质量的考量，课题组参考刘娟（2015）关于出境旅游客流输出强度与国家形象感知的空间对应性分析方法，来衡量东南亚南亚五个主要出境旅游目的地国居民对中国国家形象的感知情况，从而准确把握中国出境旅游对东南亚南亚的政治效应水平。

客流输出强度是一个相对概念，它是客源国与旅游目的地国双向输出游客数与本国人口总量的一个比值。具体计算方法为：

$$中国对某国的客流输出强度 = \frac{中国对某国的输出旅游人数/中国总人口}{某国对中国的输出旅游人数/某国总人口}$$

当客流输出强度为1时，两国的客流输出呈现均衡状态；当客流输出强度大于1时，表明中国向旅游目的地国的客流输出大于该国向中国的客流输出。

中国国家形象评价同样采用相对值表示，它是旅游目的地国居民对中国国家形象相关测量变量的肯定态度与否定态度的比值。具体计算方法为：

$$中国国家形象评价 = \frac{正面评价所占百分比}{负面评价所占百分比}$$

1是国家形象感知的阈限值，该数值越大，对中国国家形象评价越好。

鉴于当前缺乏适用于本课题关于测量国家形象感知所需的文献数据，课题组通过在越南、泰国、马来西亚、菲律宾和印度采用问卷调查的方式获取第一手数据。首先，课题组参考了中外文献关于国家形象的测量方法，并结合本课题的研究目的，将经济印象、文化印象、社会印象、国民印象和外交印象设置为本研究的国家形象感知测量变量。接下来，课题组参考了英国BBC面向全球开展有关各国公民对中国印象民意调查的方式，设置了"肯定""中立""否定"三个态度选项，并设计出本次调查问卷。然后，课题组委托国际旅游教育合作单位相关人员，在2018年10月同时在五国进行问卷调查活动。

通过对文献数据和调查数据整理，课题组得出了中国出境旅游客流输出和五国居民对中国国家形象评价的数值（见表3-13），并依此计算出中国对五个旅游目的地国的客流输出强度及其对中国的国家形象感知

(见表3-14)。

表3-13 2018年中国对东南亚南亚五国客流输出与中国国家形象评价

国家	客流输出			国家形象评价		
	中国出境/万人	中国入境/万人	该国人口/万人	肯定态度	中立态度	否定态度
越南	497	650	9800	62%	23%	15%
泰国	1054	83	6930	70%	16%	14%
马来西亚	294	129	3270	71%	12%	17%
菲律宾	126	120	10900	50%	36%	14%
印度	28	82	135300	53%	21%	26%

注：2018年中国人口总数为14.05亿人。

表3-14 2018年中国对东南亚南亚五国客流输出强度与对中国的国家形象感知

国家	客流输出强度	对中国的国家形象感知
越南	5.28	4.13
泰国	63.02	5.00
马来西亚	5.33	4.18
菲律宾	8.18	3.57
印度	33.33	2.04

上述数据显示，东南亚南亚五国对中国的国家形象感知有所不同。整体上，东南亚的四国对中国国家形象的感知要高于南亚的印度。在东南亚区域内部，国家之间差异不是很大，菲律宾略低。中国对五个国家的客流输出强度与这些国家的中国国家形象感知方向一致且均大于1，说明其对中国的经济依赖性较强，对中国国家形象的整体评价相对较好。值得注意的是，虽然印度赴华旅游人数远远高于中国赴印旅游人数，但中国对印度客流输出强度却远远高于越南、马来西亚和菲律宾，而且印度对中国的国家形象感知值也较低。导致这种情况的主要原因是印度的人口基数和中国非常接近。

3.2.3 对旅游目的地居民"一带一路"倡议认知与好感度的影响

"一带一路"倡议提出后,东南亚南亚成为中国友好合作关系发展的重要节点。尽管一些东南亚南亚国家中对"一带一路"倡议有不同的解读和声音,但自推进"一带一路"倡议以来,它有效加强了中国与东南亚南亚国家的政治互信,深化了双边政策沟通,促进了双边的投资合作。特别是一些大型建设项目的投资运行,如中老铁路建成并开通运行等,大大促进了当地区域经济发展,为东南亚南亚国家的经济发展注入强大动力,并有力地促进了中国与东南亚南亚国家的民心相通。

为深入了解东南亚南亚国家民众对"一带一路"的认知与反应,2019年6—8月课题组在印度果阿、越南下龙、印尼万隆、泰国华欣四地通过问卷调查(认知调查)和访谈(反应调查)收集资料,从认知度和好感度两方面对比分析四地民众对"一带一路"倡议的认知与反应。调查对象包括当地的政府职员、企业管理人员、旅游商铺职员、导游、无固定职业居民、农民等,年龄为18岁到50岁之间。课题组委托当地有良好合作关系的旅游院校、旅游企业的相关人员,采用随机发放问卷的调查方式,并对一些有代表性的人员进行了访谈。调查内容主要包括被访者个人信息情况、对中国国家总体印象、对"一带一路"倡议认知程度,并根据被访谈者的态度判断其反应。课题调查组在四地分别发放问卷500份,其中印度果阿回收447份(回收率89.4%)、越南下龙回收453份(回收率90.6%)、印尼万隆回收459份(回收率91.8%)、泰国华欣回收457份(回收率91.4%)。

调查发现,多数民众对"一带一路"倡议能促进当地旅游业发展、能为自己的国家及个人带来利益持积极的态度,也非常期望自己所在国家的政府能与中国加深合作。但研究结果还显示,在不同国家和不同职业与阶层间,当地民众对"一带一路"建设存在着区域性差异、感知关注差异和预期差异。这些差异的产生与区域受益面、个体利益、居民综合素质、职业层次、政策宣传、推进策略等影响因素有关。调查结果如下。

四个旅游目的地民众对中国提出的"一带一路"倡议的认知总体上呈

"了解"的民众占大多数，但地区差异较大，这种差异与中国游客到访的规模及热度呈正相关。印度果阿、越南下龙、印尼万隆、泰国华欣民众对"一带一路"倡议"听说过，有一定了解"的占比总体较高，分别为50.3%、66.8%、69.2%、71.0%，平均为64.32%；认为自己对"一带一路"倡议"比较了解"的分别为17.6%、22.7%、19.5%、18.4%，平均19.55%；有32.1%、10.5%、11.3%、10.6%的受调查者表示对"一带一路"倡议"不了解"，不了解率平均为16.13%（见表3-15）。越南下龙和印尼万隆是中国出境旅游的传统热点目的地，与对"一带一路"倡议认知度比较高形成内在逻辑关系。国内普通民众普遍对印度果阿比较陌生，中国游客相对也去得少，当地民众对"一带一路"倡议的不了解率远远高于越南下龙和印尼万隆，说明其认知度与中国游客到访规模呈正相关。华欣是泰国较著名的滨海旅游胜地，相比泰国其他热点旅游城市，到访华欣的中国游客规模也较小，但当地民众对"一带一路"倡议的认知度却比印度果阿高得多，可能与华欣处于中泰合作的罗勇经济开发区旁边这一地理位置有一定关系。

表3-15 四地受访民众对"一带一路"倡议的认知度

项目	印度果阿	越南下龙	印尼万隆	泰国华欣	平均率
不了解	32.1%	10.5%	11.3%	10.6%	16.13%
听说过，有一定了解	50.3%	66.8%	69.2%	71.0%	64.32%
比较了解	17.6%	22.7%	19.5%	18.4%	19.55%

根据表3-16可知，四地受访民众总体上对"一带一路"倡议的好感度较高，且与认知度呈正相关。印尼、泰国民众较为看好"一带一路"倡议，"同意"与"非常同意"的占比分别为71%和73%；印度与越南民众相对低一些，但也分别达到54%和63%。在促进更多中国游客到当地旅游的选项中，四地民众"同意"与"非常同意"的占比均超过70%，说明对带动当地旅游的看法最一致。四地民众对"一带一路"倡议可以给当地带来工作机会的看法存在疑虑，"同意"与"非常同意"最高占比只有49%，可能跟当地民众看到一些中资企业投资或承建的大型基础建设项目中大量使用中方员工有一定关系。此外，四地民众认为"一带一

路"倡议能带动两国文化和教育交流、愿意参加共建"一带一路"活动的占比也都超过50%。但是,四地民众认为共建"一带一路"的政治利益大过经济利益的占比也不小,"同意"与"非常同意"的占比达到35%—47%。在访谈中部分受访民众也表现出对中国快速发展可能会冲击本国发展的担心,这种现象值得我国予以关注。

表3-16 四地受访民众对"一带一路"倡议的好感度

	项目	非常同意	同意	不清楚不确定	不同意	非常不同意
印度果阿	看好"一带一路"倡议	25	29	28	16	2
	使更多中国游客到当地旅游	38	34	25	3	0
	促进当地就业	5	17	49	27	2
	与中国的文化和教育交流更多	16	35	34	15	0
	政治利益大于经济利益	13	27	11	20	29
	愿意参加共建"一带一路"活动	17	39	26	18	0
越南下龙	看好"一带一路"倡议	36	27	19	15	3
	使更多中国游客到当地旅游	33	47	15	5	0
	促进当地就业	13	36	27	16	8
	与中国的文化和教育交流更多	16	43	30	11	0
	政治利益大于经济利益	15	32	10	26	17
	愿意参加共建"一带一路"活动	23	39	21	17	0
印尼万隆	看好"一带一路"倡议	38	33	18	10	1
	使更多中国游客到当地旅游	31	46	14	9	0
	促进当地就业	21	24	28	24	3
	与中国的文化和教育交流更多	20	41	28	11	0
	政治利益大于经济利益	6	29	38	18	9
	愿意参加共建"一带一路"活动	21	49	19	9	2
泰国华欣	看好"一带一路"倡议	32	41	12	10	5
	使更多中国游客到当地旅游	29	45	19	7	0
	促进当地就业	14	33	35	13	5
	与中国的文化和教育交流更多	23	46	19	9	3
	政治利益大于经济利益	11	32	26	18	13
	愿意参加共建"一带一路"活动	17	46	21	16	0

3.3 社会文化效应:对心理幸福感和文化包容性产生积极影响

3.3.1 对旅游目的地居民心理幸福感的影响

旅游目的地社区居民是旅游社会文化影响的真实见证者,是旅游社会文化变迁的"晴雨表(barometer)"和"指示器(predictor)"。旅游业对旅游目的地经济、社会、环境、居民生活质量等的影响直接或间接地作用于旅游目的地居民幸福感的形成。李有根(1997)等指出,研究居民对旅游影响的知觉是分析旅游影响效应的有效途径。但居民对旅游的感知、态度是一个复杂的社会、心理问题,衡量旅游对居民的影响通常很困难。心理幸福感(psychological well-being,PWB)是衡量旅游对居民的影响程度的重要指标。它是基于实现论的哲学观点产生的概念,强调人的幸福不仅仅是快乐和现实享乐,真正的幸福应来自通过自身努力实现的个人价值和自我成长。当自我潜能得以充分发挥时,会带来的心理满足和成就感。

通过对已研究成果的分析发现,目前关于旅游目的地居民幸福感的研究主要是通过分析旅游发展对目的地带来的影响,以影响为中介因素转而分析这些影响与目的地居民幸福感的关系,进一步说明旅游发展对旅游目的地居民幸福感的作用。直接从心理学角度切入进行研究的成果相对较少,也缺乏对中国出境旅游与东南亚南亚旅游目的地居民心理幸福感关系的实证研究。

为了使本研究具体、可操作,课题组选取了居民心理幸福感的视角审视中国出境旅游的社会文化影响。2019年,课题组将心理学领域的量表引入旅游领域内,在心理学量表基础上通过定性访谈、专家论证等编制了旅游目的地居民心理幸福感量表,并通过问卷调查进行定量研究,对该量表进行修改和检验,最后形成本研究所使用的旅游目的地居民心理幸福感量表（唐颖、张显春，2019）。

该量表包括"旅游与自我认同""旅游与人际关系"和"旅游与环境掌控"三个维度。旅游与自我认同维度是从旅游对居民自我发展提升、自我接受的重要性出发，反映出旅游目的地居民对旅游促进个人成长、实现自我价值和发挥潜在能力的认知、理解和判断；旅游与人际关系维度是从旅游对人际关系、朋友关系的影响，以及增加、减少或维持与他人沟通的意愿等方面，反映出旅游目的地居民对旅游影响人际关系和与游客交往意愿的认知、理解和判断；旅游与环境掌控维度是从旅游对目的地环境的影响、目的地居民对旅游发展带来的环境变化的接受程度及对复杂环境的适应程度等方面，反映出旅游目的地居民的认知、理解和判断。这三个维度对旅游目的地居民的心理幸福感影响都非常重要。只有让目的地居民在这三个维度都有所感知，其自我潜能得以充分发挥时，居民心理才会产生满足和成就感。忽略任何一个方面都会降低目的地居民对心理幸福感的感知，从而影响对旅游发展的认同度和支持度。

泰国曼谷、越南河内、印尼雅加达、斯里兰卡科伦坡均为国家首都，国际旅游业发展较成熟，中国游客规模也都较大。课题组使用自行编制的旅游目的地居民心理幸福感量表，于2019年12月至2020年1月，在这些城市面向当地居民组织开展了一次问卷调查，以探究中国出境旅游（出境人数、境外消费）对当地居民心理幸福感（旅游与自我认同、旅游与人际关系、旅游与环境掌控）的影响，以及这些影响与"一带一路"倡议存在的效应关系。具体操作方式为：由出境调研团队与四个城市的合作旅游院校合作，分别从其校内选择1名当地教员和9名学生组成问卷调查小组，现场发放问卷、填写并回收，调查对象为当地旅游景区景点的周边居民区18—50岁的当地居民。本次调研计划每个城市发放问卷500份，因遇到突发新冠疫情，调研组提前回国，导致没能按计划足额发放问卷，每个城市的回收数量也有差异。经过对回收问卷进行甄别，剔除无效问卷并合理取舍后，每个城市的有效回收问卷数均为280份。

借鉴张彦、于伟（2014）采用典型相关分析法研究主客冲突与旅游目的地居民心理幸福感关系的经验，本研究也采用典型相关分析法，并按照图3-6所示模型来研究解读中国出境旅游游客与旅游目的地居民心理幸福感之间的关系。

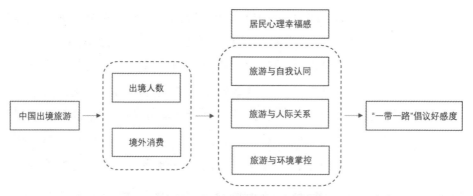

图 3-6 中国出境旅游与旅游目的地居民心理幸福感关系概念模型

将中国出境旅游的出境人数和境外消费两个维度作为典型变量 V，居民心理幸福感的旅游与自我认同、旅游与人际关系、旅游与环境掌控三个维度作为典型变量 W，将中国出境旅游变量集合和心理幸福感变量集合进行典型相关分析，共有两对典型变量的典型相关系数通过了显著性检验（$p<0.05$），分别为 0.641 和 0.550，表明相应典型变量之间相关关系显著，可以用中国出境旅游变量组解释居民心理幸福感变量组。

如表 3-17 所示，中国出境旅游的第一典型变量 V_1 可以解释心理幸福感第一个典型变量总方差的 40.02%，而心理幸福感第一个典型变量又可以解释其总方差的 22.32%，说明预测变量能够通过第一个典型变量解释标准变量总方差的 9.10%。预测变量的第二典型变量能够解释标准变量总方差的 6.10%，预测变量与标准变量在两组典型变量的共享方差达到 15.20%，说明两组线性组合较好。

表 3-17 中国出境旅游与居民心理幸福感典型相关分析

预测变量	V_1	V_2	标准变量	W_1	W_2
出境人数	−0.833	−0.237	自我认同	0.343	0.686
境外消费	−0.420	−0.358	人际关系	0.322	0.435
抽取变异	0.282	0.271	环境掌控	0.831	0.094
冗余指数	0.116	0.082	抽取变异	0.222	0.203
			冗余指数	0.091	0.062

在各典型变量的典型负荷量中，以绝对值作为标准，发现出境人数与中国出境旅游的第一典型变量 V_1 高度相关，境外消费与中国出境旅游

的第二典型变量V_2高度相关,环境掌控与居民心理幸福感第一典型变量W_1高度相关,自我认同和人际关系与居民心理幸福感第二典型变量W_2高度相关。典型相关分析结果表明,旅游目的地居民感知与中国出境旅游的出境人数相关性越高,对环境掌控的认知能力越弱;居民感知与中国出境旅游的境外消费相关性越高,对自我认同和人际关系的负面影响就越大。这说明中国出境旅游对旅游目的地居民心理幸福感具有显著影响,并且居民心理幸福感各维度受到中国出境旅游两个维度的影响程度也不同。

张彦、于伟(2014)认为旅游目的地的主客关系存在"双刃剑"效应,本研究结果也体现了这种效应现象。中国游客的旅游行为既能够对东南亚南亚旅游目的地居民产生积极的示范效应,也会因文化、经济等差异而产生冲突。旅游目的地居民对中国游客的消极感知与同中国游客之间所产生的冲突会削弱居民的心理幸福感。旅游目的地居民与中国游客的友好交往和相互了解的深入既能增强出境人数和境外消费对居民幸福感的积极影响,也能缓和环境冲突的消极作用。

居民幸福感来自自我认同的过程,属于一种心理增权,包括心理意义自我效能感、自我决定和感知影响等。旅游目的地居民的心理幸福感通常表现为社区自豪感、文化自尊感、自我认同感和融入感(王艳,2015)。东南亚南亚一直是中国游客重要的出境旅游目的地,意味着中国游客对东南亚南亚旅游资源和文化的认可。这也为不断强化旅游目的地居民对自身居住家园的认知和认可提供了可能,更为主客两国共建"一带一路"提供了民心相通基础。

3.3.2 对旅游目的地文化包容性的影响

文化包容性是指尊重和适应不同国家、不同民族以及本国家各民族内部之间不同文化个体的差异,各美其美,美美与共。文化包容、文明互鉴是深化共建"一带一路"的保障。东南亚南亚旅游目的地面向全球游客开放发展、极力扩大中国游客来访量体现了这些目的地承认文化多元性、包容性的主张。近年来,东南亚南亚热点旅游线路和旅游景区景点"中国化"现象越来越突出。一方面,这是当地为了吸引更多中国游客而采取的经营策略；另一方面，这也体现了当地不断强化本土文化对外来文化的吸纳和借鉴的趋势。因此，本土文化包容性发展已成为东南亚南亚旅游目的地社会文化变迁的一个显性特征。

文化变迁是文化内容和结构在量上的缓慢变化过程。这种文化的改变既可能是自然变迁，即由于文化内部无意识的自然发展或积累的结果，也有可能是计划变迁，即人们有计划地、自觉地发展和改变文化的过程。例如，政治制度的影响或新的价值观以及行为文化的介入会导致传统文化的改变。中国提出"一带一路"倡议以来，东南亚南亚一直是中国出境旅游的重要旅游目的地，东南亚南亚旅游目的地的文化变迁现象已成为旅游目的地社会文化效应主要内容之一。伴随着旅游全球化的持续推进和中国出境旅游强度的加强，东南亚南亚旅游目的地居民对旅游的理解不断深化，主体意识不断增强。从旅游目的地方政府、社群到居民个体，纷纷积极应对外来文化，并在旅游产品与服务中增强"中国化"元素以迎合中国游客消费需求的同时，寻求地方文化的平衡关系，促进本地传统文化实现包容性发展。

不断演进的主客关系促进了旅游目的地文化包容性的发展，促进了中国故事和中国声音的传播。游客与旅游目的地居民关系是旅游社会文化效应的重要内容之一，两者关系的性质将影响旅游目的地居民对到访游客的理解或误解程度。拉克姆等（2006）研究发现，旅游带来的商业活动能影响当地的文化变迁，即居民的身份认同。根据中国旅游研究院《中国出境旅游发展年度报告2019》的相关数据，跟团游依然是中国人出境旅游的主要方式，2018年通过团队形式出境旅游的游客比例占55.24%，50.65%受访者表示在未来的出境旅游中愿意参团旅游。根据课题组2018年6月、2019年12月先后两次在东南亚的泰国曼谷、印尼雅加达、越南河内三地以及2018年5月在南亚的斯里兰卡科伦坡对共计793名中国游客的调查数据，671人为第一次到当地旅游（占受访人数的84.6%），583人为跟团旅游（占受访人数的73.5%）。在这种旅游方式和出游频率下，中国游客在东南亚南亚旅游目的地的客主关系表现出短暂性、时间和空间的制约性、缺乏共时性、体验的不平等和不平衡性四个特征。

短暂的客主关系，是指中国游客与当地居民之间只能保持一种表面性的一次性互动，加上追求娱乐化的旅游形式，客主之间缺乏有深度的文化对话。由于中国游客大多采用跟团旅游的方式，游览线路较为简单和固定。为了在相对较短的时间和相对较窄的旅游区内看到及参与更多的旅游点，旅游目的地接待机构和居民可能会向中国游客提供简单而集中的本地旅游体验，以及双重旅游价格和服务质量体系，导致中国游客与旅游目的地居民的接触要么没有机会，要么流于表面。包价跟团游本质上是一种商品交易行为，其旅游过程中充斥着商业氛围，中国游客与当地居民缺乏共时性的自发接触，有限的客主见面甚至会变成一系列的促销活动，进一步阻碍了双向原真性文化交流。东南亚南亚诸多国家的经济发展水平仍然较低，中国游客在这些旅游目的地的消费行为使得旅游目的地居民对中国游客做出一种财富剥削式的弥补行为，旅游目的地居民的这种行为会随着中国游客规模扩大导致旅游就业机会增加，从而间接地扩大其社会文化效应，客观上异化了中国文化的传播。

随着"一带一路"倡议的提出和持续推进建设、互联网应用普及和旅游电子商务的快速发展，中国与东南亚南亚众多国家间的旅游签证日益便捷化，自由行、家庭游的出境旅游方式比例在不断提高，中国故事和中国声音也随着中国出境旅游的多样化发展而得到更广泛的传播，中国游客与旅游目的地居民的交流日益生活化。中国游客与东南亚南亚旅游目的地居民的关系由原来以经济利益为主的客主关系日益演化为以命运共同体理念为目标的新型关系，双方的文明互鉴、文化交流越来越得到重视。

旅游目的地居民的文化包容性直接影响其对"一带一路"倡议的理解。旅游已成为当今社会最大规模的人际交往活动，人们通过旅游实现文化交流（姜辽等，2013）。然而，在实践层面，旅游对地方的传统文化和社会结构等方面的保护和传承是不利的，甚至具有破坏性，具有较大的负面影响（肖洪根，2001）。因此，旅游对当地社会文化的影响相比旅游对当地经济和环境的影响而言，更加深远也更加具有渗透性。

东南亚历史上曾深受外来文化的影响，形成了当前传统与现代相结合、本土文化与外来文化相结合、多样性与统一性相结合、宗教文化占据重要地位等的社会文化特点。南亚作为世界古代文明、佛教和印度教的发源地，印度文化一直在区域内保持着传统的影响。尽管区域内分立为佛教、印度教、伊斯兰教等几大宗教信仰国家，但它们语言相近，体现了传统社会文化基因的强大力量。

社会文化影响是游客与目的地居民日渐接触产生各种特定社会关系的结果。随着中国公民到访东南亚传统旅游胜地和南亚新兴旅游目的地的规模持续扩大，中国与东南亚南亚地区的文化和旅游领域的交流与合作不断扩大、深入，中国游客带来的中国文化新推力与以中国文化为核心的东亚文化圈的传统力量共同影响着东南亚南亚当代社会文化，同时也影响着旅游目的地居民对"一带一路"倡议的态度。

3.3.3 来自越南北方四省的实证：群际接触理论视角下的互动评价

2013年，在中国提出"一带一路"倡议之际，中国出境旅游也由持续高速增长期进入平稳发展期，中国成为东南亚南亚重要的客源国。到2019年，赴东南亚南亚旅游的中国游客规模超过3000万人次。巨大的中国出境旅游客流使越来越多的东南亚南亚民众接触到中华优秀文化，听到中国声音，增进对中国文化、"一带一路"倡议以及对人类命运共同体理念的了解和理解。然而，从课题组的社会调查情况看，中国出境旅游所带动的人文交流并不能直接达成文化认同，也无法做到消除文化隔阂，旅游目的地部分居民对中国的主张和中国文化还存在着一些误解和偏见，从而影响两国民心相通。依据社会学范畴的群际接触理论，增多两个群体之间接触和沟通，在一定程度上能减少群体之间的偏见、犹疑、分歧，矛盾也会得到缓和。

那么，在我国将东南亚南亚列为优先旅游合作区域和重要出境旅游目的地之后，中国出境旅游者与东南亚南亚民众两个群体间的群际接触效应是否有所体现？是否随着接触的增多而增加了彼此了解，并提升共建"一带一路"的共识了呢？以越南为例，近十年来中国赴越南旅游的游客数量增长快速，2013年中国赴越南旅游人数为190万，2017年达到650

万，2019年旅游人数更是跃升至中国澳门和中国香港以外的中国出境旅游目的地第一位（《中国出境旅游发展年度报告2020》），赴越南旅游人数达到580万人（UNWTO，2019），中国是越南最大的客源国。同年2019年越南赴华人数约达900万人。然而，两国间规模巨大的旅游流并没有很好地改变部分越南民众对中国及中国人的偏见，而且在中国游客与越南旅游目的地居民的直接接触过程中两个群体的某些差异凸显出来。为什么群际接触效应在两国民众群体接触中并没有体现，群体间的理解不见增多？为此，课题组运用群际接触理论对越南旅游目的地居民与中国出境旅游者的接触心态进行分析，以进一步探明中国出境旅游对东南亚南亚居民的社会文化影响，在共建"一带一路"、促进两国民心相通中更好地发挥中国出境旅游的作用。

群际接触理论产生于第二次世界大战后全球复杂的民族、种族矛盾与冲突的社会背景，并不断扩大运用到更多群体交往的研究领域。国内外学者分别从增进了解、缓解焦虑、镇静摩擦、产生共情等角度研究了群际接触改善群际关系的机制。奥尔波特（1954）认为良性的群体间的交往可以改善群体间的关系并减少彼此间的偏见；布莱姆贝拉等（2012）认为群际接触使彼此更能感知到对方的特点和长处，进而改变该群体的固有偏见和刻板印象；布朗特等（2003）认为群际接触能够降低对其他群体的焦虑水平，从而减少对群体间互动的消极态度；佩蕾拉等（2017）认为群际之间的积极接触可减少群际摩擦的程度和频率；库蕾克等（2016）认为，通过群际接触可增加与其他群体的共情，建立友谊，减少内隐的偏见。也有学者持不认同的意见，认为群际接触过于频繁，会增加被另一群体同化的担忧，会增强各群体之间的紧张关系，甚至会使两群体关系恶化，导致群际接触出现反向效果。直接的群际接触会提升接触中的成员个体产生不适感、焦虑感、恐慌感的概率，而这些消极的情绪会降低群际接触的实际效果，既不能很好地加深群际间的了解，也起不到缓解冲突的作用（Voci，Hewstone，2003）。莱特等（1997）提出了扩展群际接触理论，认为群体间个体友好关系作为中介和调节机制能有效增加群际直接接触的积极效果，避免群体性直接接触带来的负面问题。

广宁、谅山、河江、高平（以下简称边境四省）位于越南北部，并与中国的广西接壤,在一千多公里的中越边境线上分布着众多的旅游景点,其中包括跨越了两国边境的5A级景区德天瀑布。在两国共建"一带一路"倡议的时代背景下,中国游客与越南边境四省居民的接触并不满足奥尔波特直接群际接触理论的最优条件。首先,两类群体在接触的环境中真实地位并不平等。边境四省属于越南经济发展水平较低的几个省份,与其相邻的广西相比,边境四省的经济发展水平远远落后于广西。加上两国制度、文化和意识形态等方面的差异,两类群体在接触过程中表现出的双方心理地位是不平等的。在"一带一路"倡议提出的2013年,越南的人均GDP为1908美元,而中国人均GDP为6767美元。相比之下中国游客拥有相对优越感,而越南边境四省的居民则表现为相对不自信。随着越南扩大与中国的开放合作并进行经济改革,2019年越南人均GDP为2700美元,较2013年增长41.5%,多年保持较高的经济增长水平。从边境四省入境越南旅游的中国游客规模快速增长,边境四省旅游目的地居民在与中国游客的交往中的心理自豪感日益加强。这种情形不满足奥尔波特提出的群体间交往个体地位平等的要求。其次,在"一带一路"倡议之前,边境四省旅游目的地居民与中国游客在接触中缺乏具有凝聚作用的目标导向,两个群体在接触中也由于双方政治敏感而增加了隔阂,这与直接群际接触理论中的"共同目标"要求也不一致。

奥尔波特认为群际接触需要一定的保障条件才能发挥效力,这些保障条件包括但不限于交流双方间具有平等地位、共同目标、群体合作、制度支持等。最优条件缺失的直接接触极可能导致两个群体间的消极接触。从中国—东盟建立对话关系到中国—东盟自由贸易区的建立,边境四省旅游目的地居民与中国游客都不是在最优条件下进行群际接触。这使得两地群体在持续的接触中并没有表现出双方政府所期待的减缓矛盾和冲突,以及增强群体融合的积极效果,反而在直接接触中两个群体的差异凸显,使双方产生了焦虑感和戒备心理。过去,边境四省一些居民把中国游客看成是"文化的侵略者"和"经济的挤压者",对中国游客表现出厌恶、排斥的态度,一些中国游客对越南旅游居民的态度也由最初的"异国朋友""理解"转变为"失望"。

越南边境四省旅游目的地居民与中国游客接触心态的消极表现会对

主流意识形态、国家认同等方面产生不良影响。而此时"一带一路"倡议的提出和推进则弥补了直接接触条件的不足，同时为中越两国群体间扩展性的间接群际接触提供了更好的保障条件。"一带一路"倡议弥补了越南旅游目的地居民和中国游客群际接触的最优条件：越南与中国文化同源。这使两个群体之间具有了天然的亲和力。"一带一路"建设秉持共商、共享、共建原则，中越两国在共建"一带一路"中地位是平等的，在共同推进"一带一路"建设中的接触也是一种合作关系。"一带一路"倡议所遵循的人类命运共同体理念，使越南旅游目的地居民与中国游客的接触能产生积极的群际关系缓和效应。在两国合作共建"一带一路"框架内，越南旅游目的地居民与中国游客两个群体成员有着共建目标，旅游目的地居民在中国游客入境旅游活动中获得与中国游客深层次的交往，并在主客互动评价中增进了解、缓解焦虑、产生共情。随着"一带一路"共建成果不断呈现，边境四省旅游目的地居民与中国游客的群体互动次数越来越多，新闻报道越来越正面，边境四省旅游目的地居民也日益感受到"一带一路"倡议带给自己的切身利益，社会距离感和群体威胁感也在日益减小。由此可知，"一带一路"倡议在调节边境四省旅游目的地居民与中国游客的群际关系中发挥了重要作用。

3.4 环境效应：促进东南亚南亚环境保护事业的发展

旅游业是在自然和人文环境资源的基础上发展起来的一种多层次的经济活动。环境是旅游活动赖以发展的基础（陆林，1996）。旅游业在促进旅游目的地经济增长的同时，通过提高能源消费水平、推动电力和运输部门的活动等，对环境质量产生了相当大的影响（Roudi et al., 2019；Akadiri et al., 2018）。

然而，旅游与环境的关系是复杂的，它涉及许多可能对环境产生影响的活动，既有正面的影响，也有负面的影响。其中许多影响与基础设施建设和旅游开发有关，如道路、机场，以及旅游设施，包括度假胜地、旅馆、餐馆、商店、高尔夫球场和游艇码头，也有许多影响与游客的旅游活动有关。一些研究指出，游客对环境的不友善行为给旅游目的地带来了较大的负面影响（Spanou et al.，2011）。尽管旅游和环境之间存在联系，旅游业对旅游目的地生态环境影响已成为学界研究热点，但现有文献对中国出境旅游与东南亚南亚环境之间的联系尚缺乏具体深入的研究。东南亚南亚作为中国传统的出境旅游目的地，其以独特的自然、社会、历史和文化价值以及空间距离优势吸引着大量的中国游客，聚焦在中国游客旅游行为上的环境效应日益明显。一些西方及东南亚南亚的组织与个人借题发挥污蔑中国出境旅游对环境造成破坏，因此需要用更多实证来探究中国出境游客的旅游行为与东南亚南亚环境变化的关系，以回应这些别有用心的组织与个人。

3.4.1 对环境感知的影响

发展旅游业会对环境造成巨大影响已成共识。建设和维护旅游基础设施、休闲划船和邮轮行业的某些活动会影响水质，旅游基础设施也会增加现有污水处理厂的压力，并可能导致在旅游高峰期出现溢流（Seabloom et al.，1989）。飞机、汽车、公共汽车以及雪地车和水上摩托艇等交通工具及娱乐工具的噪声污染已成为现代生活的显著问题，不仅会给人类带来烦恼、压力甚至听力损失，还会给野生动物带来痛苦。在旅游活动和吸引人的自然景点高度集中的地区，会产生严重的废物处理问题，处理不当可能成为河流、风景区和路边环境的主要破坏者。例如，据估计，加勒比地区的邮轮每年产生70000多吨废物，固体废物和垃圾会污染水资源和破坏海岸线的自然外观，并导致海洋动物死亡（联合国环境规划署，1997年）。

生态系统和自然栖息地可能受到旅游基础设施、旅游活动、休闲划船和邮轮业的破坏。娱乐船只和游轮在搁浅时，水生植被会被船只的螺旋桨割断或以其他方式破坏。为了建设与旅游相关的基础设施，如机场、道路和游艇码头，湿地遭到了破坏（Andereck，1993）。在菲律宾和马尔代夫，海岸线的开发、水中沉积物的增加、游客和潜水员的践踏、船只搁浅、水资源污染、过度捕捞及使用破坏珊瑚栖息地的毒药和炸药捕鱼，都对珊瑚造成了严重影响（Hall，2001）。

旅游基础设施的建设和维护以及旅游活动会对野生动物产生不利影响。旅游基础设施的影响可以是直接的，如低海拔山区旅游目的地的开发限制了某些野生动物的迁徙范围，也可以是间接的，如汽车前灯和旅游目的地的照明使海龟迷失方向（Gartner，1996）。旅游活动干扰野生动物的主要方式是改变它们的饮食习惯和进食模式，以及改变它们的栖息地。游客喂食动物会直接或间接改变喂食模式，这促使野生动物四处觅食（Mathieson，Wall，1982）。

旅游对空气的影响尤其受到关注。据世界气象组织数据，2010—2019年十年平均气温与2011—2015年的平均气温相比增加了1.1℃（世界气象组织，2019），全球气候的恶化趋势提高了人们对旅游与气候关系的关注，研究旅游业对CO_2排放的影响至关重要。Shakouri等（2017）的研究结果表明，由于外国游客比例的增加，东南亚国家承受着气候变化的影响。Nepal等（2019）利用1975—2014年的数据，仔细研究了CO_2排放和旅游业之间的关系，发现随着越来越多的游客前往尼泊尔，CO_2排放增加，尼泊尔气候变得更加糟糕。Sharif等（2017）采用1972—2013年期间的数据研究了巴基斯坦的空气质量，结果发现当巴基斯坦游客人数呈上升趋势时，CO_2排放量也随之激增。Solarin（2014）使用ARDL技术研究证实马来西亚旅游业严重影响了空气质量。但是，也有研究认为旅游业和CO_2排放没有显著联系（Sghaier et al.，2019），甚至认为旅游业通过降低碳排放提高了环境质量，如Azam等（2018）以马来西亚、新加坡和泰国三个国家为样本，推断出随着越来越多的人访问这些国家，其环境却变得更好了，说明旅游与气候环境的影响关系存在不确定性。

泰国清迈是中国游客传统的出境旅游胜地，2018年清迈接待了300万国际游客，其中中国游客占到三分之一。然而，清迈的季节性雾霾问题一直很突出，到访游客量与空气污染问题的关系已成为清迈旅游业研究的热点问题。一些研究试图解决该地理区域的雾霾危机对旅游业的影响，也有一些研究者和媒体以清迈的空气污染问题诬蔑中国游客，认为中国游客规模扩大是造成清迈空气污染的因素之一，为此清迈府政府也曾在2018年提议将清迈中国游客引流到附近的南奔、南邦府，以减轻清迈的环境压力（泰国研究援助基金会办公室，2018）。然而，在清迈雾霾最严重的2019年，恰好是中国游客赴清迈旅游人数锐减最严重的一年（泰国旅游部清迈办事处，2019）；在中国游客赴清迈旅游人数极少的2023年上半年，清迈的雾霾问题也并没有因中国游客人数减少而改善，清迈的PM2.5浓度持续飙升，浓度一度超过398微克每立方米，多次登上全球空气质量最差城市排行榜，还一度成为全球空气质量最差城市。这说明中国游客数量规模与清迈当地空气污染程度不呈正相关。

为探究清迈当地居民对旅游所带来的空气污染问题的感知，课题组采用半结构式访谈的调查方法，2019年8月在清迈对作为当地居民的20名旅游大巴司机和30名导游进行了30—50分钟的访谈。访谈内容包括对清迈空气污染的主要原因、如何看待中国游客与清迈空气污染的关系的感知，以及对当前空气污染严重程度的感知。其中"对清迈空气污染主要原因的感知"设置了"人口增加""汽车增多""游客过多""旅游过度开发""全球气候变暖"5个访谈题项，"如何看待中国游客与清迈空气污染的关系"设置了"有极大关系""有关系，但不严重""没有关系"3个访谈题项，"对当前空气污染严重程度的感知"设置了"天空颜色""呼吸感受""可见沙尘"3个访谈题项。

访谈结果显示，旅游大巴司机和导游都能感知并说出清迈空气污染的主要原因，对2019年爆发的雾霾危机尤其印象深刻。对"如何看待中国游客与清迈空气污染的关系"的问题，旅游大巴司机中认为没有关系有15人，占比75%；导游中认为没有关系的20人，占比67%。两类访谈对象认为清迈空气污染与中国游客没有关系的比例均超过50%，并能对他们的观点进行解释，较好地驳斥了一些西方媒体关于中国游客导致旅游目的地污染加剧的论调。在"对当前空气污染严重程度的感知"上，两类受访者均表示他们能通过看、闻、感觉等方式来判断空气质量的好坏，认为自己对清迈空气污染的视觉感受和嗅觉感受与媒体报道或政府官方发布的指数出入很大、没有达到媒体和政府描述的严重程度共有23人，占比63%。他们认为清迈的空气污染原因有很多，如山火等突发性事件，而不应把主要责任推到发展旅游业上。本次访谈的结果，进一步印证了东南亚南亚旅游目的地空气污染与发展旅游业的关系具有不确定性，与中国出境旅游的关系也缺乏相应的证据支持。

3.4.2 对东南亚海洋塑料垃圾污染争论的影响

海洋垃圾污染问题已成为被广泛讨论的经济、政治、环境议题。在大家对环境发展越来越重视的背景下，过去几十年来国际社会采取了诸多措施控制海洋垃圾污染，但并没有取得较好的效果。海洋垃圾增加速度没有大幅度减少，反而有不断增加的趋势（纪思琪，2019）。东盟国家拥有延绵美丽的海岸线以及丰富的海洋资源，是"21世纪海上丝绸之路"的重要组成部分，滨海旅游业为东盟地区经济发展提供了持续动力，海洋产业为东盟地区贡献了19%的GDP。然而，由于大量塑料垃圾倾倒海洋，东盟国家成为海洋污染的重灾区。全球海洋垃圾污染形势愈加严峻，其中印度尼西亚、菲律宾、泰国和越南是海洋污染较为严重的国家。2019年的第34届东盟峰会上，东盟十国领导人签署了首份海洋垃圾治理协议《曼谷宣言》，将东南亚的海洋垃圾污染共同治理提上重要议程。印度尼西亚、菲律宾、泰国和越南都是中国主要出境旅游目的地，中国也基本是这些国家的最大客源国。一些别有用心的西方媒体借机炒作中国游客的负面影响，东南亚一些民众也对此颇有微词，因此及时厘清中国出境旅游与东盟地区海洋垃圾污染的关系有着较重要的政治意义。

海洋垃圾指任何丢弃在海洋和海岸环境中，具有持久性的、人造的、或经加工的固体物质（联合国环境规划署，2009）。国际社会对海洋塑料垃圾问题有充分认识的时间并不长。直到20世纪70年代初，有学者在 *Science* 上发表了关于北大西洋塑料颗粒的报告（Carpenter, Smith, 1972），这才引起大家对海洋塑料垃圾的关注。近年来，"北太平洋垃圾带"及其他大洋环流所带来的大量的塑料颗粒引发了人们的关注，学者们掀起了关于海洋垃圾和微塑料问题的研究热潮，联合国环境大会也将海洋塑料垃圾列为全球环境重大威胁。由于对污染排放源头进行海洋垃圾防治的研究还比较缺乏，多处海洋垃圾问题严重的区域均位于地缘政治比较敏感、受游客追捧的滨海旅游区，海洋垃圾问题政治化时有发生。例如，在全球海洋垃圾问题较严重的区域之一——印尼巴厘岛，一些西方媒体和一些当地政治团体就借此问题污蔑中国游客。

从20世纪70年代开始，滨海旅游作为一项旅游产品被大家所喜爱，并开始成为全球现代旅游增长最快的领域（谷明，2008），滨海旅游业收入已占全球旅游业总收入的一半以上。在欧美、澳洲和东南亚等一些沿海地区，滨海旅游业早已成为国民经济来源的重要组成部分（王跃伟，2010）。滨海旅游和海岛旅游是东南亚南亚的最大旅游特色，加上东南亚南亚特殊的地理位置和地理特征，所面临的海洋垃圾问题尤其严重。当前关于海洋垃圾的不同来源排放输入量研究尚处于起步阶段，相关研究成果不多。Jambeck等（2015）基于沿海地区的人口密度、人均产生垃圾速率、塑料垃圾占比、不当处理率以及入海比例等参数，估算了2010年全球192个国家的陆源海洋塑料垃圾排放量，并根据人口增长水平预测了全球2025年塑料垃圾的排放量。该成果发表于*Science*，其方法也成为当前定量研究海洋垃圾及微塑料问题的主流。

印尼和泰国是全球较典型的滨海旅游国家，也是中国游客喜欢的出境旅游目的地，故本研究以印尼和泰国为样本，基于游客人数、产废水平、入海比等参数，采用如下公式对中国游客与两地的海洋垃圾来源问题进行定量研究：

$$M = N \times P \times T \times K_1 \times K_2$$

其中：

M——每年由国际游客造成的入海塑料垃圾总质量（千克）；

N——年国际游客数量（人/年）；

P——国际游客每人平均每天产生的垃圾质量（千克/人·天）；

T——国际游客平均停留时间（天）；

K_1——国际游客产生的垃圾中塑料的质量占比；

K_2——旅游目的地塑料垃圾的入海比。

印度尼西亚拥有1.7万多座岛屿，是世界上最大的群岛国家，其人口总量约为2.7亿，是世界第四大人口大国，约60%的人口生活在沿海地区；泰国主要海域包括泰国湾、安达曼海和马六甲海峡北部，海域面积较大。美国学者通过估算得出印度尼西亚城市的固体废物产生总量约为3850万吨，未经过管理和处理的垃圾量达到322万吨；泰国在过去10年中每年约产生200万吨未管理的塑料垃圾（梁莎莎等，2020）。2018年，印尼接待国际游客1581万人（其中中国游客214万人），泰国接待国际游客3818万人（其中中国游客1054万人）。根据《第一次全国污染源普查城镇生活源产排污系数手册》，每个游客每天约产生0.29 kg垃圾质量，假设P值为0.29（千克/人·天）；根据国际游客的滨海度假旅游平均停留时间为7—13天，假设T值为7天；根据Kuniyal等（2003）的研究案例数据，游客产生的垃圾中有96%属于不可降解的垃圾，而塑料类垃圾占其总质量的26%，假设K_1值为24.96%；根据Thompson（2006）测算的海滩上塑料垃圾最终进入海洋比例为10%，假设K_2值为10%。根据上述公式和参数，可分别计算出2018年印尼、泰国两国国际游客造成的入海海洋垃圾量（见表3-18）。

表3-18 2018年印尼、泰国国际旅游产生的入海塑料垃圾质量

	海洋垃圾量/万吨	国际游客			中国游客			
		游客数/万人	垃圾量/万吨	海洋垃圾量占比/(%)	游客数/万人	垃圾量/万吨	国际游客垃圾量占比/(%)	海洋垃圾量占比/(%)
印尼	322	1581	80	24.8	214	11	13.75	3.4
泰国	200	3818	193	96.5	1054	53	27.5	26.5

由表3-18可知，在全球海洋垃圾较严重的印尼，中国游客产生的入海海洋垃圾量仅占印尼海洋垃圾总量的3.4%，比例极低。在中国游客规模最大的国外旅游目的地泰国，中国游客产生的入海海洋垃圾量也仅占泰国海洋垃圾总量的26.5%。

中国出境旅游不仅不是旅游目的地国海洋垃圾污染的主要原因，中国政府还在提出"一带一路"倡议后，不断加强与东盟在环境保护领域的合作。国务院前总理李克强在2019年11月第22次中国—东盟领导人会议上提出中方愿在中国—东盟生态友好城市发展伙伴关系框架下推动"海洋减塑行动"，倡导开展中国—东盟海洋生态环境保护与塑料垃圾污

染防治合作，积极推动形成中国与东盟国家生态城市与海洋减塑共识。由生态环境部、广西壮族自治区人民政府联合举办的"中国—东盟环境合作论坛"已经持续举办了10届，成为了区域环境合作的重要桥梁、环境政策高层对话的重要平台。

3.4.3 来自泰国的实证：绿色消费行为对环境责任行为意向的影响

Borden（1976）将环境责任行为定义为个体或群体为弥补环境问题而主动采取的所有行动。自20世纪70年代以来，国外学者从环境关系和环境行为两个方面对环境责任行为理论与实践进行了大量研究。国内学者从20世纪90年代开始逐步展开对环境责任行为的研究，形成游客视角的环境满意度、地方依恋、怀旧情感等方面的成果（赵宗金等，2013；汪卓群等，2018；祁潇潇等，2018；张圆刚等，2019）。也有部分学者是从旅游目的地居民的视角研究旅游目的地居民环境责任行为的影响因素及对策（柳红波等，2017；何学欢等，2018；金美兰等，2019）。还有部分学者基于不同的视角开发了具有不同针对性的环境责任行为测量量表（Sia et al., 1986; Smith-Sebasto et al., 1995; Kaiser, 1998; Stern, 2000; Lee et al., 2013；陈武强等，2021）。有关环境责任行为意愿的研究主要涉及人口统计特征对不同群体环境责任行为意愿影响；以环境解说、环境政策、社会资本、生态补偿等为变量研究不同群体环境责任行为意愿的驱动机制；探讨绿色消费行为、低碳交通工具选择等环境责任行为的决策过程。谷慧敏（2011）对中国游客的绿色旅游消费行为进行了分析，考察了不同类型游客的绿色旅游消费行为差异，并得出中国游客在境外的旅游活动越来越关注并支持绿色旅游消费行为的结论（Balsalobre-Lorente, 2019）。随着东南亚南亚旅游业的快速发展，学者们越来越关注旅游目的地居民的环境责任行为，并发现旅游目的地居民的环境责任行为存在真伪的现象（Gursoy, Nunkoo, 2019）。但目前对中国游客与旅游目的地居民两类主体的环境责任行为关系的研究尚不多，有关中国游客境外绿色旅游消费行为与旅游目的地居民的环境责任行为意愿的关系研究仍是空白。

泰国的国际旅游业发展较为成熟,其对可持续发展的旅游环境给予了长期的关注,对旅游目的地居民的环境教育取得了良好效果,学者有关旅游业与环境关系的研究成果也很丰富,在东南亚南亚的旅游业发展中起着良好的示范作用。泰国也是中国出境旅游最大的国外旅游目的地。随着大量中国游客的涌入,泰国的旅游目的地居民在环境责任行为方面存在着一定的真伪现象,即在居民环境责任承担的实践中,我们可以观察到一些居民表现为责任承诺与责任实施的表里一致,也有一居民表现为表里不一致。对应地,一些中国游客在旅游过程中以绿色消费行为的实际行动来表达对旅游目的地的环境保护和旅游目的地居民的尊重,希望以他们的实际行动来影响当地居民的环境责任行为意向,至于居民是否采取了相应的行动,他们并不太关注与了解。而有一些中国游客在旅游过程中,不仅自身要践行绿色旅游消费,还有意识地引导当地居民的环境责任行为,主动发挥环境责任行为的带头示范作用,通过自己的实际行为来影响居民并使之付诸行动。研究中国游客不同环境行为类型的绿色消费行为对旅游目的地居民环境责任行为的真伪行为有着何种影响,对推进旅游目的地环境保护工作质量有较强的现实意义,也是推进"一带一路"民心相通建设的新视角。为此,本研究参考李进兵(2014)有关绿色消费驱动企业环境责任伪善行为的研究模型,建立一个有关中国旅游者绿色消费行为与旅游目的地居民环境责任行为的博弈矩阵模型(见图3-7),探讨赴泰国旅游的中国游客绿色消费行为在不同环境责任行为下对旅游目的地居住环境责任真伪行为的影响。

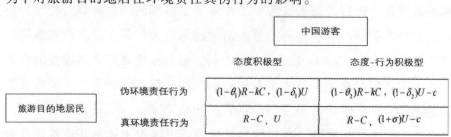

图3-7 中国游客绿色旅游消费行为与旅游目的地居民环境责任行为的博弈矩阵模型

假设在泰国清迈的某个旅游区域内,根据中国游客绿色旅游消费态度和行为的不同,将之分为态度积极型和态度—行为积极型两类。态度积极型中国游客仅表现为积极的环境责任态度,他们只关注旅游目的地居民的环境态度,他们认为在旅游目的地积极践行绿色旅游消费行为便体现了自己对旅游目的地环境保护事业的支持和对当地居民的尊重。态度—行为积极型中国游客则表现为积极的环境责任态度及行为,他们不仅关注旅游目的地居民的环境责任态度,推崇绿色旅游消费,还关注到居民是否将这种积极的环境责任态度付诸行动,在某种特殊情景下甚至会直接督促居民的环境行为。对于旅游目的地居民而言,存在两种环境行为类型,一种是伪环境责任行为者,另一种是真环境责任行为者。为了探究这种环境责任行为的博弈现象,课题组的泰国合作团队于2019年5月在泰国苏梅岛进行了一次半结构式访谈和观察活动。结果发现:态度积极型中国游客的存在是导致旅游目的地居民伪环境责任行为存在的关键因素。面对态度积极型中国游客的积极环境态度和绿色旅游消费行为,一部分居民会迎合地表现出积极的环境态度,以博取中国游客的好感,从而增加中国游客的消费。当中国游客由态度积极型演化到态度—行为积极型时,居民仅仅依靠积极环境态度难以吸引中国游客的消费,而且也容易受态度—行为积极型中国游客的行为感染,于是也采取相应的环境责任行为。主客两者共同的环境行为,也将对当地的环境保护工作产生积极的影响。

3.5 科技效应:为数字经济发展提供市场动力和应用场景

数字经济作为经济模式创新和包容性增长的重要动力,依托互联网等数字技术的发展,实现了与经济社会各领域的深度融合,逐步成为增长速度最快和最具发展潜力的领域(裴长洪等,2018)。根据齐俊妍、任奕达(2020)对"一带一路"沿线43个国家数字经济发展水平的研究,在"数字技术外向竞争力"评价项,排名前十的国家中有5个是东南亚国家，其中新加坡、菲律宾、马来西亚、泰国分别位列第一至第四，越南位列第六。由此可知，东南亚国家非常重视本国的数字经济发展。

20世纪80年代以来，随着科学技术的发展，科技成为了旅游业发展的关键生产要素。旅游业与"互联网＋"的发展背景下，旅游业不断与通信、计算机软硬件、装备制造、大数据、环保等通用技术有效融合发展，逐渐形成了旅游领域的科技体系。这一科技体系涵盖了旅游出行的前、中、后三个维度：面向游客的服务的前端维度、面向旅游企业的服务生产运营及行业管理和公共服务的中端维度以及后端的技术支持维度。也给游客出行的组织方式进化、企业旅游产品和业态创新、商业模式和思想跃迁等方面带来深刻影响。在全球旅游科技格局中，我国旅游领域的科技创新态势呈现少数"领跑"、部分"并跑"、多数"跟跑"的局面（唐晓云等，2020）。由于我国新一代信息技术基础设施建设的高水平和互联网的快速普及，我国在人工智能旅游定制及推荐、移动互联网、移动支付、机器人客服和直播营销等领域处于技术领先的地位。我国应用于旅游住宿业领域的旅游预订和管理信息化、住宿节能减排方面的技术，与欧美国家相比各有千秋，引进欧美国家技术和自主技术并存。这种局面还存在于智慧景区、主题公园、旅游装备制造、旅游演艺娱乐等领域。遗憾的是，在旅游装备制造技术方面，我们还处于劣势地位。出境游客是我国旅游科技消费的主力军，而东南亚是我国出国旅游最大的旅游目的地，出境游客自然而然成为面向东南亚旅游行业讲述中国旅游科技故事、传播中国旅游科技应用方案的主力军。

3.5.1 对东南亚南亚智慧旅游生态系统建设的影响

智慧旅游是科技与旅游融合发展的旅游新形态，也是新时代旅游业发展的必然选择，已成为旅游业全球范围内的关注热点。新冠疫情暴发后，由于防疫抗疫的需求，智慧旅游的技术及技术应用得到跨越式发展，并快速完成了消费教育。智慧旅游可从根本上改变旅游经济格局，实现旅游产业由规模经济、范围经济向平台经济、生态圈经济的转变（张凌云，2016）。智慧旅游生态系统是利用智能技术创造、管理、提供智慧旅游服务和体验的旅游系统（Zhang，2012）。也有学者认为智慧旅游生态系统以旅游和ICT技术的融合为基础，可以让旅游产业内的游客、供应商、流通企业、政府、社区等各方主体创造共享价值，实现良性循环（Shin et al.，2018）。构建智慧旅游生态系统是旅游产业加强资源共享、实现价值共创、促进产业健康发展的重要手段，建设智慧旅游生态系统成为近年来旅游目的地发展建设的重要内容。目前，国内对智慧旅游生态系统的研究还缺少代表性成果，研究内容主要为技术进步和技术嵌入对旅游业发展的影响，对旅游经济快速发展对推动科技创新所做出的贡献鲜有涉及。

智慧旅游技术在国际旅游领域扮演着越来越重要的角色（Huang et al.，2017）。游客不断增加的旅游需求为科技创新提供了巨大的机遇，游客对出行信息的选择、对旅游交通服务的订购、对旅游景区的智慧化需求等个性化体验追求，有效推动了科技革新，为科学技术创新成果应用提供了载体和平台，也成为了促使旅游业与科技融合并升级转型的重要动力。中国游客在旅游过程中广泛使用移动支付和旅游电子商务的消费行为，不仅促进了云服务、传感器、环境生态系统技术等在酒店和旅游景区景点的应用，提高了酒店业生态系统的竞争力（Buhalis，Leung，2018），也推动了旅游目的地智慧旅游的基本技术条件和信息基础建设的进步。在智慧旅游生态系统内，旅游企业、ICT公司、政府、居民和游客等利益相关者相互影响，共同为对方创造价值（Koo et al.，2017）。根据于泳、王慧（2020）提出的智慧旅游生态系统结构框架，旅游消费者是智慧旅游生态系统重要的影响者和参与者，他们通过分享自己的数据和使用智能技术，与其他利益相关者进行动态交互，共同创造个性化智能体验。旅游消费者通过旅游大数据等智慧媒介及手段与旅游目的地的政府、营销组织和居民分享其旅游体验，从而成为了智慧技术和科技文化的传播者和共享价值的创造者。

马来西亚时任总理在2020年12月提出了《2020—2030国家旅游政策》规划，指出了马来西亚到2030年的旅游发展路线图。其中特别提出了"智慧旅游4.0"，旨在提高游客们在马来西亚的旅游体验，增强马来西亚的旅游竞争力，促进旅游的可持续发展。这一新政策的来源也是因为受新冠疫情影响，马来西亚的旅游人次从2019年的2600万人次跌至2021年的13万人次，旅游收入从861亿林吉特跌至2.4亿林吉特，这样的断崖式下跌促使马来西亚当局积极寻求应对疫情、重振旅游经济的手段，而信息技术则是其中的关键。在这一政策的驱动下，一系列的信息技术新应用被运用于提高马来西亚的旅游体验。其中包括用于旅游来访前的健康报备的手机应用MySejahtera，它能提供信息透明的当地防疫政策，使出游者能够减少因疫情带来的不便和麻烦；LokaLocal推出虚拟旅游，让游客可以足不出户游遍著名景点，如蝴蝶公园、务边历史文物馆等。通过信息技术建立的旅游信息全面透明的线上社区，能够让游客更方便地出游。在这一基础上，基于信息技术开展智慧旅游的初创科技公司也得到了投资人的青睐，如Moovby、Tourplus等。

3.5.2 对东南亚南亚旅游业数字商业模式发展的影响

2009年，互联网技术不断发展并进入Web3.0的移动互联网时代。移动互联网终端智能手机的逐步兴起，促进了12306火车订票、携程、途牛、驴妈妈等预订服务手机客户端App的兴起，与信息技术发展同期成长的"80后""90后"也随之成为中国乃至全球旅游市场的主导者。旅游消费需求也加速从标准化的旅行社产品，向个性化、品质化、家庭化、多元化的非标消费和消费升级演化。技术手段的发展也加速了旅游路线个性化在线定制企业出现，极大拓宽了旅游领域跨界融合的通道。

根据中国旅游研究院《中国出境旅游发展年度报告2020》数据，中国出境游客的目的地消费行为主体呈现出年轻化、以本科学历为主且收入水平较高（月收入5001—10000元为出境游主体人群）、客源地主要为北上广等经济文化发展水平较高城市等特征。这反映出中国出境旅游游客总体上拥有较好的智慧设施设备使用条件、使用能力和使用习惯。由于环境和文化距离等因素影响，出境游客更倾向于使用智能设备探索旅游目的地，并根据数据分析他们的旅行。旅游目的地体量越来越大的中国出境旅游游客和他们越来越密集的智慧旅游消费行为，必然会给旅游目的地智慧旅游生态系统的技术基础设施带来技术承载力问题。此外，中国出境旅游游客所具有的消费行为特征使得他们有较强的智慧旅游消费能力，这意味着游客对高技术附加值的服务和商品的消费比重越来越高。东南亚南亚地区的一些旅游目的地的经济发展水平还不是很高，随着中国游客智慧旅游消费需求不断升级，这些旅游目的地原本智能化程度不高的中低端服务和商品日趋饱和，而高技术含量的服务和商品的供给缺口则逐渐扩大。例如，近几年中国出境游客对康养旅游、智慧酒店、智慧景区、数字经济等个性化服务和商品的需求增加，这种需求对旅游目的地的新技术供给提出了更高的要求。这些要求最终会传导到相关服务和商品的旅游供应商和旅游生产商，旅游服务供应商会随之改善其旅游供应链，旅游生产商也将对其原有生产方式进行调整，加大对新技术和新产品研发的投入，实施更多的技术创新，以生产更多符合中国出境游客需求的高附加值服务和商品。

新加坡旅游局在2016年就意识到，通过信息服务可以给游客提供差异化的旅游体验，尤其是在整个游客旅程中将各个景点、活动、酒店和交通等设施等进行有效连接。因此，新加坡旅游局大力发展智慧旅游，将旅游产业视为一个生态系统进行构建，并将智慧旅游的建设融入智慧城市建设的一部分。利用新加坡成熟的信息系统和广泛采集的数据，建立整个新加坡的数据支撑平台，其中包含新加坡野生动物保护区、新加坡樟宜机场、酒店、滨海湾、博物馆等旅游相关资源，都采用数字化手段提供服务。在线直播、VR、全息影像、人工智能等新技术也应用于各类旅游资源。通过新加坡旅游局的电子访客授权系统，游客可以方便地登录信息平台，进行服务获取、酒店入住、特色餐饮搜索以及文化艺术交流等等。在疫情期间，新加坡旅游局通过信息系统为不便出游的游客提供了家庭友好的在线虚拟游服务，被德勤称为行业规则的改变者。新加坡利用其优势的信息技术，将文化和旅游各类资源有效融合，提供了一系列基于互联网和移动互联网的应用，方便游客有效获取信息，提升游客体验。

3.5.3 对新一代信息技术在旅游业应用转化的影响

以人工智能、5G、物联网等为代表的新一代信息技术与旅游行业的融合加速，为游客提供了智能化、便捷化、安全的旅途服务及产品，在业态创新方面开创了新局面。自2015年以来，政府出台了一系列政策，引导大数据技术与市场融合发展。微信、支付宝等便捷支付方式已经融入人们日常生活，这些技术让人们进入了"无现金"时代。在旅游过程中出现的无人商店、人脸识别支付、二维码扫码服务等已经让人们不再感觉陌生，这些智能数字化服务的发展加速了旅游产业的数字化转型。景区开始尝试景区景点机器人服务、机器人导览和讲解、VR/AR体验等，酒店业也与智能科技相结合，出现无人酒店、酒店内人工智能助手、语音拍照翻译软件等，这些都为游客提供了更加优质的智能体验服务。

现代科技成果在旅游业的广泛应用，对旅游企业的数字化转型提出了迫切要求。然而，企业数字化转型成本高，旅游企业市场高度分散，中小企业占绝大多数，其数字化转型基础薄弱，大多缺乏数字化转型所需的技术条件和经济条件，数字化转型的内生性动力不足。智能家居生活已经成为新一代年轻人日常生活的重要部分，尝试不同的科技项目也正在成为游客消费新的增长点。旅途中的智能机器人、娱乐机器人、智能腕表、VR/AR眼镜、穿戴式设备、智能导览等智能服务和娱乐装备技术不断为游客带来智能化、便利化新体验，有望在未来逐步成为旅途中的必需品。正如恩格斯在《恩格斯致瓦·博尔吉乌斯》所写的："社会一旦有技术上的需要，这种需要就会比十所大学更能把科学推向前进。"中国每年有数千万人次游客到访东南亚，为东南亚的中小旅游企业提供了庞大的旅游技术需求，也成为中小旅游企业提升数字化转型的外生动力。

印尼是中国游客在东南亚地区海外旅游的热门目的地之一。旅游业创造的外汇收入在印尼排名第四，仅次于石油天然气、煤矿和棕榈油。印尼政府也将旅游业作为重点发展的产业之一。中国游客在印尼的互联网消费习惯促进了当地技术公司的发展，催生了各种与旅游相关的技术应用，例如各类互联网支付和在线平台等。其中，SIPADU应用与印尼的高等院校合作共同开发，将旅游开发、地理信息系统应用、VR应用、旅游产生的社会效应相关学术研究相结合，通过数据和产业的互动，深层次地推动了智慧旅游的发展，并能够监控旅游对当地居民和社会带来的影响。SIPADU为马都拉群岛提供了全面的信息服务，包括交通、住宿、便利设施和其他旅游支撑设施的信息，让游客可以方便地安排自己的行程，因此迅速成为了其他旅游服务提供商认可的旅游信息平台。

第4章

东南亚南亚中国出境旅游效应测量与驱动因素分析

从上述关于出境旅游效应的论述中，可以看出高增长、高规模、高消费的中国出境旅游对东南亚南亚的影响不断扩大，这是一个不争的事实。然而，中国出境旅游对东南亚南亚各国的影响效应究竟有多大？产生的关键驱动因素是什么？目前尚缺乏量化的数据结果予以说明。从这些问题出发，构建科学的测评指标体系，对系统认识我国出境旅游在东南亚南亚的现实影响状况，并为国家相关政策特别是后疫情时代的出境旅游政策提供判断依据，具有重要的现实意义。本研究在前人成果的基础上，征询专家意见，从经济、政治、社会文化、环境和科技五个效应维度选取测量指标，构建了中国出境旅游效应测评指标体系，并测定了东南亚南亚中国出境旅游的效应水平，并在此基础上进一步分析其驱动因素及作用机制。

4.1 东南亚南亚中国出境旅游效应的测量

出境旅游效应评价是指用某种方法对出境旅游活动对旅游目的地国所产生的效应的大小、影响等进行评估。目前，出境旅游效应评价的方法较多，但大多为针对经济、社会文化和环境等某个单一维度效应的评价。例如，经济效应评价的主要方法主要有投入产出法、产业附加值测算法、费用效益分析法、旅游卫星账户方法等；社会效应研究的主要方法有田野调查法、问卷调查法、访谈法等；环境效应研究主要有预测分析法、长期监测法、模拟法、德尔菲法等。由于经济效应的评价数据来源比较具体，一般都采用各种数量化模式进行定量研究。而社会文化效应所涉及的因素难以量化，因此一般采用定性分析的方法（唐晓云，2013）。环境效应主要针对自然环境影响的评价，一般采用生态旅游环境容量数学模型和可持续发展模型予以定量研究。目前，国内学者对旅游效应的评价多从居民旅游影响感知的角度进行研究（明庆忠等，2003；卢小丽等，2008；王素洁，2009）。由于数据的来源主要为问卷调查或半结构式访谈，量表的设计需考虑研究区域的实际情况，因此研究结果个体差异性较大。国外学者有关旅游影响的测量量表众多且形成的观点也不尽相同，而对于基于目的地视角的出境旅游综合效应的评价还很少。

4.1.1 研究方法

1.测量指标体系构建及权重确定

出境旅游对旅游目的地所产生的效应包括经济效应、政治效应、社会文化效应、环境效应和科技效应五个方面。中国出境旅游以经济、政治、社会文化和环境等领域为基础，通过带动当地经济发展提升旅游目的地居民的获得感，通过旅游外交政策调整双边关系和对华国家形象认知，通过庞大的出境旅游客流增强目的地主客交往的文化包容性，通过旅游环境感知促进目的地主客对人类命运共同体的共识，推动"一带一路"沿线民心相通。因此，本研究从旅游目的地视角，将经济效应、政治效应、社会文化效应、环境效应和科技效应作为对东南亚南亚的中国出境旅游效应进行测评的5个维度。鉴于对东南亚南亚的中国出境旅游效应研究涉及面广，评价指标数大且复杂和各国相关数据获取难度大等客观情况，本研究参考了国内外学者在旅游与文化影响方面的已有成果、得到普遍认可的指标体系，以及世界经济论坛、联合国世界旅游组织、世界银行对与旅游影响有关的变量统计及统计数据。结合本研究的对象及目的，并经过向印尼、泰国等国旅游管理部门官员和国内专家的咨询，本着简单可行的原则确定了东南亚南亚中国出境旅游效应测量的7个指标，由此构建出东南亚南亚的中国出境旅游效应测评的概念模型（见图4-1）。

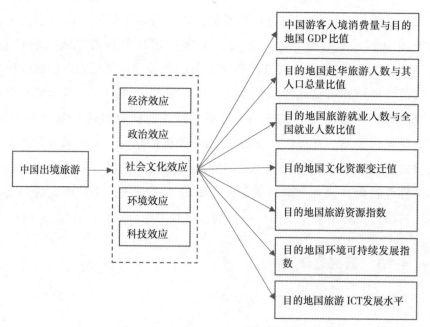

图4-1　东南亚南亚的中国出境旅游效应测评的概念模型

课题组拟对东南亚的新加坡、马来西亚、印度尼西亚、菲律宾、文莱、泰国、越南、柬埔寨、老挝9个国家，以及南亚的印度、斯里兰卡、巴基斯坦、孟加拉国、尼泊尔5个国家的中国出境旅游效应情况进行测算。首先对原始数据进行无量纲化处理，然后采用熵权法计算各指标项的权重比例，最后运用集对分析法测算东南亚南亚14个国家的中国出境旅游效应指数。具体计算方法如下：

首先，需对数据进行无量纲化处理，以消除数据量纲的影响：

$$X_{ij} = \frac{a_{ij} - \min\{a_{ij}\}}{\max\{a_{ij}\} - \min\{a_{ij}\}} \ (i=1,2,\cdots,m; j=1,2,\cdots,n)$$

式中：m 表示年份，n 表示测量指标，i 表示研究对象，j 表示测量指标，X_{ij} 表示第 i 个研究对象第 j 项测量指标值，a_{ij} 表示第 i 个研究对象第 j 项测量指标。

其次，运用熵权法计算第 i 个研究对象下第 j 项测量指标的比重：

$$C_{ij} = \frac{x_{ij}}{\sum_{i=1}^{m} x_{ij}}$$

显然，此处 $0 \leqslant C_{ij} \leqslant 1$。

计算第 j 项测量指标信息熵：

$$H_j = \frac{1}{\ln m} \sum_{i=1}^{m} (C_{ij} \ln C_{ij}), \ H_j \in [0,1]$$

约定 $C_{ij} = 0$ 或者 $C_{ij} = 1$ 时，$C_{ij} \ln C_{ij} = 0$。

确定 j 项指标的熵权：

$$W = (W_i)_{1 \times n}$$

其中

$$W_i = 1 - H_i / \sum_{j=1}^{n} (1 - H_i)$$

最后，得出东南亚南亚中国出境旅游效应测量指标权重（见表4-1）。

表4-1 东南亚南亚中国出境旅游效应测量指标权重

一级指标	二级指标	权重
经济效应	中国游客入境消费量与目的地国GDP比值	0.286 0
政治效应	目的地国赴华旅游人数与其人口总量比值	0.113 1
社会文化效应	目的地国旅游就业人数与全国就业人数比值	0.169 2
	目的地国文化资源变迁值	0.078 0
环境效应	目的地国旅游资源指数	0.098 3
	目的地国环境可持续发展指数	0.119 1
科技效应	目的地国旅游ICT发展水平	0.136 3

2. 集对分析

集对分析（SPA）是我国学者赵克勤于1989年提出的一种系统分析方法，主要用于解决系统确定性与不确定性的相互作用，适用于对若干个评价对象进行综合性评价。集对，是指具有一定联系的两个集合在哪些特性上具有相同的特征，即"同"联系，以"同一度"表示；在哪些特性上具有相反的特征，即"反"联系，以"对立度"表示；而在其余的特性上既不是同一的，也不是对立的，即"差异性"联系，以"差异度"表示。同一度、差异度、对立度三者共同构成某一特定问题背景下联系度的表达式。从同一度、差异度、对立度3个方面计算评价指标与最优解集的相对联系度，可对研究对象的差异性进行有效比较。东南亚南亚各国的经济状况、旅游业基础差异大，中国游客赴东南亚南亚各国旅游流向分布的不平衡性明显，由此导致中国出境旅游对东南亚南亚各国的综合影响效应差异也较大。因此，可运用集对分析法对其进行计算，从而整体把握东南亚南亚中国出境旅游效应的个体国家情况及个体国家之间的差异性以及发展趋势。具体计算方法如下：

首先构建评价矩阵。设集合 A 为评价对象即东南亚南亚国家，有 A_1，A_2，$\cdots$，A_n 共 n 个国家；设集合 B 为评价指标，即每个评价对象有 B_1，B_2，$\cdots$，B_m 共 m 个评价指标，由此创建集对 $H(A,B)$，每个评价指标均有一个值标志，记为 χ_{ij}（$1 \leqslant i \leqslant n$；$1 \leqslant j \leqslant m$）。则基于集对分析同一度的东南亚南亚各国中国出境旅游综合效应评价矩阵 H 为：

$$H = \begin{bmatrix} \chi_{11} & \chi_{12} & \cdots & \chi_{1n} \\ \chi_{21} & \chi_{22} & \cdots & \chi_{2n} \\ \vdots & \vdots & & \vdots \\ \chi_{m1} & \chi_{m2} & \cdots & \chi_{mn} \end{bmatrix}$$

然后构建联系度函数。通过对比各个评价方案的最优评价指标，建立最优方案 $U=(\chi_{u1}, \chi_{u2}, \cdots, \chi_{um})$，其中 χ_{um} 为 H 矩阵中第 m 个指标中的最优值，最差方案 $V=(\chi_{v1}, \chi_{v2}, \cdots, \chi_{vm})$。根据评价矩阵的指标值 χ_{ij} 和最优方案 U 中对应的 χ_{uj}，可形成被评价对象与理性方案不带权的同一度矩阵 A：

$$A = \begin{bmatrix} \chi_{11} & \chi_{12} & \cdots & \chi_{1n} \\ \chi_{21} & \chi_{22} & \cdots & \chi_{2n} \\ \vdots & \vdots & & \vdots \\ \chi_{m1} & \chi_{m2} & \cdots & \chi_{mn} \end{bmatrix}$$

集对 (H, U) 在区间 $[V, U]$ 上的联系度 μ 表示为:

$$\begin{cases} \mu(f_m, U) = a_m + b_m i + c_m j \\ a_m = \sum \omega_p a_{pk} \\ c_m = \sum \omega_p c_{pk} \end{cases}, \quad p = (1, 2, \cdots, n)$$

式中，a_{pk} 为被评价对象值 d_{pk} 与 U 相对应指标的同一度，c_{pk} 为评价指标与 U 的对立度。则 d_{pk} 对评价结果起正向和负向作用，分别有：

$$\begin{cases} a_{pk} = \dfrac{d_{pk}}{u_p + v_p} \\ c_{pk} = \dfrac{u_p v_p}{d_{pk}(u_p + v_p)} \end{cases}$$

$$\begin{cases} a_{pk} = \dfrac{u_p v_p}{d_{pk}(u_p + v_p)} \\ c_{pk} = \dfrac{d_{pk}}{u_p + v_p} \end{cases}$$

方案 H_m 与 U 的联系度 R_m 为：

$$R_m = \frac{a_m}{a_m + c_m}$$

式中，R_m 指数是决策矩阵评价方案 H_m 与 U 的同一度，R_m 越大表明该国的中国出境旅游综合效应水平就越高。

4.1.2 数据来源

研究对象包括东南亚南亚的新加坡、马来西亚、印度尼西亚、菲律宾、文莱、泰国、越南、柬埔寨、老挝、印度、斯里兰卡、巴基斯坦、孟加拉国、尼泊尔共14个国家。研究数据来源于联合国世界旅游组织、世界银行、世界经济论坛、中国—东盟中心、东盟秘书处等国际组织官网，以及东南亚南亚相关国家的旅游和统计部门官网和各年份的《中国出境旅游发展报告》等。一些数据需对原始数据进行手工整理计算。

4.1.3 计算与分析

2010年为中国—东盟自由贸易区启动年，我国出境旅游人数进入持续高增长期，当年出境旅游人数突破5000万人次，且首超入境人数，贸易逆差日趋明显，国家开始强调出境旅游的综合效应。此外，2010年也是东南亚南亚诸国为应对2008年亚洲金融危机影响纷纷加强旅游业发展之年，泰国、马尔代夫、斯里兰卡等国的入境游客数量增长率均超过10%。这说明不管是旅游目的地国还是客源国，2010年都是东南亚南亚国际旅游业发展中有突出意义的一年。因此，以2010年为研究时间起点，研究"一带一路"背景下2010—2021年东南亚南亚国家中国出境旅游效应水平具有重要的参考意义。因此，选取2010—2021年的原始数据符合数据可获得性和有代表性原则。按照上述方法可计算出2010—2021年东南亚南亚14国的中国出境旅游效应水平得分（见表4-2）。

自然间断点分裂法被视为少量数据集的最佳划分方法，因此适用于表4-2所表示的综合评价的聚类分析。依据计算结果可将东南亚南亚14国的中国出境旅游效应水平划分为五个等级，依次为高水平（1—0.7015）、较高水平（0.7014—0.5184）、中等水平（0.5183—0.4016）、较低水平（0.4015—0.2909）和低水平（≤0.2908），如表4-3。

根据表4-2的计算结果，新冠疫情前，东南亚和南亚的中国出境旅游效应水平差异较大。2010—2019年东南亚的中国出境旅游效应平均值达到0.5861，属于效应水平较高的级别；2010—2019年南亚的中国出境旅游效应平均值为0.3143，属于效应水平较低的级别，东南亚整体上优于南亚。东南亚南亚区域内不同国家之间的效应水平差异也很大，其中，泰国的效应水平最高，2010—2019年的效应均值达到0.7960，属于效应水平最高的级别；孟加拉国最低，2010—2019年的效应均值仅为0.1970，属于效应水平最低的级别。2010—2019年14个国家的中国出境旅游效应自高至低的排序为：泰国＞新加坡＞马来西亚＞越南＞印度尼西亚＞老挝＞柬埔寨＞菲律宾＞尼泊尔＞斯里兰卡＞印度＞文莱＞巴基斯坦＞孟加拉国。为更准确把握东南亚南亚各国中国出境旅游效应情况，可以从时间和空间序列演变进行综合分析。

表 4-2　2010—2021 东南亚中国出境旅游效应计算结果

年份	2010	2011	2012	2013	2014	2015	2016	2017	2018	2019	疫前均值	2020	2021
泰国	0.723 8	0.725 5	0.723 3	0.766 8	0.792 0	0.833 9	0.840 1	0.851 0	0.850 8	0.852 3	0.796 0	0.199 4	0.071 1
新加坡	0.701 5	0.735 3	0.743 8	0.783 4	0.811 7	0.798 2	0.807 7	0.820 3	0.831 1	0.826 6	0.786 0	0.113 9	0.110 3
马来西亚	0.612 9	0.636 1	0.641 3	0.698 3	0.720 2	0.728 7	0.731 6	0.776 3	0.778 9	0.803 1	0.712 7	0.096 3	0.076 4
菲律宾	0.431 7	0.444 7	0.449 1	0.450 3	0.471 8	0.489 6	0.480 3	0.487 0	0.499 5	0.532 3	0.473 6	0.068 5	0.053 1
印度尼西亚	0.480 9	0.482 3	0.481 7	0.487 6	0.523 2	0.547 7	0.578 8	0.611 4	0.652 7	0.643 1	0.548 9	0.110 7	0.057 3
文莱	0.245 1	0.247 0	0.245 7	0.246 3	0.290 9	0.327 5	0.319 8	0.339 1	0.343 1	0.349 9	0.295 4	0.055 3	0.033 7
越南	0.572 2	0.575 0	0.581 8	0.611 4	0.632 9	0.677 0	0.687 8	0.703 3	0.698 6	0.710 7	0.645 1	0.135 3	0.094 7
老挝	0.510 9	0.507 3	0.508 7	0.511 6	0.517 2	0.523 3	0.518 4	0.525 0	0.525 8	0.534 3	0.518 3	0.077 8	0.059 9
柬埔寨	0.439 1	0.452 7	0.448 6	0.483 4	0.487 8	0.492 5	0.513 3	0.532 7	0.558 4	0.581 9	0.492 7	0.088 5	0.065 4
东南亚均值	0.524 2	0.534 0	0.536 0	0.559 9	0.583 1	0.602 0	0.608 6	0.627 3	0.637 7	0.648 2	0.586 1	0.105 1	0.069 1
印度	0.309 2	0.311 4	0.311 7	0.323 1	0.325 4	0.394 4	0.407 7	0.401 6	0.403 3	0.411 9	0.360 0	0.067 7	0.032 9
斯里兰卡	0.332 3	0.335 8	0.364 2	0.390 7	0.431 1	0.417 5	0.423 8	0.435 4	0.456 6	0.374 9	0.396 2	0.075 5	0.037 6
孟加拉国	0.160 9	0.167 5	0.170 1	0.186 6	0.201 3	0.203 4	0.211 7	0.219 4	0.223 8	0.225 5	0.197 0	0.025 2	0.013 3
巴基斯坦	0.187 7	0.188 0	0.187 9	0.194 2	0.223 6	0.193 3	0.201 8	0.212 4	0.223 9	0.250 3	0.206 3	0.033 4	0.010 7
尼泊尔	0.374 4	0.377 1	0.386 5	0.398 4	0.407 7	0.412 3	0.418 6	0.435 8	0.433 1	0.447 0	0.409 1	0.060 2	0.040 3
南亚均值	0.272 9	0.276 0	0.284 1	0.298 6	0.317 8	0.324 2	0.332 7	0.340 9	0.348 1	0.347 9	0.314 3	0.052 4	0.027 0
总均值	0.434 5	0.441 8	0.446 0	0.466 6	0.488 3	0.502 8	0.510 1	0.525 1	0.534 3	0.538 8	0.487 3	0.086 3	0.054 1

数据来源：课题组测算得出。

表 4-3　东南亚南亚中国出境旅游效应水平分级

等级	高	较高	中等	较低	低
分值	1—0.701 5	0.701 4—0.518 4	0.518 3—0.401 6	0.401 5—0.290 9	≤0.290 8

1. 时间序列演变分析

从整体上看，新冠疫情暴发之前，东南亚南亚的中国出境旅游综合效应的均值呈持续上升的发展趋势，综合效应指数均值由2010年的中等效应水平的0.434 5上升至2019年的较高效应水平的0.538 8。同时，自2010年以来东南亚南亚不同国家之间中国出境旅游综合效应水平差距整体呈缩小趋势，例如泰国与马来西亚的差距值由2010年的0.110 9缩小到2019年的0.049 2，而且每个国家的变化趋势都呈小幅提升（见图4-2）。但是，东南亚与南亚间的地区差距值由2010年的0.251 3扩大至2019年的0.300 3，南亚内部的尼泊尔与孟加拉国的差距值由2010年的0.213 5扩大至2019年的0.221 5，这说明自2010年以来东南亚与南亚地区之间、南亚地区内部之间的中国出境旅游综合效应水平差距整体呈扩大趋势，这对在南亚地区推进共建"21世纪海上丝绸之路"极为不利。2020年初新冠疫情暴发后，中国出境旅游按下暂停键，东南亚南亚的中国出境旅游效应也随之跌入谷底。2021年，虽然我国的新冠疫情得到有效控制和管理，但东南亚南亚的新冠疫情多次反复，由疫情防控给国际旅游业带来的负面影响更加突出。

东南亚南亚区域内国家之间的个体差异较大，区域内中国游客旅游流差异也较大。为全面考察区域内部中国出境旅游效应差距及演变趋势，本研究结合东南亚南亚中国出境旅游综合效应指数，利用差异系数计算公式得出2010—2021年东南亚南亚、东南亚、南亚三个区域不同的中国出境旅游效应的变异系数，如图4-2所示。由图可知，新冠疫情前东南亚南亚的中国出境旅游效应水平区域变异系数差值很小，且差异呈缓慢扩大的趋势，反映出不管是东南亚南亚区域还是东南亚区域和南亚区域的中国出境旅游效应的相对差异一直难以拉平，并没有随着中国出境旅游规模持续扩大而缩小，甚至有缓慢扩大的趋势。这表明，中国出境旅游效应的不均衡性是东南亚南亚区域的显著特征之一。

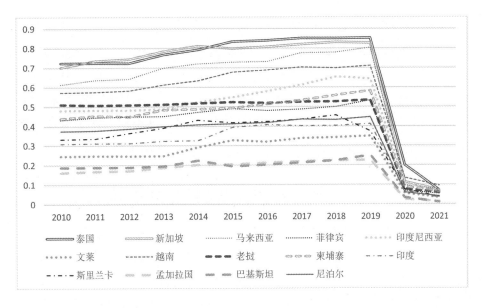

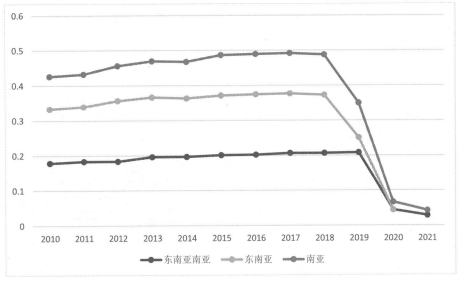

图 4-2 东南亚南亚中国出境旅游效应测算结果趋势

4.2 东南亚南亚中国出境旅游效应的驱动因素分析

在深化共建"一带一路"倡议、促进沿线国家民心相通进程中,中国出境旅游通过客流输入和境外旅游消费对东南亚南亚旅游目的地产生影响，通过旅游外交、来华旅游、科教文卫交流和网络关注度等表现形式来促进东南亚南亚民心相通。然而，这些出境旅游效应的背后，驱动因素的深度挖掘、各驱动因素间的相关性和多样性研究、中国出境游效应的机制研究等科学命题亟须理论问道。为此，本研究通过文献研究"一带一路"倡议下出境旅游效应的驱动因素，归纳提炼东南亚南亚中国出境旅游效应的驱动因素及体系，并探索其内在驱动机制。

4.2.1 东南亚南亚中国出境旅游效应的驱动因素

中国出境旅游具有经济、政治、社会文化、环境与科技等效应，本研究基于旅游效应驱动因素研究的成果，挖掘和整理国内外有关旅游效应驱动因素研究的观点，结合中国出境旅游的发展特点和功能属性，以及推进东南亚南亚共建"一带一路"的需要，对驱动因素进行合并、删除、归纳，最终得到17种驱动因素。将驱动因素分类融合，可划分为外部驱动与内部驱动两个维度。外部驱动因素可进一步细分为外部环境驱动因素和国家利益驱动因素两个维度，内部驱动因素可进一步细分为旅游目的地驱动因素和主客交往驱动因素两个维度，外部、内部的驱动因素紧密相连、交互影响、共同作用于中国游客在旅游目的地的旅游活动（见图4-3）。

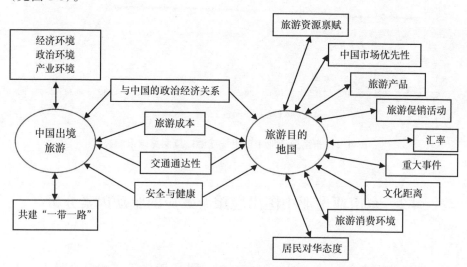

图4-3 基于旅游目的地居民视角的东南亚南亚中国出境旅游综合效应的驱动因素概念模型

1.外部驱动因素

（1）外部环境驱动因素。中国的宏观经济环境、旅游业营商环境、消费者旅游消费环境等都将从外部影响中国出境旅游效应的产生，在出境旅游发展过程中发挥着至关重要的作用。国内外学者从经济、政治、社会文化等不同角度对出境旅游的外部环境驱动因素进行了研究（UNWTO，1995；Swarbrooke，1999；戴斌等，2009；李中建，2019）。其中，经济环境方面主要从经济发展阶段、经济总量、参与经济全球化程度、人均可支配收入等方面来体现，本研究主要采用中国人均GDP作为该因素的衡量指标值。政治环境主要体现在中国与旅游目的地国的国际关系。旅游目的地国与中国良好的国际关系是其国际旅游业发展的前提和基础，两国政治关系良好，就会吸引更多的中国游客到访；如果与中国经常发生冲突事件，甚至关系恶化，则会引起中国旅游行政管理部门及游客对出行的忧虑担心，本研究主要采用我国对东南亚南亚旅游目的地发布的"旅游安全警告"数量衡量政治环境。产业环境主要包括国内旅游和出入境旅游的产业结构、出境旅游产业布局、产业转型升级等，本研究主要采用中国赴东南亚南亚旅游人数在出境旅游总量中的占比作为该因素的衡量指标值。

（2）国家利益驱动因素。"一带一路"是我国当前大力推进的重要倡议，事关国家重大利益。出境旅游也应服务和服从国家这一重要倡议。本研究主要采用中国与东南亚南亚相关国家签订的"一带一路"相关合作机制文件数量来衡量指标值。

2.内部驱动因素

（1）交通的通达性。这是指中国与旅游目的地的地理距离和从中国抵达旅游目的地的通航便利性。地理距离会影响到出行的选择，如果距离较近，那么游客付出的时间成本和交通成本的支出就小，该旅游目的地对游客的吸引力就会变大，游客到访量增加，给目的地带来的旅游效应相应也会变大。中国赴东南亚南亚旅游主要通过国际航空，因此国际航线和航班的数量和运行状况会影响到出境游客流量，进而影响到旅游效应的大小。旅游目的地国与中国的国际航线多、航班多，游客选择的自由度大，出游人数就会增加。

（2）中国市场优先性。一个国家的入境旅游客源往往呈多元化发展，如果某一国客源数量在某一旅游目的国的入境旅游中占比大，那么这个客源国对该旅游目的地国的重要程度会变高，对其影响也会变大，反之亦然。除东帝汶以外，东南亚的其他国家均将中国作为最重要的客源国市场，中国也连续多年为泰国、越南、马来西亚、柬埔寨等东南亚国家的最大客源国。南亚的马尔代夫、尼泊尔、斯里兰卡也将中国列为最重要的客源国。印度于2016年举办"中国旅游年"也是想要将中国作为重要客源国，希望尽快扭转中国赴印游客数量偏低的局面。东南亚南亚将中国列为优先发展的入境旅游市场，为扩大中国出境旅游效应创造了良好条件。

（3）旅游消费环境。旅游目的地国的旅游资源禀赋、旅游产品特色、旅游基础设施、旅游环境条件、旅游服务水平等可以体现出其旅游市场的环境状况。旅游目的地国如果能重视特色旅游产品开发和国际市场促销活动，重视完善旅游基础设施，不断美化旅游环境，不断提高旅游接待的服务水平，推出便利的人民币兑换措施，扩大支付宝和微信等移动支付场景，就可能会吸引到更多的中国游客到访。

（4）汇率。汇率与旅游目的地的旅游消费价格密切相关。随着出境旅游逐渐成为我国国民的一种消费习惯，汇率波动将会对国民出境旅游意愿产生显著影响（黄欣文，2019），汇率变动会影响游客对出境旅游目的地的选择（Anthony，2001）。居民收入和实际汇率变动是决定国际旅游需求的最主要因素，实际汇率的提高将会减少中国出境旅游人数（Coshall，2000；邓爱民，2011）。2008年亚洲金融危机之后的数年之内，泰国、越南等东南亚主要旅游目的地国家的货币贬值比较严重，成为当时推动中国游客赴东南亚旅游的重要因素。

（5）国际开放性。旅游目的地的签证政策是影响中国游客赴东南亚南亚旅游意愿的重要因素。当一个国家或地区想要扩大入境旅游客源时，往往会推出方便游客入境的便利措施。例如，马尔代夫、斯里兰卡、老挝、柬埔寨等一直在大力发展对华旅游市场的国家，在推出对华的落地签甚至是免签，以及延长签证和多次往返签证的政策后，中国游客入境人数增长明显。

（6）文化距离。旅游是增进民间交往、促进民众感情交流的重要载体，游客在选择旅游目的地时，潜意识里往往会对比目的地文化与自身文化的差异。东南亚南亚丰富多彩的自然与人文文化构成了强大的旅游吸引力。但是，南亚一些地方过大的文化距离可能造成沟通及交流的障碍，对游客造成心理上的不安全感，进而阻碍了中国游客赴该目的地的旅游。赵宝春等（2008）基于问卷调查发现中国出境游客偏爱文化距离大的旅游目的地。刘祥艳等（2018）采用空间引力模型及系统GMM估计方法研究了文化距离对中国出境旅游流的影响，研究结果表明文化距离和中国出境旅游之间具有"U"形的非线性关系，出境旅游需求最初会随文化距离的增加而减少，但文化距离增加到一定程度之后，出境旅游需求随文化距离的增加有所增加。

（7）安全与健康。中国游客对犯罪、暴力和恐怖主义尤其敏感，正常情况下中国游客不会前往一个危险的国家或地区旅游。此外，旅游目的地的饮水、卫生设施、流行病控制情况等基本的健康保障条件也将影响中国游客的旅游意愿。可以说，安全与健康保障性已成为中国出境旅游效应产生和发展的关键因素。

4.2.2 基于灰色关联分析法的驱动因素评价

在本研究的研究时间范围，即2010—2021年内，东南亚南亚经济社会发展较快，各类数据变化大，加上各国国民经济统计规范不一，导致可收集的有效数据样本量偏少，回归分析检验方法不适用。因此，本研究利用灰色关联分析法对东南亚南亚中国出境旅游效应驱动因子进行分析。灰色关联分析法的优势在于可以利用少量的指标数据来充分反映被稀释变量与稀释变量的关联程度，即少量数据的代表性强、模型准确性高、数据流失性小（柳春，2021）。利用灰色关联分析法得出因子指标与中国出境旅游效应之间的关联系数，并以此为依据得出驱动因子对东南亚南亚中国出境旅游效应驱动作用的程度评价。

1. 因素关联性分析

首先,根据上述研究确定的东南亚南亚中国出境旅游效应驱动因素指标体系,确定驱动因素关联系数及排序,如表4-4所示。

表4-4 东南亚南亚中国出境旅游效应驱动因素关联系数及排序

因子层	因素	关系系数	关联序	准则层		关系系数	关联序
X1	经济环境	0.961	5				
X2	政治环境	0.876	9	Y1	客源地维度	0.889	1
X3	产业环境	0.830	12				
X4	共建"一带一路"	0.701	17	Y2	国家利益维度	0.701	4
X5	交通通达性	0.971	2				
X6	中国市场优先性	0.928	7				
X7	旅游成本	0.980	1				
X8	国际开放性	0.732	16				
X9	旅游资源禀赋	0.969	3				
X10	旅游消费环境	0.853	11	Y3	目的地维度	0.883	2
X11	汇率	0.745	15				
X12	文化距离	0.894	8				
X13	重大事件	0.801	13				
X14	安全与健康	0.953	6				
X15	旅游产品	0.858	10				
X16	旅游促销活动	0.967	4	Y4	主客交往维度	0.861	3
X17	居民对华态度	0.759	14				

2. 结果分析

由表4-4可知,中国出境旅游对东南亚南亚影响效应受准则层指标的影响排序依次为:客源地维度(X1~X3)、目的地维度(X5~X15)、主客交往维度(X16~X17)、国家利益维度(X4)。

客源地维度指标与东南亚南亚中国出境旅游效应的整体关联度最强，为0.889，表明面向东南亚南亚的中国出境旅游发展过程中，客源地的经济水平、中国与旅游目的地国国际关系及旅游业发展水平起着决定性的作用。该结果符合实际情况，我国经济的持续发展，人民生活水平持续提高，旅游业成为国民经济支柱产业，东盟成为中国最大贸易伙伴，构建更加紧密的中国—东盟命运共同体倡议提出，这些都有力地促进了中国与东南亚南亚的人员往来。南亚地区的旅游业总体上还处于比较低的发展水平，但随着共建"一带一路"倡议的深入，以及中巴经济走廊等重大"一带一路"建设项目的持续实施，中国游客赴南亚旅游的规模也在不断扩大，出境旅游效应不断增强。

目的地维度指标与东南亚南亚中国出境旅游效应的综合关联度为0.883，排名第二。从分析结果来看，随着中国与东南亚南亚地区国际航线增多、陆路口岸建设日益完善，出行条件日益便利，东南亚南亚以其独特的滨海旅游和人文旅游资源、大众化的出境旅游价格、国际化消费氛围、与中国历史文化的内在联系，以及不断从国家层面上加强与中国的旅游交流合作等，成为中国游客出境旅游的重要目的地。近年来，东南亚南亚地区不断出现的地震等自然灾害事件、卫生安全事件，使旅游目的地的安全与健康因素日益受到中国游客的重视。旅游目的地的汇率、旅游产品、文化距离对东南亚南亚中国出境旅游效应的驱动力不足、贡献度较小，未来我国面向东南亚南亚出境旅游的发展在发挥人民币稳定并日益国际化的优势、加大双向文化交流互鉴的力度等方面可有更大作为。

旅游目的地主客交往维度指标排名第三，该指标与东南亚南亚中国出境旅游效应发展的关联度排序较为落后。有效的旅游促销活动可以吸引更多的游客前往旅游目的地，但是旅游目的地居民对华态度将影响中国游客的出行决策、到访中国游客的旅游行为和旅游体验。东南亚南亚国家曾与我国多次举办旅游年，持续参加中国—东盟博览会旅游展等政府层面的旅游促销活动，但力度与成效均有待加强。近年来，东南亚南亚旅游目的地出现的一些歧视中国游客的现象，还没有得到足够的重视。

国家利益维度指标排名最后，该指标与东南亚南亚中国出境旅游效应发展的关联度最低，这也进一步说明了旅游的低政治属性。"一带一路"倡议强调以人类命运共同体为理念的经济合作及共同发展，中国出境旅游的"民间外交"功能还有非常巨大的发展潜能和发展空间。

第 5 章

新时代新阶段东南亚南亚中国出境旅游效应的新动态

旅游业是东南亚国家和南亚一部分国家的国民经济支柱产业，是国家经济增长的关键驱动因素。中国一直是东南亚国家旅游业的第一大客源国，也是马尔代夫、斯里兰卡、尼泊尔等南亚国家旅游业的最大客源国。东南亚南亚国家的旅游业是全球受疫情影响较为严重的地区，受疫情影响，国际游客跨境流动减少，这使这些国家的经济遭受了严重损失，不少旅游目的地因缺乏国际游客而一度陷入萧条。随着全球跨境流动回归正常状态，东南亚南亚国家正积极采取多种措施，以吸引更多的国际游客重返该国旅行，加快旅游业恢复和发展。中国也在2023年2月开始分批试点恢复全国旅行社及在线旅游企业经营中国公民赴有关国家出境团队旅游和"机票+酒店"业务，中国与东南亚南亚国家之间的旅游往来将逐步恢复到正常状态。新时代新阶段出境旅游业的有序恢复发展对中国和东南亚南亚国家而言都意味着一系列新挑战的开始。中国出境旅游收窄和有序恢复对东南亚南亚国家而言产生了哪些新的影响？这些新影响与双循环新发展格局下共建"一带一路"倡议存在什么样的逻辑关系？研究这些新问题，尤具时代意义。

为此，课题组根据新时代新阶段中国出境旅游对东南亚南亚旅游业的影响以及双循环新发展格局下对东南亚南亚旅游复苏发展的预判情况，分别从经济、政治、社会文化和环境的角度选取了中国出境旅游对东南亚南亚旅游业韧性的冲击效应、东南亚南亚"一带一路"倡议新解读的晕轮效应、东南亚南亚社会文化影响的"资源诅咒"效应、东南亚南亚环境新影响的皮格马利翁效应、科技效应等五个专题对新时代新阶段东南亚南亚中国出境旅游新效应进行研判，以期在双循环新发展格局下促进东南亚南亚共建"一带一路"中更好地发挥中国出境旅游应有的价值和作用。

5.1 突发事件对东南亚南亚旅游经济的冲击效应

东南亚近年来在经济发展上取得瞩目成就，2000年到2019年东南亚各国GDP平均增速达到5.2%，呈现出持续向上的发展态势。随着新冠疫情的全球扩散，疫情不但打断了东南亚经济增长态势，还给东南亚带来自亚洲金融危机以来最严重的经济打击和考验。联合国亚太经社理事会指出东南亚区域内跨境劳工深受疫情影响，预计东盟国家将有数百万的工人面临失业危机（王勤、金师波，2021）。东南亚受疫情影响较大的行业是旅游业、零售业和其他服务行业，其次是制造业和农业。就东南亚而言，除文莱外，入境旅游业对各国家的经济具有特别重要的意义，它是地区经济增长和区域发展的主要力量（Chheang, 2013）。服务业和制造业在东盟GDP中所占比例超过85%。

南亚被认为是世界上相对贫困的区域之一。由于区域内人口众多、贫困率高、卫生基础设施糟糕、社会经济条件恶劣、社会保障制度不健全、获得水和卫生设施的机会有限以及生活空间安排不足（Das, 2020; Hossain et al., 2020），新冠疫情对南亚经济体带来了独特的挑战，使南亚国家经历了过去40年来最严重的经济冲击。根据国际货币基金组织的预测，2020年南亚国家的整体国内生产总值增长率预计将在−18%（马尔代夫）至3.8%（孟加拉国）之间，其中五个国家预计将出现负增长。南亚受新冠疫情影响最严重的行业是旅游业、旅馆和餐馆、制造业、建筑和房地产业、农业、运输、贸易等（联合国亚洲及太平洋经济社会委员会，2020）。2020年5月，世界旅行和旅游理事会预测，危机将导致整个南亚地区的国际游客人数至少下降42%，国内游客人数下降25%。全球酒店业咨询公司HVS报告称，整个南亚地区的酒店入住率和平均每日房价也出现了类似的下降。根据这些假设，整个南亚地区可能会因新冠疫情的影响而损失1077万个工作岗位和523.2亿美元的国内生产总值。在具体国家中，这些数字可能会更突出。例如，尼泊尔仅在徒步旅行领域，就有大约2万名导游将失去工作（De Silva，2020）;印度的大型酒店、旅行社和旅游运营商即将裁员4000万～5000万人（Dev，Sengupta，2020）;不丹在国内和国际旅游方面损失了440万美元，孟加拉国损失了4.7亿美元（世界旅游组织，2020）。

有关突发事件对旅游目的地入境旅游影响的研究主要集中在以下几个方面。

在国外学者方面，首先是关于政局动荡的影响，如2000年发生在巴布亚新几内亚的国内骚乱和发生在斐济的军事政变突发事件，均对其入境旅游市场规模产生了显著影响，出入境游客数量分别同比下降13.4%和28.3%（Haimes，2002）。其次是关于恐怖事件以及地震、卫生等突发事件的影响，如2001年发生于美国的"9·11"恐怖袭击事件，Blake（2003）运用可计算的一般均衡模型（CGE）分析了"9·11"恐怖袭击事件对美国旅游业的影响，并得出美国的入境旅游市场需求量减少了158.9亿美元。Mazzorcchi（2001）对意大利的突发地震进行了分析，指出了突发地震对意大利入境旅游市场规模发展的影响及它们之间的相互联系。Wang（2009）认为保障旅游目的地安全和健康是发展入境旅游业的关键，通过ARDL模型研究证实任何与旅游目的地安全相关的突发事件都会对入境旅游市场规模产生负面影响。

在国内学者方面，李开宇通过时空分析深入研究了突发性旅游事件对入境旅游影响，提出了入境旅游业应对突发性事件的空间管理措施（李开宇等，2003）。孙根年等（2010）运用本底趋势线模型分析了2008年五个重大事件对我国入境旅游市场规模的影响。田祥利、白凯（2013）根据特定城市2005—2009年入境旅游人数的统计数据，研究了突发事件对入境旅游市场规模的影响。骆妙璇、吴浩存（2018）运用TBTL－IA组合模型，对1998—2015年发生的五大典型危机事件对我国入境旅游规模的影响进行了定量分析，并据此预测了2016—2018年的入境旅游人数。这些文献主要利用历史数据，分析突发事件对入境旅游业的影响，并进行定量分析，评估入境旅游的损失情况，分析政府政策响应的作用机制、响应特征演变和政策响应效果。但这些均属于事后研究，也缺乏结合入境旅游客源地视角的研究。当前，受全球经济形势、各国海关政策、国际航班数量、旅游目的地旅游基础设施缺陷及旅游人才短缺等多重因素影响，游客跨境流动仍然未能恢复到正常状态，此时要全面评价中国出境旅游市场变化对东南亚南亚的经济影响是极为困难的。因此，课题组发挥自身多年深耕东盟国际教育的优势，以中国出境旅游效应特征明显、在东南亚旅游业中具有典型代表性的泰国芭提雅为例，试图以点带面地从微观的视角探究新时代新阶段中国出境旅游对东南亚南亚旅游目的地的经济影响情况。

5.1.1 突发事件对泰国芭提雅入境旅游市场的影响

在已有研究文献中，有关突发危机事件对入境旅游市场规模的影响，学者所采用的评估方法以用历史数据进行事后评估为主，包括BP（back propagation）神经网络在内的一些基于历史数据做回顾性分析的评估方法，但这些方法对于还没有完整事件周期数据做支撑的研究对象无法应用。因此，本研究采用定量演绎法、定性比较分析法和实证调研相结合的方法，对影响入境旅游发展的主要因素进行分析和推理，从而对突发事件造成芭提雅入境旅游市场损失的规模进行测算。

课题组借助学校资源和个人社会网络资源，于2021年3月委托当地合作伙伴对芭提雅的相关旅游企业管理人员进行访谈调查，以了解企业所遭受损失，并结合2019年的数据，推测评估国际出境旅游市场暂停对该地入境旅游市场规模的影响。

（1）国际出境旅游市场变化对泰国芭提雅入境旅游市场影响周期预估。

既有研究表明，突发事件对旅游所产生的影响绝不是"即生即灭"和无后效性，特别是对于影响面较大的突发事件，一般都会持续一定的时间，它是一个呈现出特定生命特征的周期性事件。根据孙根年（2008）提出的旅游危机生命周期理论，旅游危机从其"孕育—生成"到"化解—消除"可划分为5个阶段，依次是潜伏期、显现期、暴发期、衰退期和消亡期，如图5-1所示。

从图5-1可以看出，在一场由突发事件引起的旅游危机的生命周期内，由于事件的性质、特点和强度不同，所引起的旅游危机周期长度及其在生命周期中各阶段的表现也会呈现出不同的特征。从旅游危机的性质看，自然灾害类的突发事件旅游危机，如2004年印度洋海啸、2018年夏威夷地震，其潜伏期较长，但暴发期却极为短暂，事件对旅游目的地的市场影响周期也相对较短。社会事件类引起的突发事件旅游危机，如1997—1998年亚洲金融危机、2008年美国金融危机，其暴发期持续的时间往往相对较长，事件对旅游目的地的市场影响周期也相对较长。另外，从旅游危机的强度看，一些与个人安全相关性强的突发事件，对游客的心理影响周期会相对较长，如美国的"9·11"恐怖袭击事件，由于其对游客心理造成了极为深刻的负面影响，旅游危机从衰退阶段到消亡阶段所需时间也相对较长；而另一些突发公共卫生事件，如2003年的SARS（非典）疫情、2014年西非埃博拉疫情、2015年的韩国MERS疫情，虽然疫情来得快、传播快、影响广，但只要疫情得到有效控制并彻底消除，旅游秩序的恢复则相对较快。2019年新冠疫情所带来的危机与2003年非典疫情、2015年韩国MERS疫情带来的危机十分相似，均由传染性病毒引起。但由于经济全球化的不断深化、国际国内交通便利程度的不断提高以及新冠病毒的感染性更强等因素，新冠疫情对泰国国际旅游市场的影响将会比2003年非典危机更大。

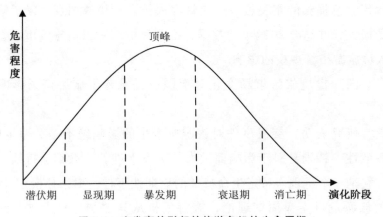

图 5-1　突发事件引起的旅游危机的生命周期

从图5-2可知，2003年的非典对我国的出境旅游影响并不大，完全没有阻碍出境旅游的高速增长趋势，当年的出境旅游仍处于高增长阶段。

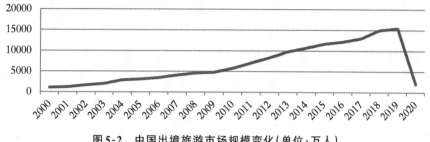

图 5-2 中国出境旅游市场规模变化（单位：万人）

（2）国际出境旅游市场变化对泰国芭提雅入境旅游市场造成的损失测算。

根据芭提雅统计局数据，2016—2019 年赴芭提雅旅游的中国游客规模比较平稳，分别为 254.08 万人、257.19 万人、270.56 万人、271.59 万人，年平均增长 2.25%。根据这一增长趋势，在常规情况下，芭提雅 2020 年接待中国游客人数应为 277.73 万人。由此可以估计，受到突发事件影响，2020—2022 年三年间芭提雅中国游客市场将会损失 762.13 万游客和 135.07 亿美元的旅游接待收入。具体如表 5-1 所示。

表 5-1 泰国芭提雅 2020—2022 年中国游客旅游市场规模预估

	接待中国游客量/万人	接待收入/亿美元
2019 年（基准）	271.59	56.29
没有发生突发事件	852.12	176.61
发生突发事件后	89.99	41.54
损失	762.13	135.07

（3）国际出境旅游市场变化对芭提雅住宿业入境旅游业务的影响。

根据芭提雅年度经济发展报告数据，疫情前全市酒店平均预订出租率可达 80%。然而，受新冠疫情的影响，芭提雅各地的酒店关门停业率超过 90%，休闲娱乐更是全线停业，大量旅游、会议订单取消并退款，在少量尚保持营业的酒店中，其客房入住率也低于 10%。调研期间被调查的 10 家酒店只有 4 家为营业状态，且平均每家只有 5~10 间房有客人入住，另 6 家酒店处于歇业状态。随着旅游业的快速发展，芭提雅出现了越来越多的中高端民宿,硬件设施完善,整体风格讲究精致化,并密切融合当地的人文特色。民宿业也开始集群式发展,形成了一批有影响力的民宿度假区和民宿品牌,这些民宿深受当地游客的喜爱。然而,由于民宿规模相对较小,应对危机能力相对较弱,受突发事件的冲击更大。受访的民宿负责人表示,在2020年,平均损失在200万泰铢及以下的民宿占总体的52%;21万~50万泰铢的占33%,50万泰铢以上的占15%。具体如图5-3所示。

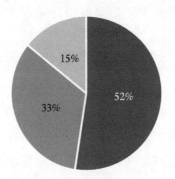

■ 20万泰铢及以下　　■ 21万~50万泰铢　　■ 50万泰铢以上

图5-3　被调查民宿亏损情况

(4) 国际出境旅游市场变化对芭提雅旅游景区的影响。

受访人反映,调研期间芭提雅90%以上的旅游景区处于关闭状态,即使在春节这样的中国传统假期期间,也没有看到中国游客的身影。在被调查的旅游景区中,平均每家景区损失210万泰铢,且由于当前旅游业尚未恢复完全,这些损失还会进一步扩大。因此,本次危机对芭提雅旅游景区正常业务的影响基本上是毁灭性的。

(5) 国际出境旅游市场变化对芭提雅旅游企业入境旅游业务的影响。

芭提雅旅游企业作为其旅游供应链上的一环,在疫情中同样遭受巨大损失。一方面,国际游客流动放缓,与游客相配套的交通、住宿和景区的正常营运中断,使旅游企业失去了生存依靠。另一方面,游客出游的意愿降低,削弱了国际旅游业的发展韧性。在本次调查的旅行社中,损失在30万泰铢及以下的占46%,损失在31万~60万泰铢的占30%,损失在60万泰铢以上的占24%(见图5-4)。其中,有接近50%的损失是由于缺失中国游客造成的。

（6）芭提雅旅游从业者对中国游客业务支持性需求。我们先后邀请了芭提雅50位旅游企业或景区相关负责人，向其提问"关于恢复中国游客业务，最希望获得哪些支持"，并将访谈内容全部记录下来，后期整理发现，可将其整合为18条支持性条目。同时，我们也邀请了泰国从事旅游经济研究的相关专家共计10名，询问其"面对本次危机，您认为当地的入境旅游从业者最希望获得当地政府或社会哪些帮助或支持"，通过整理发现，可将这些回答整合为12条支持性条目。通过对比发现，专家的12条支持性条目与入境旅游从业者所提需求高度重合，本研究将其归纳为税收补贴、金融支持和宏观环境三大类，并对这12条支持性条目进行权重确定，为旅游业相关管理部门确定工作重心提供参考。

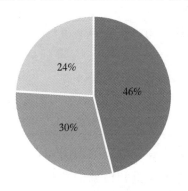

图5-4　芭提雅被调查旅行社的亏损情况

为进一步明确这些支持性需求，需确定权重。由于层次分析法（AHP）能较好地将定性分析与定量分析相结合，且能进行多准则的决策分析，适用于各种专家评分，课题组将使用AHP来确定这些支持性条目的主观权重。熵权法是一种能够依据评价指标数值的变异程度来确定权重的计量方法，一般适用于评价对象众多、变异程度可能较大的评价事件。变异程度越大，说明其包含的信息越多。因此，课题组使用熵权法来确定这些支持性条目的客观权重。最后，参考熊正德等（2017）学者结合AHP与熵权法的组合赋权法（相关系数取0.5），将主观权重和客观权重整合为最终的总权重（见表5-2）。

表5-2 芭提雅入境旅游从业者支持性需求权重确定

种类	支持性条目	主观权重	客观权重	总权重
税收补贴 （0.478）	对疫情停工及防疫工作的补贴	0.134	0.143	0.138
	人才培训补贴	0.105	0.038	0.072
	疫情阶段税收减免	0.100	0.105	0.103
	减税降费	0.057	0.067	0.062
	针对中国游客提供的各类补贴	0.081	0.124	0.103
金融支持 （0.315）	银行贷款利息延期支付	0.097	0.104	0.101
	延期缴纳保险	0.069	0.082	0.075
	减轻房租压力	0.113	0.097	0.106
	适当提供低息或无息贷款	0.035	0.031	0.033
宏观环境 （0.207）	制定对中国游客有吸引力的旅游消费刺激政策	0.075	0.042	0.058
	支持符合中国签证政策的中国游客恢复入境	0.058	0.104	0.081
	加强与中国相关旅游政策的对接	0.075	0.062	0.068

综上，可得出在受新冠疫情影响期间，芭提雅入境旅游从业者支持性需求的主观权重、客观权重和组合的总权重。在支持性条目中，按照权重大小排列前五的是：对疫情停工及防疫工作的补贴、减轻房租压力、针对中国游客提供的各类补贴、疫情阶段税收减免和银行贷款利息延期支付，这5个支持性条目在总体条目中占比55.10%。而这些主要的措施都属于税收补贴和金融支持，这两类又占所有类别的79.30%。

5.1.2 突发事件对泰国芭提雅国际旅游业韧性的影响

（1）中国出境旅游的游客数量变化对芭提雅国际旅游业韧性的直接影响。

首先，不断扩大的中国游客规模，导致芭提雅的国际旅游业越来越依赖于中国出境旅游市场。《芭提雅2019年发展报告》显示，芭提雅当地经济收入的70%来自旅游业，而2018年和2019年访问芭提雅的中国游客人数均超过270万，占其国际游客总量的30%以上。芭提雅的旅游供应链也可能因过于关注中国游客的消费需求而忽视了对其他国家游客个性化需求的市场适应性，从而加大了其国际旅游业的脆弱性。一位受访的芭提雅政府官员表示，政府已意识到合理的国际客源结构能够降低芭提雅国际旅游业在面对中国游客规模变动时的脆弱性。应不断丰富国际客源，以提高芭提雅旅游业应对各类突发事件下旅游危机挑战的能力。

其次，中国出境旅游规模因突发事件影响产生的变化有助于芭提雅旅游供应链转型升级，促使芭提雅旅游经济在这次危机后的恢复中增强其韧性。具体来说，中国游客人数的减少，会导致芭提雅以旅行社为核心的传统旅游供应链难以支撑日常运营，从而促进传统旅行社的转型，加快旅游新业态的发展。同时，随着芭提雅旅游新业态的发展，旅游业对旅游从业人员的知识结构和服务技能也提出了新要求，促使政府和旅游从业人员增加对芭提雅旅游人力资本的投资，提高全行业的从业人员综合素质，打造各类高素质旅游人力资源的"蓄水池"，为就业市场持续注入活力，从而有利于芭提雅的旅游经济在遭遇危机后更快地得到恢复。

最后，中国游客市场规模的变动还有利于芭提雅政府更加重视泰国东部经济走廊的中泰国际旅游项目合作的内容和模式，从而推动中泰共建"一带一路"倡议在芭提雅的高质量发展。

（2）中国出境旅游通过对未来消费的刺激间接影响芭提雅国际旅游业韧性。

消费能够为生产创造新需求。中国游客在芭提雅的消费及消费市场在芭提雅旅游经济运行中起着稳定器的作用。通过突发事件发生前后中国游客在芭提雅的旅游消费数据对比，芭提雅能够对中国出境旅游市场有序恢复之后的发展模式进行规划，以增强其国际旅游业的韧性。根据李慧、王苗苗（2022）有关中国居民消费率的研究，2019年中国最终居民消费率为39.2%，而美国、英国和日本分别为67.9%、64%、55.2%。这说明中国游客消费对促进芭提雅国际旅游经济发展的潜力尚未完全发挥，还有较大提高空间。

需求永远是经济增长的根本动力。现阶段，芭提雅向中国游客提供的旅游消费服务仍然属于比较传统的类型，旅游产品老化、新时期新阶段的出境消费重心发生变化、中国游客出境旅游消费信心等将是制约中国游客在芭提雅消费潜力的主要原因。在新时期新阶段，中国出境旅游的境外消费将发生两个明显的变化，一是出境旅游消费国内化趋势不断增强，二是出境旅游消费结构加速优化升级，芭提雅可通过适应这两个方面的变化来提升芭提雅的国际旅游经济韧性。一方面，在突发事件应对中，中国与西方发达国家相比所显示出的强大经济发展韧性，大大增强了中国旅游业的消费信心。随着经济的持续发展，中国游客的购买力不断上升，中等收入群体规模不断扩大，使出境旅游的潜在需求市场规模不断扩大。中国出境旅游的市场规模在很大程度上影响了芭提雅国际旅游业的发展潜力。规模巨大的中国出境旅游市场需求是芭提雅构建国际旅游业高质量发展的重要基础。中国游客潜在的需求市场规模持续扩大，必然会对芭提雅旅游产品的差异化提出更高要求，加速芭提雅旅游产业结构的转型升级，增强芭提雅国际旅游业在面对旅游危机时分散风险的能力。另一方面，新时代新阶段中国出境旅游市场的变动能够促进芭提雅旅游消费结构的优化升级。随着国际旅游业的逐步恢复发展，为吸引中国游客重回芭提雅，芭提雅将不得不重视中国游客对高质量旅游服务和产品的消费需求。在满足中国游客不断升级的旅游消费结构需求之后，芭提雅本土旅游企业的市场竞争力也将得到进一步提升，从而促进本土旅游企业与泰国东部经济走廊的新兴科技企业的合作，增强旅游企业的自主创新能力，最终使芭提雅国际旅游业的韧性不断得到增强。

(3) 中国出境旅游通过带动创新来间接影响芭提雅国际旅游业韧性。

创新是全球各地旅游业新时代新阶段发展的第一动力，也是增强各地国际旅游业韧性的重要支柱。要素配置高效、整体竞争力强、旅游产业结构较好和经济发展质量较高是旅游城市具有较强创新能力的显著特征。创新能力较强的旅游城市在经济遭受突发事件的冲击后更容易进行适应性动态调整，从而恢复旅游经济的可持续增长。冲击会破坏旅游城市原有的旅游经济增长路径，需要旅游城市能够在危机后抓住机会调整和重组现有资源，通过创新行为构建更多新的增长路径。因此，国际出境旅游市场的变化给以旅游业为生命线的芭提雅造成了巨大的发展压力，生存和发展需要的内生动力促使芭提雅重新重视资源释放的创新行为，在其国际旅游业的恢复中加快升级其产业结构，加快转变其经济增长动力，从而增强芭提雅面对复杂环境下各种不确定性情况的经济韧性。此外，这种压力还能促进芭提雅与中国旅游市场的互动，双方能够广泛交流在新时代新阶段的创新发展成果，创新成果的共享将进一步促进国际旅游业的恢复发展，从而提升芭提雅国际旅游业的整体韧性。

5.2 中国出境旅游对东南亚南亚"一带一路"倡议新解读的晕轮效应

2020年，当代中国与世界研究院在全球主要国家开展的调查数据显示，"一带一路"倡议在海外受访者中获得22%的认知度，这一数据在2014年仅为8%。"一带一路"倡议对地区和全球经济的积极意义最受认可，认可度达43%；发展中国家对此意义的认可度更高，达55%（孙敬鑫，2022）。这表明海外民众对"一带一路"倡议的认知度、认可度均有稳步提升。但是，西方部分别有用心的媒体对"一带一路"倡议一再抹黑，"一带一路"沿线和其他共建国家对"一带一路"建设的一些疑虑、误解和误读仍然存在。整体来看，与"一带一路"建设在基础设施"硬联通"、规则标准"软联通"方面的成就相比，东南亚南亚各国特别是南亚各国在民众"心联通"方面还存在较大进步空间（孙敬鑫，2022）。

当前，世界百年未有之大变局的不确定性更为突出，俄乌冲突进一步加剧了全球能源危机和供应链危机，经济全球化进程严重受挫，国际要素流动受到一定限制，这些因素在客观上恶化了"一带一路"倡议所面临的外部总体经济环境（蒋千璐，2022；傅梦孜，2022）。东南亚南亚一些国家在反复的疫情和全球经济增速放缓的持续影响下，当地民众对"互联互通"的信心受到了影响，进而在一定程度上影响了其对"一带一路"倡议的信心。各种突发事件也深刻影响了民众的心理状态，导致民众对全球经济的未来发展信心降低，其全球观也受到一定影响。这些负面因素正以某种方式或多或少地转移到了"一带一路"倡议中（孙敬鑫，2022）。

民心相通是"一带一路"倡议的"五通"之一，而且是其他"四通"

的目的。在新时代新阶段，我国旅游外交的作用因游客的跨境流动时间和规模发生变化而影响了其发挥作用的基础条件。东南亚南亚各方对中国在突发事件中给予东南亚南亚国家技术支持和人道主义援助给予高度赞许，对中国提出的建设人类卫生健康共同体、推进共建"一带一路"的倡议也表示出高度认同，但对未来中国出境旅游的发展前景仍存在一定疑虑。在此背景之下，中国出境旅游的政治效应的侧重点和效用也随之发生了变化，需要我们对这种新变化予以重视。例如，在我国颁布分批试点恢复全国旅行社及在线旅游企业经营中国公民赴有关国家出境团队旅游和"机票＋酒店"业务政策后，我国出境旅游对东南亚南亚旅游目的地与我国的双边关系能产生多大的作用？新时代新阶段加快推进共建"一带一路"倡议，需要什么样的新条件才能继续用好旅游外交的作用？然而，如何科学地测量和解释新时代新阶段中国出境旅游的政治效应，不仅涉及经济学、政治学，还涉及社会学和心理学等问题，需要根据新环境的实际情况予以进一步分析。为此，课题组借鉴晕轮效应（Halo Effect）理论，试图运用该理念对这些问题做出一些解释。

5.2.1 理论假设

晕轮效应又称光环效应、光圈效应等，是一个心理学认知方面的术语，指人们在交往认知中，一个人的某些特征形成好或坏的印象后，人们对这个人的其他特征也会给予较好的评价。1907年Wells第一次提出晕轮效应现象，1920年Thorndike正式提出了晕轮效应概念，在此之后许多学者开始关注并研究晕轮效应，并将其运用到心理学、经济学以及组织行为学等各个领域。

有学者从人类记性的角度来考察晕轮效应的产生，他们认为现实生活中的评价者往往只能记住评价对象的某些突出特征属性，而无法完全记住其所有特征，这些突出特征便形成了对评价对象的整体印象，导致晕轮效应产生（陆奇斌等，2005；Stepchenkova，Li，2014）。也有学者从认知一致性角度考察晕轮效应的产生，他们认为评价者对评价对象的态度一旦形成就很难改变，当评价者的这种态度受到质疑时，评价者可能会努力寻找借口来保持认知上的一致，从而产生晕轮效应（Van Doorn et al.，2008）。当前关于晕轮效应的研究成果主要集中在消费者满意度领域，旅游领域的相关研究主要集中在旅游满意度上。Wirtz 等（2000）以旅行社服务为例，运用实验法验证了游客满意度评价中存在晕轮效应现象；黄鑫鑫（2014）以景区服务为例，研究指出游客对景区的总体印象存在晕轮效应。通过旅游形象树立国家形象已经成为世界各国的普遍选择（蒋依依，2018），相关文献已验证了国家形象、目的地形象与游客满意度之间的关系（李兰兰，2017），而且国家形象的一般要素对旅游产品与目的地形象的感知具有直接影响作用（De Nisco et al.，2015）。从已有研究来看，虽然旅游领域的晕轮效应研究还不够深入，但学界在旅游目的地与国家形象之间存在晕轮效应这一问题上已有共识。在已有的晕轮效应研究中可发现一个有关晕轮效应的共识，即在人们的主观评价过程中普遍存在偏差。就东南亚南亚旅游目的地当地社会对中国入境旅游及"一带一路"倡议存在的评价，我们提出以下假设：

H1：中国出境旅游活动对东南亚南亚旅游目的地居民的中国出境旅游形象感知存在晕轮效应。

晕轮效应一般分为总体印象晕轮效应、显著维度晕轮效应和非充分维度晕轮效应（Fisicaro，Lance，1990），以此为基础，存在总体印象晕轮效应模型与显著维度晕轮效应模型。总体印象晕轮效应指评价者对评价对象的总体印象会使他对评价对象具体属性的评价出现偏差（Thorndike，1920），即整体评价会影响单个属性的评价。黄鑫鑫（2014）的研究也证实了游客对景区的总体印象会影响游客对景区景观质量与服务质量感知的评价。在新时代新阶段，东南亚南亚旅游目的地社会对"一带一路"倡议的总体看法与认知，形成于认知者脑中，具有强烈的主观因素，对"一带一路"倡议的新解读具有被动引导作用。那么，旅游目的地社会在新时代新阶段对"一带一路"倡议的新解读中应存在与对人评价过程中产生晕轮效应的相似机制。因此我们提出假设：

H2：中国出境旅游活动对东南亚南亚旅游目的地居民的中国出境旅游形象感知存在总体印象晕轮效应。

显著维度晕轮效应指评价者受评价对象或者某个显著属性（旅游属

性）的影响，会对评价对象其他属性的评价产生偏差（Thorndike, 1920）。东南亚南亚旅游目的地社会通过中国出境游客在当地的旅游活动不断丰富其对"一带一路"倡议的认知。如果这种认知产生总体印象晕轮效应，那么这种效应对东南亚南亚旅游目的地社会"一带一路"倡议的解读的最终影响势必按照"一带一路"倡议认识形成的过程进行传递。但是，总体印象晕轮效应如何进行传递，以及选择哪些维度传递，尚需进一步的研究。黄鑫鑫（2014）以龙门石窟景区为例研究游客满意度，指出在游客总体印象晕轮效应的传递路径中，景观质量感知与服务质量感知两个显著维度对游客满意度起到主要作用。基于此推测，我们提出假设：

H3：中国出境旅游对目的地居民的中国出境旅游形象感知的晕轮效应，主要通过对中国出境旅游形象直接影响较大的显著维度（国际旅游流动规模）进行传递。

5.2.2 实证检验

基于对已有文献的研究，本研究在泰国清迈以中国出境旅游作为研究对象，对中国出境旅游形象（总体印象）、属性关注度、对华国家形象认知度进行调查。泰国清迈是全球著名的旅游胜地，国际旅游业发达，中国游客占到其国际游客的三分之一，在东南亚南亚各旅游目的地中具有较强的代表性。中国游客赴清迈旅游虽属出境游，但清迈文化与中华文化在历史上有着密切的渊源关系，清迈当地百姓对中国游客的情感态度大多都是和善的，故认为清迈社会对中国游客的情感态度对中国游客整体形象的影响有限，因此本研究主要集中于从认知维度调查清迈民众对中国出境旅游的形象，未考虑形象认知的其他两个维度（情感维度与行为维度）。此外，清迈作为中国公民赴泰国旅游的主要旅游目的地之一，与中国的日常联系较为紧密，如果两者不存在晕轮效应，那么不同民众对中国出境旅游形象的认知度评价应具有较强的一致性。

1.测量属性和维度的确定

因现有文献缺乏从旅游目的地居民视角对中国出境旅游形象感知进

行测量的量表,故需要根据研究予以开发。为此,课题组通过专家咨询法设计了一份调查问卷,然后采用开放式问卷调查的方法,邀请了桂林旅游学院100名来自东南亚较热门旅游目的地的留学生参与调查。让他们从旅游业的角度充分表达他们对新时代新阶段中国出境旅游形象感知的评价,最终将留学生关注度较高的因素整理成一个潜变量,即中国出境旅游时间长度,以及四个属性变量,即中国旅游规模、国际旅游流动规模、"一带一路"倡议、国际政治环境。

随后课题组开展了第二次问卷调查,进行验证性研究。选择了中国游客较多、旅游文化特色鲜明的泰国清迈作为集中调查观测地,采用纸质问卷调查的方法,对量表进行调查验证。于2022年1月10日至14日在旅游景区周边街区随机对200名当地居民作进行第二次调查。调查问卷分为两大部分,第一部分是对中国出境旅游时间长度的认知,第二部分为中国出境旅游形象感知的四个属性维度。最终我们收回187份有效问卷,占问卷总数的93.5%。最后,我们用SPSS软件对187份问卷的原始数据进行探索性因子分析,结果表明测量量表具有良好的信度,符合要求。

最后组织第三次问卷调查,作为正式调查数据。课题组在第三次问卷调查中增加了"总体印象"和"整体形象感知"两个变量。由于受清迈疫情反复的影响,正式问卷调查多次中断,最后于2022年6月12日完成正式问卷调查工作,共发放问卷500份,回收有效问卷435份,占问卷总数的87%。

2.实证结果

基于研究提出的新时代新阶段旅游目的地居民对中国出境旅游形象评价存在晕轮效应的假设,按上述的晕轮效应理论将评价划分为属性印象与整体印象,通过问卷收集的数据进行实证分析。具体结果如下。

(1)中国出境旅游的时间长度对中国出境旅游形象评价存在晕轮效应。

方差分析结果显示,中国出境旅游时间长度对整体印象的评价影响存在显著差异,表明中国出境旅游的时间长度对目的地居民的中国出境旅游形象整体评价存在晕轮效应，H1成立。同时，结构方程模型的结果显示国际旅游流动时间长度对整体评价的影响既有直接效应，也有通过属性维度对整体评价产生的间接效应。方差分析结果显示，出境旅游隔断时间长、短两组对属性维度的评价存在显著差异，表明中国出境旅游隔断时间对属性维度存在晕轮效应。

（2）属性维度之间存在晕轮效应。

本次研究将中国游客规模作为常量属性，将国际旅游流动规模、"一带一路"倡议、国际政治环境作为非常量属性。对常量属性与非常量属性进行相关分析，结果显示国际旅游流动规模与中国游客之间存在晕轮效应，"一带一路"倡议与中国游客之间存在晕轮效应，H3成立。

此外，前文相关分析结果表明中国出境旅游政策与中国游客、国际旅游流动规模与中国游客之间存在相关性，但在加入中国出境旅游时间长度潜变量的结构方程模型结果中并没有表现出来，可能原因是：中国出境旅游时间长度对中国游客的影响过于显著，遮蔽了国际政治环境、"一带一路"倡议等其他因素对中国游客的作用。

（3）属性维度对整体印象存在显著影响。

结构方程模型的路径系数结果显示，中国出境旅游政策对中国出境旅游整体印象存在显著影响，中国游客规模、"一带一路"倡议与整体印象存在正相关。国际政治环境对整体印象没有直接影响，但存在间接影响。

（4）中国出境旅游的时间长度对整体印象评价的晕轮效应的传递路径，主要为对整体印象评价影响较大的属性维度。

中国出境旅游政策对中国游客规模、国际旅游流动规模、"一带一路"倡议等属性维度产生显著的直接影响，属性各维度间也存在显著影响，最终通过中国游客规模、国际旅游流动规模、"一带一路"倡议对整体印象产生影响。中国出境旅游的时间长度对整体印象的晕轮效应传递路径也是沿着整体印象形成的路径。因此，中国出境旅游时间长度对整体印象的晕轮效应会通过各属性维度进行传递。

3.不良晕轮效应的形成原因

当前,全球游客跨境流动的规模仍然处于缓慢恢复中。中国文旅部虽已在2023年8月发布恢复旅行社经营中国公民赴有关国家和地区(第三批)出境团队旅游业务的通知,但到东南亚南亚出境旅游的游客规模仍然不大,东南亚南亚旅游目的地居民在全球经济增速放缓、当地旅游经济发展受阻、网络媒体各类信息轰炸等背景下,他们受到中国出境旅游规模减小影响的干扰,形成了"不良"晕轮效应,并产生延伸,影响到"一带一路"民心相通建设。这些"不良"晕轮效应的产生,主要存在如下原因。

(1)自我概念。

对于东南亚南亚传统旅游目的地而言,晕轮效应的"光环"来自旅游目的地的优越感和在"一带一路"倡议中的区位作用。晕轮效应具有掩盖性的特征,即人们倾向于感知,倾向于从一个刻板印象出发,从局部推断到整体,这种片面的认知偏差会误导这种片面的感知,误导人们的判断。例如,许多旅游目的地的居民把个别中国游客的行为作为判断国家形象的唯一标准,而忽略了中国游客素质的不断提升。当目的地居民对客源国的理解还不够深入时,往往会产生晕轮效应,这样就容易受到感觉的浅显性、局限性和知觉的选择性的影响,从而对客源国游客的认识只集中在一些外部特征上。每个目的地居民群体一般都不能深入地理解和感知认知对象,大多只是停留在表面特征。例如,在旅游的主客关系中,当地居民往往通过中国游客的衣着、谈吐和行为方式来判断这一特殊外来群体的形象。人们对客观对象的总体态度也会影响到对具体个人的特征判断。也就是说,当地居民对中国出境旅游的情感,就像月亮周围月晕的光环效应一样,向四周扩散。

(2)心理倾向。

中国出境游客数量的增加对东南亚南亚旅游目的地产生了巨大的影响,当地对中国出境旅游依赖性的惯性思维引起了学术界的关注。近年来,东南亚各国因其优越的地理位置、丰富多样的旅游资源和独特的社会文化,一直保持着作为中国最大海外旅游目的地的地位。因此,东盟各国已成为研究中国出境游客行为以及当地居民感受的重要研究对象。近年来，首次赴全球旅行的中国游客激增。随着年轻的中国公民在国际旅行和吸收接纳新文化方面的成长，中国出境游客的形象将随着时间的推移而不断优化。

毫无疑问，中国出境旅游持续快速发展，使全世界都能分享中国经济发展的好处。目的地居民享受到了中国出境旅游消费所带来的经济效应，同时也时常经受到由于文化背景不同带来的一些文化冲突。从这些冲突出发，可以深入理解这些冲突背后的原因，并研究晕轮效应如何塑造了突发事件下与正常时期文化交流的不同之处。

（3）政策认知。

对于游客而言，出境旅行的规模除受到安全顾虑、国际航班不足等因素影响之外，还受到对境外旅游目的地的旅游接待政策、安全管理和应急服务政策等方面担心的影响。部分游客认为现阶段出境旅游仍然不安全，应尽量避免各类安全隐患的威胁。因此，当前的中国出境旅游仍然处于有序恢复之中。旅游业的"黑天鹅"事件，即使只持续很短的时间，也会对旅游企业的现金流和现有收益产生严重影响。例如，由于长期无法进行正常运营，旅游相关企业内部出现了大量的员工流动。旅游业人力资源的积累通常不是一蹴而就的，而重新启动招聘和培训工作既昂贵又费时。当前，由于全球经济增速放缓，以及全球国际旅游业尚处于恢复期，东南亚旅游目的地仍然有大量的旅游企业未能恢复到正常的营业状态，许多从业人员被迫转行，这对旅游目的地旅游产品和服务的供应能力产生了影响。旅游需求可能会在全球经济形势好转后加快恢复速度，而旅游供应则需要一段时间的积累来恢复到原有水平。与此同时，确保游客能够游览而设计的公共服务和游玩的设施和设备，注定要加速折旧老化，这必然会导致未来经营成本的增加。

4. 破解新时代新阶段晕轮效应的启示

出境旅游是中国实施周边外交优先战略、应对新时代新阶段东南亚南亚国际关系新规则的重要手段，是推动国内国际双循环发展的重要领域，也是中国进一步扩大对外开放构建更高层次开放格局的重要实践。

东南亚南亚旅游目的地居民的中国出境旅游形象"不良"晕轮效应将会影响中国出境旅游市场生态的恢复发展,也将会影响共建"一带一路"民心相通。因此,有必要对这种"不良"晕轮效应进行破解,为新时代新阶段加快推进共建"一带一路"民心相通添砖加瓦。晕轮效应的产生是一个信息从中国出境旅游事件主体传递到旅游目的地居民主体的过程,破解这种晕轮效应可以从三个方面着手。

(1) 降低信息不对称的影响,增强主客交流。

晕轮效应是信息不对称下的产物。基于对某一特质的感知而对旅游客源国整体评价产生的影响是社会心理学中广泛研究的一种现象。在跨国旅游中,国民整体特质感知与个体性格特质感知之间的关系也形成了一种相互依存的关系。晕轮效应在旅游目的地的主客关系和社会交往中起到关键的作用。

为此,东南亚旅游目的地各国与出境游客来源国应该携起手来,加强对话,保持沟通,深入交流国际旅游业恢复发展的经验,共同构建适应新时代新阶段的旅游市场合作机制,尽量降低跨国跨境旅游规模带来的影响,尽量共同努力消除由于信息不对称所带来的负面影响。

(2) 科学合理制定发展路径,重塑信心。

出境旅游业受到突发事件和全球经济增速放缓的影响,国际航班不足,许多旅游机构和相关企业业务恢复艰难。在这个外部环境和内部发展环境充满不确定性的时代背景下,重振国际出境旅游行业并非易事。因此,旅游目的地行业的参与者和从业人员必须谨慎行事,在做好旅游目的地接待系统的基础工作以迎接游客的同时,科学合理地制定相关产业发展政策,提高游客消费的体验价值。

同时,在出境旅游行业内应当达成共识。这一点相当重要。在国际出境旅游业中,协调不同地区和国家的应对措施将有助于减轻国际旅游供给侧和需求侧的潜在负担。尽管全球经济增速放缓,但人们想要进行旅游活动的需求依然旺盛,不断开始制订新的旅游计划,但他们需要确认旅游目的地的安全性和旅游体验的性价比。研究如何创新旅游消费品供给、提高旅游产品的文化内核和科技感,对促进国际出境旅游业的恢复具有重要价值,并能在指导实践中发挥重要作用。回答这个问题将有助于旅游企业适应新常态,安全地提供服务。如果重新思考旅游的未来,旅游政策制定者需要考虑,当前应以何种方式才能比以前更好地重建国际旅游业,重塑国际游客信心,同时也确保旅游目的地居民福祉得到保障。旅游业作为全球经济增长的重要驱动力,必须团结一切可以团结的力量,寻求创新方法来克服孤岛效应和晕轮效应,从而更大程度地发挥旅游业对世界经济、社会和文化发展的贡献。

(3)借力RCEP,创新发展国际旅游交流合作。

RCEP是目前世界上人口最多、规模最大、发展潜力最大的自由贸易区经贸协定,已于2022年1月起对RCEP成员国正式生效,并于2023年6月对RCEP的15个成员国全部生效。从RCEP正式生效的一年多时间来看,其已开始对亚太地区的经济协同乃至全球经济发展产生了重大影响。2022年,我国进出口总值首次突破40万亿元关口。中国与东南亚南亚互为重要出境旅游客源地,旅游业已成为中国与东南亚南亚服务贸易的重要组成部分。随着出境旅游有序恢复,中国与东南亚南亚的旅游服务贸易将迎来一个新的增长期。旅游业是亚太地区经济发展的重要增长极之一,RCEP给人们对亚太地区国际旅游业的未来发展带来了新的期待。

首先,RCEP将加速亚太地区旅游一体化格局的形成。虽然目前RCEP的条款并没有直接惠及旅游业,但RCEP的生效将为RCEP成员国在旅游业方面进一步达成共识创造了良好的合作机制。在RCEP机制推动下,RCEP成员国将自然而然形成一个互惠互利的区域旅游经济联盟。区域内人、财、物实现高度自由流动是RCEP机制下的原则精神,它将使成员国之间实现旅游免签在未来成为可能。

其次,RCEP将有助于各国进一步发展双边和多边区域旅游合作。由于各成员国在地理、民族特性和文化谱系方面有许多共同点和重叠,RCEP的签署将使成员国之间的小规模旅游合作更加活跃。例如,我国与东南亚南亚在地理上相互接壤的国家可能会有更多的跨境旅游和边境旅游的新方式和新模式。对于在文化和民族方面具有渊源的国家和地区,旅游合作更容易打破国别限制,在旅游资源整合开发、旅游线路协同设计、旅游营销、旅游环境保护等方面展开合作,形成更大的合力。此外,在RCEP框架内，景区大型游乐设施设备、高星级酒店设施设备等高技术含量、高附加值商品的贸易成本将进一步降低。旅游企业可以此为契机，扩大该领域的海外投资和并购合作。

积极的市场预期对本地区的旅游企业来说也是一个好消息。RCEP最先由东盟发起，目前的成员国主要是亚洲国家，这也意味着国际经济发展环境得到改善、旅游签证政策进一步便利化、国际航班得到进一步扩充后，RCEP成员国有可能率先向伙伴国推出旅游新政策，其在区域间的便利的跨境流动可能会使其在国际旅游业上取得新的突破，从而带动全球旅游市场加速恢复和繁荣。亚洲市场的快速复苏将给RCEP成员国带来新的发展机遇，使国际旅游业务更快地趋于稳定。

新一代信息科学技术和新时代旅游消费需求加速了旅游业的转型，也对新型旅游人才供给提出了新要求。高素质、高层次的专业旅游人才严重不足是我国与东南亚南亚各国旅游业面临的共同问题，而RCEP框架下最大的好处恰好就在专业旅游人才的引进上。以我国为例，国家在"十四五"旅游业发展规划中提出要加快发展邮轮、滑雪等新兴旅游市场，但我国的旅游人才培养体系中尚缺乏相应的完整的人才供应链，导致当前这类专业人才比较缺乏。而在新加坡、马来西亚、泰国等国际旅游业比较成熟的东南亚国家，这方面的人才培养经验与人才存量均较为丰富。RCEP的生效将大大促进成员国之间的人员流动，我国旅游企业可以借此机会吸引海外高素质的旅游人才，为自身发展赢得更多空间。

在签证便利化方面，从长远来看，RCEP可能会加速亚洲地区之间的签证政策便利化。在双循环新发展格局下，签证政策的便利化也将加速区域间的人员流动。长期以来，旅游业一直被视为跨境贸易和商业的桥梁和纽带。

在新一代信息技术应用方面，我国旅游业总体上走在东南亚南亚旅游业的前面，特别在智慧景区、移动支付、OTA平台等方面，我国已成为区域内旅游科技应用发展的"领头羊"。在RCEP框架下，中国可将旅游领域的这些先进技术和经验辐射到亚洲其他国家，特别是东南亚南亚国家，进一步促进亚洲旅游市场的质量提升和便利化。

5.3 中国出境旅游对东南亚南亚社会文化的资源诅咒效应

文化传播理论认为跨文化传播是一种文化物质或文化元素从一群人传到另一群人、从一个文化区域传到另一个不同文化区域的过程。人是文化的载体，文化传播是人的社会活动过程，离开了人与人的交往，文化传播就不能存在和实现。根据这一理论，出境旅游对旅游目的地国家的社会文化效应属于一种跨文化传播现象，我国与"一带一路"沿线民众的民心相通也属于跨文化传播的范畴。全球性突发事件的发生不但会隔断中国游客与境外旅游目的地的人员交往流动，而且会影响"一带一路"民心相通指数。尽管当前出境旅游已在有序恢复，但进一步探究中国游客与东南亚南亚旅游目的地跨境流动规模减小和时间减少是否会产生压力效应，这又对旅游目的地民心相通已取得的成效会产生什么样的影响，对新时代新阶段出境旅游业务加快恢复发展同样具有现实意义。

随着旅游业的蓬勃发展，东南亚南亚逐渐将旅游业作为国民支柱产业和重要的服务贸易业，越来越多的中国游客选择到东南亚南亚旅游，引发了当地旅游经济热潮。《中国出境旅游发展年度报告2020》显示，2019年中国公民出境旅游量同比增长3.3%，达到1.55亿人次，为全球最大的出境旅游客源国，中国游客在泰国、柬埔寨、马尔代夫等东南亚南亚国家的国际游客中占比最高达30%。中国游客与旅游目的地的民心相通可影响居民的心理幸福感，随着中国游客对东南亚南亚旅游需求的不断增加，居民对旅游业所带来的精神满足的期望也越来越高，提高旅游目的地居民心理幸福感，可以有效地预测其行为倾向，从而能争取更大的客源市场（Lierop，2018）。因此，如何提高旅游目的地居民的心理幸福感，如同旅游满意度一样，已经成为许多学者和企业所关注的重点（Ettema，2017）。而旅游目的地居民心理幸福感及与中国游客的民心相通是个体自身对旅游业发展的一种主观感受，这种主观感受往往受到评价时情绪的影响，这种情绪是一种短暂的情感，即居民心境。但这其中存在边界条件,一方面,高收入群体往往社会活动较多,交际的圈子更大,社会交往与社会活动会使一个人的心境变得积极,更容易对旅游业产生支持的心理;另一方面,低收入群体往往更在意因旅游业发展所带来的物价上涨和支出增加,导致心态的消极,对旅游业的发展可能期望更高,易受到效应的影响。

资源诅咒是一个经济学的理论,指的是对于一个国家或地区而言,其自身拥有丰富的自然资源很可能给国民经济带来负面的效应,而非促进作用(Salaimartin,2013)。东南亚南亚国家大都旅游资源丰富,与中国游客关联度高,通过中国游客的媒介作用不断增强与中国的民心相通。课题组将这一概念引申至东南亚南亚居民心理幸福感及与我国的民心相通因全球国际旅游业的变化而产生的时间压力,试图分析这种旅游目的地居民时间压力、居民心境与民心相通之间的作用机制,并探讨居民收入在居民心境与民心相通之间的调节效应,寻找一个新角度为新时代新阶段促进与东南亚南亚的民心相通提供理论参考和实证支持。

5.3.1 理论与假设

1. 中国游客东南亚南亚旅游时间压力与旅游目的地居民心理幸福感

时间压力指的是个体缺乏足够的时间来进行某项活动行为,体现为两方面的内涵:一种是认知体验,另一种是情绪体验。这两种体验在时间的持续性上都具有不确定性,即可以是暂时的,只存在于目前进行的这项活动行为中;也可以是长期的,始终存在于个体的心理感受中(Kühnel,2012)。中国游客东南亚南亚旅游时间压力属于时间压力的一种,是指在时间限制内完成计划中的任务或事情所引发的压力感。对于深受中国游客影响的东南亚南亚旅游目的地居民来说,表现为居民个体对中国游客赴当地旅游的中断时间长度的心理感知。学界通常用时间压力与时间充裕作为一条连续坐标轴的两端,两者处于对立的地位(李继波、黄希庭,2013)。延伸至本研究,时间压力表示在旅游目的地居民个体没有足够的时间去参与与中国游客相关的业务活动,时间充裕则是指居民个体有充足的时间去完成与中国游客的主客互动,生活节奏从容不慌忙,能够从中国游客身上获得更多的思考与学习(Kleiner, 2014; Rice, 2012)。

节奏理论认为时间具有"期限效应"。就本研究来说,东南亚南亚热点旅游目的地数量庞大的中国游客,已在旅游目的地居民心中刻下深刻的印象,如果居民对中国游客大规模重返当地的时间点能早点到来,居民就会认为很快能恢复工作、恢复收入,由旅游业恢复缓慢而带来的焦躁、紧张和不安大大降低,居民觉得自己又将能很快恢复与中国游客的接触和交往,由此感觉轻松和惬意,从而对中国游客有更加愉悦的心理感受(Gevers, 2013),对民心相通产生积极的影响。但当东南亚南亚诸多国家已纷纷出台刺激中国游客来访的旅游新政之际,盼望中国游客大规模重返当地旅游的愿望一次次地破灭,时间压力会导致当地居民(以某种方式)发泄某种不满,那么居民就会发生心理上的变化,担心未来旅游恢复发展遥遥无期,从而降低了心理幸福感,也可能因此降低了对中国及"一带一路"倡议的关注。此时,居民个体就会感到紧张和焦躁(Moore, 2012),对民心相通也会造成消极的影响。具体来说,在低强度的时间压力情况下,较低的紧迫感使居民更加倾向于关注中国及与中国相关的事项,更加倾向于与中国游客的深度交往,容易满足当地居民对中国文化了解的欲望,促进与中国的民心相通;当时间压力增大到一定程度,在较高强度的时间压力情况下,旅游目的地居民紧迫感增加,容易产生负面情绪,也容易对今后的旅游接待持有一种"求量不求质"的态度,与游客形成一种完成任务式的主客关系,给民心相通造成消极的影响。基于以上分析,本文提出如下假设:

H1:中国游客入境东南亚南亚旅游的时间压力与民心相通之间为倒U关系。

2.居民心境的中介作用

概括而言,心境是人的一种情绪状态,也是一种非常复杂的主观体验,表现为人的情感体验带有某种情绪色彩,具有不明显但持续的特点。不同类型的心境对人类行为有不同的作用(寇彧、唐玲玲,2004)。

著名心理学家Poon（2001）认为，心境是一种背景性的情感状态，其对人的心理具有持续的暗示作用，往往使人在不知不觉中受到感染，从而左右着人的思维和行为。尽管心境在时间上具有持续的特点，但与人的正常情感状态相比显得较为短暂。国内也有学者对心境进行了界定，认为心境指的是个体处于某个特定情境中的情绪状态，这里借用了佛教语言的表达方式，与"心绪"等词语的意义相近（刘静艳、靖金静，2015）。不同的个体对于同样的事物会产生不同的心理体验，从而形成不同的心境。例如，消极心境者往往具有悲观的感知和解释偏好，大脑的记忆中也对悲观事物印象更加深刻，更容易想起这类事物；而积极心境者则恰好相反（张萍等，2012）。Krane和Challis（1988）两位学者在对心境展开研究后指出，消极心境者处于自我封闭状态，其对社交活动不感兴趣，甚至恐惧；而积极心境者的心理情感则较为开放，在社交方面十分活跃，对事情的包容性较高。消极心境者由于过于关注自我，只在能满足自身需求后，才会对他人感到满意。

根据节奏理论，在主客旅游交往中，旅游地目的居民一般都会根据游客的数量、文化背景、消费习惯等做出主客交往的心理规划。突发事件带来的中国游客入境东南亚南亚旅游时间压力会影响旅游目的地居民接触中国游客的心理感受，这会使当地居民的心境发生变化。旅游是一种休闲活动，游客通过旅游体验获得良好的心理感受和使身心愉悦，同时也在旅游过程中将这种心理感受传导给旅游目的地当地居民，因此旅游目的地居民与游客交往也是一种主观上的感受。具体来说，在低强度的时间压力情况下，游客有更多的时间体验旅游活动，能深入了解旅游目的地的民风民情和特色旅游文化等，这种体验会增加心情的愉悦度，给旅游目的地居民传导了一种较为积极的短暂的情感状态。而随着全球国际旅游业的持续停滞，中国游客大规模重返东南亚南亚旅游的时间延长，中国游客传导给旅游目的地居民的旅游心理感受强度渐渐衰减，居民因中断通过国际旅游业获得收入，其心境也会发生变化。基于此，本研究提出如下假设：

H2：中国游客入境东南亚南亚旅游的时间压力与居民心境之间为倒U关系。

已有研究主要以心境为自变量，对个体情绪的影响展开研究。目前，已有不少学者对心境与情绪信息的决策、判断的关系展开探讨。Finucane等（2000）学者的研究发现，人们在进行决策或者对事物做出判断时往往会受到情感的左右，从而变得非理性。例如，在对事物风险和收益进行判断时，往往会受到积极或消极情感的引导，从而使事物的表征发生一定的变化。而旅游目的地居民对游客旅游行为的评价，目前依然可能更多地依赖个体自身的主观判断。这种主观判断往往受到情绪的影响，而心境是情绪的一种特殊表现形式，更可能影响旅游目的地居民的主观评价（刘永芳等，2010）。积极心境会使旅游目的地居民对游客保持一种乐观、积极的情绪，在当地旅游业发展中，放大对游客良好形象的一面，有助于其对旅游行为做出积极的评价；而消极心境往往会使个体感到痛苦，特别是针对当地旅游业发展对当地环境的影响，从而对旅游行为做出消极评价。

综合前文分析，不同程度的中国游客入境东南亚南亚旅游的时间压力会对居民心境造成不同影响，进而会对民心相通造成影响。基于此，本研究提出如下假设：

H3：中国游客入境东南亚南亚旅游的时间压力通过居民心境的中介作用影响民心相通。

3.居民收入的调节作用

收入是指个体或企业通过获得各种活动所获得的经济流入。这种收入应指实际收入，需要将通货膨胀和汇率等因素考虑进去，是衡量实际的购买力的一种指标。目前学术界对收入的研究已经十分丰富，作为一种客观指标，主要被用于分析经济增长（冒佩华等，2015）、政府政策（周广肃等，2014）和贫富差距（吴晓刚等，2014）等方面，而旅游目的地居民自身的收入实际上对其心境变化有很重要的影响。根据资源保存理论，个体所拥有的资源越多，其具备获得资源的能力就越强，相应地，受到资源损失攻击的伤害就越小（Halbesleben et al., 2014）。因此，如果旅游目的地居民的收入水平较高，其会具备更强的主客交往能力，从而拥有更多的资源。这些资源在不能体现其价值时，会被保存下来，待需要时，再由主体进行运用。当旅游目的地居民拥有较高的收入水平、具有更强的旅游服务供给能力、能够拥有更多的有效资源时，就能向游客提供更加优质的服务，使游客和居民均处于一种积极的心境状态，更能提高民心相通；当旅游目的地居民收入较低时，有效的旅游资源种类和数量会较少，向游客提供的服务质量也较低，其不仅会处于一个自卑或者消极的心境状态，而且会影响游客的旅游体验。综上，本文提出如下假设：

H4：收入在居民心境与民心相通之间起正向调节作用，即收入越高的居民，心境对民心相通的作用更强。

综上分析，本研究的概念模型如图5-5所示。

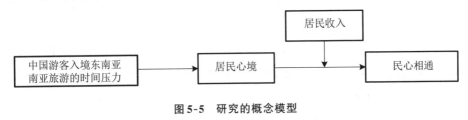

图5-5　研究的概念模型

5.3.2　研究设计

1.样本与数据收集

本研究选择泰国清迈、印尼巴厘岛、越南下龙三地中国游客较多的旅游区域为研究对象，委托与桂林旅游学院有紧密合作关系的清迈职业学院、巴厘国际旅游学院、下龙大学的学生，于2021年11—12月采用随机抽样的方法在这些区域的居民区进行问卷发放。在进行问卷调查活动前，课题组对问卷调查人员进行了包括问卷各题项的理解和沟通技巧等内容的培训，为做好本次调查奠定基础。问卷采用自我填写的方式进行，居民在问卷的填写过程中如果遇到不明事项，调查人员将会及时为其进行解释和说明，从而提高问卷填写和回收的有效性。本次调查共发放600份问卷，收回482份问卷，有效问卷311份，有效问卷回收率51.83%。其中，性别方面，男性占58.83%，女性占41.17%；年龄方面，未满25岁的占10.29%，25—29岁的占13.18%，30—39岁占39.55%，40—49岁占26.68%，50岁及以上占10.30%；学历方面，大专及以下占22.17%，本科占50.18%，研究生及以上占27.65%。

2. 变量测量

本研究问卷采用Likert-7点量表（由小到大表示完全不符合到完全符合的程度），使用的是现有的成熟量表，经历了严格的翻译与回译过程，具体如下。

（1）中国游客入境东南亚南亚的时间压力。本研究对其测量主要采用Garhammer等（2002）开发的时间压力指数量表，共计10个题项，克朗巴哈系数为0.833。

（2）居民心境。本研究对其测量主要采用Holbrook（1987）和Russell（1983）研究中所使用的量表，共计4个题项，克朗巴哈系数为0.816。

（3）收入。收入一般是一个客观数据，但考虑到数据收集的现实性、居民真实的购买力以及本文研究的需要，用3个题项来对其进行测量，克朗巴哈系数为0.776。

（4）民心相通。本研究对其测量主要参考翟崑（2016）、孔建勋（2021）等学者在其研究中衡量东盟民心相通量表，共计7个题项，克朗巴哈系数为0.831。

（5）控制变量。本研究将性别、年龄和学历作为控制变量。

5.3.3 实证分析

1. 效度检验

本研究通过AMOS 22.0软件对量表进行验证性因子分析，采用χ^2/df、TLI、CFI、SRMR和RMSEA等拟合指标来衡量模型的拟合效果，以进一步确认量表的效度，具体结果如表5-4所示。四因子模型拟合度最高，说明测量模型具有良好的区分效度。

表5-4 验证性因子分析结果

模型	因子	χ^2/df	TLI	CFI	SRMR	RMSEA
四因子模型	TP, TM, TI, TS	1.425	0.952	0.963	0.048	0.051
三因子模型	TP, TM, TI+TS	2.055	0.914	0.925	0.052	0.058
双因子模型	TP+TM, TI+TS	2.826	0.882	0.906	0.059	0.064

续表

模型	因子	χ^2/df	TLI	CFI	SRMR	RMSEA
单因子模型	TP+TM+TI+TS	3.273	0.814	0.838	0.064	0.071

注：TP代表中国游客入境东南亚南亚的时间压力，TM代表居民心境，TI代表居民收入，TS代表民心相通，"+"代表前后两个因子合并成一个因子。

同时，本研究涉及的中国游客入境东南亚南亚旅游的时间压力、居民心境、居民收入和民心相通共计4个变量均来自居民的自评，很有可能存在同源误差问题。因此，本研究根据Podsakoff等（2003）的建议，通过验证性因子分析方法检验共同方法偏差。由表5-4可知，单因子拟合指标（χ^2/df =3.273，TLI = 0.814，CFI = 0.838，SRMR = 0.064，RSMEA = 0.071）数据并不理想，可见测量中存在的同源误差并不严重，不会对本研究结果造成了严重影响。

2.描述性统计与相关分析

从表5-5可知，中国游客入境东南亚南亚旅游的时间压力与居民心境、民心相通均无显著相关关系（$r = 0.002$，n.s；$r = 0.008$，n.s），初步表明二者与中国游客入境东南亚南亚旅游的时间压力之间并非简单的线性关系。居民心境、居民收入与民心相通均显著正相关（$r = 0.184$，$p < 0.01$；$r = 0.285$，$p < 0.01$），以上相关结果为本研究假设提供了初步的支持。

表5-5 均值、标准差和相关系数矩阵

	1	2	3	4	5	6	7
1 性别	1						
2 年龄	0.081	1					
3 学历	0.014	0.29*	1				
4 中国游客入境东南亚南亚旅游的时间压力	0.003	0.005	0.010	1			
5 居民心境	0.173**	−0.012	0.031	0.002	1		
6 居民收入	0.021	0.112*	0.135*	0.009	0.150**	1	
7 民心相通	−0.013	0.032	0.122*	0.008	0.184**	0.285**	1

续表

	1	2	3	4	5	6	7
均值	0.588	3.142	2.135	4.647	3.636	3.315	4.015
标准差	0.541	1.080	1.012	0.963	1.033	0.944	1.103

注：$n=311$，$^{**}p<0.01$，$^{*}p<0.05$；双尾检验。

3.假设检验

本研究采用层级回归分析检验假设，对中国游客入境东南亚南亚旅游的时间压力、居民心境、居民收入和民心相通进行中心化处理，分别进入回归方程，具体结果如表5-6所示。根据M2和M3可知，中国游客入境东南亚南亚旅游的时间压力对居民心境影响不显著（$b=0.013$，n.s），但中国游客入境东南亚南亚旅游的时间压力的平方项对居民心境却有显著的负向影响（$b=-0.174$，$p<0.01$），说明中国游客入境东南亚南亚旅游的时间压力与居民心境之间为倒U关系，H2得到支持。根据M4和M5可知，中国游客入境东南亚南亚旅游的时间压力对民心相通影响不显著（$b=0.112$，n.s），但中国游客入境东南亚南亚旅游的时间压力的平方项对民心相通却有显著的负向影响（$b=-0.165$，$p<0.01$），说明中国游客入境东南亚南亚旅游的时间压力与民心相通之间为倒U关系，H1得到支持。

表5-6 回归分析结果

	居民心境				民心相通		
	M1	M2	M3	M4	M5	M6	M7
控制变量							
性别	0.020	0.038	0.034	0.042	0.035	0.039	0.037
年龄	0.062	0.057	0.042	−0.022	0.031	0.036	0.042
学历	0.028	0.035	0.024	0.036	0.043	0.045	0.034
自变量							
中国游客入境东南亚南亚旅游的时间压力		0.013	0.089		0.112	0.108	0.106

续表

变量							
中国游客入境东南亚南亚旅游的时间压力的平方			−0.174**		−0.165**	−0.141*	
中介变量							
居民心境						0.148*	0.133*
调节变量							
居民收入							0.132*
居民心境×居民收入							0.128*
R^2	0.041	0.048	0.061	0.024	0.032	0.045	0.054
ΔR^2		0.007***	0.013***		0.008***	0.013***	0.009***

注：$n=311$，$***p<0.001$，$**p<0.01$，$*p<0.05$。

由 M6 可知，居民心境对民心相通具有显著的正向影响（$b=0.148$，$p<0.05$）。综合前文分析，为了进一步验证居民心境的中介效应，本研究通过 SPSS 22.0 软件 PROCESS 插件对其进行 Bootstrapping 中介效应检验，如表 5-7 所示。中国游客入境东南亚南亚旅游的时间压力平方项对民心相通的间接效应 Bia-corrected 95% 置信区间为 [0.064，0.186]，没有包含 0，这说明居民心境在中国游客入境东南亚南亚旅游的时间压力与民心相通之间的中介效应存在，这验证了 H3。

表 5-7 中介效应检验

变量	Bootstrapping			
	Bia-corrected 95%CI		Percentile 95%CI	
	Lower	Upper	Lower	Upper
间接效应				
中国游客入境东南亚南亚旅游的时间压力→居民心境→民心相通	0.064	0.186	0.059	0.178
直接效应				
中国游客入境东南亚南亚旅游的时间压力→居民心境→民心相通	0.126	0.246	0.126	0.246

注：$n=311$，Bootstrapping 随机抽样 2000 次。

由表 5-6 可知，居民心境和居民收入的交互项对民心相通有显著的正向影响（M7，$b=0.128$，$p<0.05$）。简单斜率检验（见图5-6）表明，在高收入的游客群体中（均值＋1标准差），居民心境对民心相通具有显著的正向影响（$b=0.286$，$p<0.05$）；在低收入的居民群体中（均值－1标准差），居民心境对民心相通的影响不显著（$b=0.124$，$p=0.143$），这说明相较于低收入群体，高收入居民群体的心境更容易影响民心相通，H4得到支持。

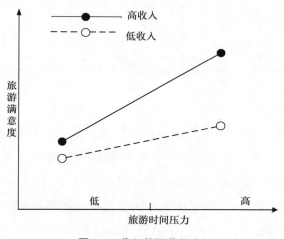

图5-6　收入的调节效应

5.3.4　研究启示

本节基于节奏理论和资源保存理论，从居民心境视角揭示了突发事件下中国游客入境东南亚南亚旅游的时间压力对民心相通的作用机理，同时还探讨了居民收入这一因素在其中的影响作用。研究表明，中国游客入境东南亚南亚旅游的时间压力与居民心境、民心相通之间均为倒U关系，居民心境在中国游客入境东南亚南亚旅游的时间压力与民心相通之间发挥着中介作用；居民收入会正向调节居民心境与民心相通之间的关系，即在收入较高的群体中，居民心境对民心相通的作用更强。这一研究结论对新时代新阶段中国出境旅游有序恢复发展与东南亚南亚的民心相通建设有以下几点理论意义。

（1）拓展了旅游目的地主客关系研究的情境因素。

中国游客入境东南亚南亚旅游的时间压力是东南亚南亚所有旅游目

的地居民都面临的一个情境因素。以往对民心相通的研究，主要以居民认知、幸福感等为视角，忽视了时间因素对民心相通的影响。在出境旅游活动过程中，时间往往贯穿所有旅游活动或项目的全过程，但目前对该因素的研究仍然十分匮乏。基于此，本研究将东南亚南亚中国游客入境时间压力融入旅游目的地主客关系研究中，以居民心境为中介，对民心相通进行实证研究，分析其作用机制，这对时间压力和民心相通的相关研究均是一种补充与拓展。

（2）发现了中国游客入境东南亚南亚旅游的时间压力对民心相通有资源诅咒效应。

研究发现，国际游客流动间隔时间越长，旅游目的地居民与游客民心相通效应越低。而过高的中国游客入境时间压力，又会使中国游客淡化对东南亚南亚特色文化的关注。基于此，本研究从中国游客入境时间压力出发，通过对3个东南亚国家居民的实证调研，分析了其对民心相通的影响，可以为后续中国游客入境时间压力和民心相通的相关研究提供借鉴。

（3）探讨了居民心境的中介作用。

民心相通主要通过提高当地居民与中国游客的接触度和文化交流度来实现，但要使居民对中国游客产生更好的形象认知和更高的情感认同，还需要从居民角度出发，让居民保持一种积极的心境，而当前对居民心境的研究还少之又少。本研究发现，旅游目的地居民心境的变化体现了中国游客入境时间压力对民心相通的传递，这为研究中国游客入境时间压力与民心相通之间的关系提供了一个新的视角。此外，本研究将节奏理论与游客行为研究相结合，为节奏理论的应用提供了一个新的视角和方向。

（4）探讨了居民心境与民心相通之间的边界条件。

基于资源保存理论，本研究探索了东南亚南亚居民收入在中国游客入境时间压力与民心相通之间的调节效应。这有助于我们理解居民心境的外在激发机制。本研究发现，当旅游目的地居民收入较高时，居民心境对民心相通的影响更强，这为研究居民心境问题提供了参考。

5.4 中国出境旅游对东南亚南亚旅游环境新影响的邻避效应与迎臂效应

在应对新冠疫情对环境影响研究方面，东南亚各个国家都记录了疫情发生后在环境方面的各种积极和消极的影响。《新冠疫情对环境可持续性的影响：东南亚地区的视角》明确了行动限制对区域环境的积极影响，包括减少空气污染、改善空气和水质量、降低噪声水平和降低地表温度，最突出的是该区域的空气质量和跨境烟霾污染有了明显改善。主要负面环境影响则包括印度尼西亚、马来西亚、泰国、菲律宾和越南的家用塑料使用量和医疗废物产生量增加。

随着旅游业成为东南亚南亚旅游目的地国民经济支柱产业，旅游新业态不断涌现，东南亚南亚旅游目的地居民越来越关心居住地环境生态及其生活品质。邻避效应（not in my backyard）是国内外学者近年来关注人居环境的重要理论之一，是对公众在具有污染性项目在选址落址、运行等问题上的反对与抵抗态度的解读。这种对于人居环境的消极解读不仅有物质层面的负外部性，也有文化层面或精神层面的负外部性。正是由于旅游目的地的人们更加关注旅游社区的居住质量，追求具有更高层次的经济、文化和社会效益的人居环境，一些旅游目的地居民对超过旅游承载力或过度旅游开发的项目或区域，发起针对游客的不友好行为，甚至出现抵制外来游客的游行抗议事件等精神层面的邻避冲突。迎臂效应（yes in my backyard）是台湾学者邱昌泰等为对邻避效应进行治理而提出的一种观点，是指某个社区的居民认为相关机构、设施、景观具有正向外部效应，能给本社区发展带来好处，不排斥甚至欢迎这些项目在本社区落地建设。严重依赖国际游客的旅游社区居民在经历全球国际旅游业的震荡后，越来越渴望国际游客特别是中国游客早日大规模到来，推动当地旅游业恢复发展，从而形成了精神层面的迎臂效应。将邻避效应和迎臂效应理论应用于旅游研究领域，关注国际旅游业给旅游目的地带来的经济收益，以及旅游目的地环境变化给旅游目的地居民带来的心理感受，进一步理解邻避效应和迎臂效应理论内涵以及它们的博弈关系，对东南亚南亚国际旅游业发展过程中存在的邻避效应加以防范并推动其迎臂效应，可以为新时代新阶段更好地发挥出境旅游政治效应和促进东南亚南亚"一带一路"民心相通提供一种新的思路。

5.4.1 邻避效应与迎臂效应

邻避效应，是一种附近居民对具有负外部性效应的邻避设施普遍持反对态度，甚至与政府或者邻避设施承建单位产生对抗或冲突的现象。关于邻避效应的研究成果，国内外都比较丰富。20世纪，学者们主要关注核电站、垃圾站等的地址选择、影响、冲突及其治理问题，并从政治民主的角度提出让民众参与决策（刘新美、蔡晓梅，2018）。20世纪以后，随着新一代信息技术的发展及新能源的开发，学者们关注邻避设施出现的新社会现象，从社会网络和传媒宣传等视角研究其产生邻避效应的机理（Swofford et al., 2010）。研究发现，邻避设施成本与效益的不平衡发展、公众对邻避设施的风险认知与感知、风险的可接受水平这三个原因会促使邻避效应的产生（何艳玲，2009）。也有学者认为邻避效应不一定产生于这三种原因，而可能是一种情绪性的反应（Vittes et al., 1993），并将之称为邻避情结症候群（NIMBY syndrome）。邻避情结属于一种精神层面的邻避效应，因其自利的、意识形态的或政治倾向的情绪特点，邻避情结所导致的邻避冲突会显得更为尖锐、更为持久。

迎臂效应是邻避效应的对立面，与邻避冲突不同，项目地居民对邻避设施的建设不仅没有反对，而是加以欢迎，学界将这种现象称之为迎臂效应。迎臂效应已成为解决邻避效应问题的理想方向和目标，但国内学界对迎臂效应的使用尚不广泛，多见于邻避效应的对策研究中，而且大多也只是将迎臂效应一笔带过。美国学者Bonds（2013）从地理涉入的视角研究了社区的迎臂效应问题，他以"请到我家后院来"为主题研究美国高档社区的经济发展、种族认同和特权之间的关系，通过重构社区的空间形态，突出权力对资本社区迁移与重构的推动作用。总而言之，国内外学者对迎臂效应的研究仍比较缺乏，也没有充分关注到邻避效应和迎臂效应的博弈关系，更没有对邻避效应与迎臂效应共存的现象及其相互转化的可能性进行深入研究。

综上，国内外对于邻避或迎臂效应的研究，大多关注设施的正负外部性，并探讨其效应产生的根本原因，关注的重点是邻避设施所产生的"物质效应""经济效应"，对邻避设施的"精神效应"关注不够。因此，本研究基于邻避效应和迎臂效应的现有研究成果，梳理"中国游客—社区"的中国化景观现象和旅游情境人地关系。同时，以泰国芭提雅为例探讨中国出境旅游隐含的"精神效应"对与东南亚南亚旅游目的地居民民心相通的影响及其彼此之间的互动关系，分析中国出境旅游对东南亚南亚旅游目的地产生的邻避效应和迎臂效应及其博弈关系。

5.4.2 研究方法

芭提雅是泰国较负盛名的滨海旅游城市，被誉为"东方夏威夷"。但在1961年以前，芭提雅只是泰国一个贫穷落后、鲜为人知的普通小渔村。后来，泰国政府利用芭提雅独特的海洋文化，同时引入中国文化元素，把芭提雅一步一步打造成一个主要面向中国游客的旅游城市，接待中国游客的收入曾一度占到其总收入的90%，当地民众也大多数从事与旅游相关的工作。芭提雅有众多豪华酒店和度假村，有形式丰富的佛教建筑文化旅游点，以及各式滨海旅游风景区和旅游项目，这些旅游设施基本遍及芭提雅各个区域，而且这些酒店和旅游景区景点大多突出接待中国游客的元素，即体现出中国化的倾向，不仅有中文标识、有会说中文的服务人员，还有迎合中国游客口味的地方美食。芭提雅已成为泰国接待中国游客密度最大的旅游城市，因而也产生了旅游景点和酒店等旅游设施与很多社区成为"邻居"的局面。

在芭提雅旅游业发展演变的历程中，这些中国化比较明显的旅游景区景点及酒店对芭提雅旅游社区的景观及居民的日常生活产生了潜移默化的影响。在经历了全球国际旅游业的震荡后，没有了中国游客的芭提雅几乎成了一座空城，其在经济上的巨大反差对当地居民产生了深刻的

"精神效应"。因而以芭提雅作为本研究的案例地，能更为完整地解读游客与旅游目的地社区之间的互动关系。

为更好掌握芭提雅居民在全球国际旅游业受到冲击后关于中国游客感知的心理变化，课题组主要采用面对面的深度访谈法进行调研。课题组借助课题负责人所负责的桂林旅游学院泰国华欣校区，由熟悉芭提雅情况的当地泰国教员和在校大学生到芭提雅实施深度访谈调研。调研地点为芭提雅海滩酒店（Marine Beach Hotel Pattaya）、南星雁翅楼海鲜饭店等中国化的酒店、餐厅，以及富贵黄金屋、东芭乐园、可兰岛等具有地方文化代表性的旅游景区景点及其周边社区。访谈对象为旅游企业的当地员工、附近的社区居民，共26人，平均每人访谈时间约一个半小时。访谈过程中重点观察社区居民与旅游景区景点的日常生活情况、访谈社区居民对这些旅游景区景点及中国游客的态度。通过对这些访谈资料的梳理，发现其存在一种有博弈关系的"中国游客—社区"旅游情境人地关系模式。为进一步探究中国化景区景点与社区互动的情况，本研究从"中国游客—社区"人地关系模式角度描述社区居民对中国游客带来的社区环境负外部性的邻避情结，从社区居民的日常生活、记忆与想象等三个方面阐释芭提雅社区居民对中国游客的迎臂效应。

5.4.3 "中国游客—社区"旅游情境人地关系模式的构建

人地关系是旅游目的地可持续发展的核心命题，旅游情境人地关系研究是以人地关系为对象，明确针对人地关系本身特征和规律进行的研究分析（黄剑峰、陆林，2021）。旅游情境人地关系是游客或居民等主体对旅游目的地环境的地方感知及建构，是随着游客与当地居民互动行为的相互作用而不断变化的。研究发现，芭提雅所建构的"中国游客—社区"旅游情境人地关系模式是从人—地二元到人—地交互的相互作用的结果，大致可以分为三类："认知形象（面向旅游目的地的功能的环境刺激）+地方依恋（社区居民人地联结）"型、"情感形象（面向中国游客的情感的环境刺激）+地方依恋（社区居民人地联结）"型、"地方依恋（社区居民人地联结）+行为意愿（民心相通的行为反应）"型。每种类型的空间位置、分布范围、表征的符号意义,以及对社区环境和居民的影响都有着从人—地二元到人—地交互再到行为反应的理论逻辑。

1."认知形象＋地方依恋"型模式

在旅游开发和城镇化的推动下,为了迎合游客和地方经济发展的需求,一些旅游目的地的传统聚落、传统文化意象和景观要素在多方商业利益的冲击下重建,空间内众多土地和资源相继用于旅游项目开发。"认知形象＋地方依恋"型模式以东芭乐园为代表。东芭乐园位于芭提雅郊区,是一个由泰籍华人创办的大型植物园,在中国游客的推动下占地面积由1600多亩扩大到4000多亩,设有民俗表演、大象表演、热带植物园等旅游项目。东芭乐园在扩大景区占地面积的同时,也带动了周边乡村土地的旅游开发,该区域村庄的自然景观及自然环境也在东芭乐园扩大经营规模中顺应了这种变迁,较好地促进了景区经营需求与村庄发展需求的平衡发展。具体而言,东芭乐园需要向村庄购买景区建设用地,从而使村庄和村民获得一笔金额较大的征地款,为村庄的经济发展创造了条件与动力;而当地村庄提供给景区的地价也相对较低,能够减轻景区扩大生产的建设成本,从而实现了双赢。除此之外,随着东芭乐园景区的扩张和中国游客规模的扩大,越来越多的旅游项目在周边乡村涌现,乡村风貌也随之发生着变化。村庄道路景观进行了旅游化改造,修建了大量休闲娱乐设施,以经营地方美食和特色产品为主的各类实体小店让村庄的景观也得以整体美化。作为村庄的居民,他们认为中国游客规模的扩大和当地旅游项目的增加是一种国际化的现象,会倍感骄傲和自豪。

> 是啊,外国游客很喜欢到我们这里旅游,骑大象,看演出,吃烧烤,大家都很开心。但是,现在啊,一个外国游客都没有了,国内的泰国人也不来,我们这里这么好的旅游环境白白浪费了,再这样下去景区都荒废了,大家也都变穷了……

——居民9

2. "情感形象＋地方依恋"型模式

旅游情境人地关系是一种综合性的人地关系，其功能和演化不仅从自然资源环境侧关注自然环境对人类活动的约束、人类对自然环境的扰动、人与环境交互的生态效应，而且也从人文社会环境侧关注人文环境对人的心理和行为的作用、人对社会环境的认知和情感、人与环境交互的社会效应。以可兰岛为代表的"情感形象＋地方依恋"型模式，一方面显著地改变着社区的人地关系，具体表现在景观的美化及居民文化素养的提升，包括旅游开发的科学性、景观要素的完善性、功能分区的人性化，以及突出地方文化意向的积极营造；另一方面，这类景区景点给地方带来了较大的经济利益，给社区居民带来了就业机会，使他们收入增加，而社区也为景区带来降低运营成本的可能，二者达到互惠双赢。

> 可兰岛上的中国游客、景区与社区的关系，应该是互惠双赢的吧。尤其是岛上的许多游玩项目、餐厅和民宿是随着中国游客增多而开发建设起来的，有了客源保障，这些老板的投资风险小多了，我们当地人有了更多的工作机会，大家收入也明显增加了。此外，中国游客还给我们岛上的社区带来福利，使岛上的自然环境变得更好，海滩的卫生也有政府的人管理了，我们的收入提高后也会去餐厅和酒店消费，大家都相互受益吧！
>
> ——居民12

3. "地方依恋＋行为意愿"型模式

旅游情境人地关系具有特殊性和多元性，人的力量往往成为区域环境改变的主力。"地方依恋＋行为意愿"型模式以芭提雅海滩酒店为代表。它是一家位于商业中心的五星级酒店，采用典型的中国风格设计，酒店外部景观和内部环境都是为了满足中国游客的文化背景与消费需求，这种人地关系类型所带来的人地关系变化要比其他两种类型大得多。这类旅游设施往往设在社区中心区域，与当地社区融为一体，环境变迁程度更大。而且在这类区域中，中国游客密度较大、游客与居民的比率较高，中国游客旅游行为对社区及社区居民直接影响大，导致主客关系变化明显。这种依托当地文化基础建设出来的中国化人文景观,不仅接近了当地居民与中国游客的心理距离,而且产生了较大的积极效应,推动了社区的经济发展。同时,由于游客密度大、人员流动性强,会产生更大的噪声和污染,社区居民对这类人地关系往往伴有复杂的心理,既欢迎游客到来使消费收入增加,又对其带来的污染和文化压力产生抵触。

我家就在海滩酒店旁边,酒店主要接待中国游客,酒店的风格都是学习中国的,所以看起来和我们泰国人这边的社区差异大,不过也挺融合的。不管是海滩酒店还是酒店旁边的市场,中国游客很多很多,旅游车很多,所以交通比较拥堵,人多嘛,我们住在这里的生活还是挺受影响的。但中国游客减少后,这家酒店没生意了,我也失业了,我家门口空空荡荡的,没有人没有车,晚上都有点恐怖……希望全球旅游业快点恢复,让中国游客早点来芭提雅旅游。

——居民7

5.4.4 博弈与接纳:从邻避效应到迎臂效应

1. 社区居民的日常生活:接待中国游客成为一种生活方式

旅游目的地居民的日常行为会受到他们所处的旅游社会环境影响,受影响的程度与客源规模和客源结构有关。随着东南亚南亚旅游业的发展,旅游已不仅仅是游客的一种生活方式,也已成为东南亚南亚众多旅游目的地居民日常生活中不可或缺的内容。在中国游客源源不断涌入的过程中,社区居民与中国游客建立起紧密的互动关系,接待中国游客日益成为芭提雅社区居民的一种日常生活方式。研究发现,在社区居民看来,大量的中国游客虽然给他们带来过一定负面情绪的"精神效应",然而他们的到来却是芭提雅旅游业发展的中坚,也是新阶段芭提雅旅游业复苏的关键,能为他们带来工作机会和财富。因此,中国游客已经深深地影响了社区居民当前的生活方式。同时,中国游客还改善了当地的营商环境,成为泰国与中国开展贸易和投资合作的重要媒介,成为泰国与中国共建"一带一路"民心相通的重要动能。

我家开了一家泰国特产商店,主要面向中国游客销售。我平时就喜欢与中国游客聊天,也是从他们那里知道不少中国的文化和"一带一路"倡议的内容。其实中国游客就像邻居一样,会给我家带来生意,和我成为朋友。当然,邻居间有些小摩擦也是正常的。

——居民 2

中国游客对我的父辈影响比较大,我爸爸做华人导游很多年了,他比较喜欢带中国游客到村子做客,让他们体验泰国人的日常生活。

——居民 8

研究发现,中国游客成为旅游目的地当地居民生活方式的一部分,主要表现在其日常工作、日常生活、娱乐休闲等各个方面。旅游目的地各地社区居民的地方性表达方式非常丰富,广泛表达于生活空间、社会网络、群体意识等方面。旅游景区景点区位和中国游客空间流动的不同,对于社区居民日常生活的影响也有差别。对于距离景区景点较远的居民区,主要从就业机会、物资供应等方面产生影响;对于距离景区景点较近或毗邻景区景点的居民区,中国游客经常会深入到社区,体验当地人的生活方式,对社区居民日常生活的影响从商业机会、工作机会一直延伸到他们的日常起居生活及日常劳作。

妈妈是比较有名的按摩师,也懂一些医学,很多高级酒店的客人请她,她也帮助很多中国游客到泰国医院就医或者美体。她有很多中国朋友,也经常有中国人到我家做客,和我们一起做泰餐。我非常想念他们。

——居民 13

根据旅游目的地生命周期理论,旅游情境人地关系的发展是一个动态的过程。中国游客对旅游目的地社区居民的日常生活行为变迁的影响也是动态的。处于不同的发展阶段的旅游目的地,其影响的方式、内容和程度均不同。在成为中国游客的旅游热点景区景点之前,社区居民与中国游客的交往比较少,主要是一种简单的服务关系。在成为中国游客的"热门打卡地"之后,旅游业发展对环境的负面效应也被放大。而在国际旅游业受到冲击之后,中国游客突然成为社区的一种"奢侈品",部分居民原来对中国游客存在的邻避情节,最终由于迫切希望早日看到重返的中国游客,而被迎臂效应取代。

旅游社区是主客文化交流、人地交互的空间,生活在其中的社区居民与到访的游客产生各种层次各种形式的互动。旅游情境人地关系的动态变迁影响着社区居民的日常生活方式,社区居民的日常生活方式变化也反作用于该旅游社区的人地关系,促使其发生相应的变迁。从中国游客与社区居民的"对立统一"关系可以看到当地社会经济、政治和文化所发生的变化,看到当地居民在旅游市场变化下生活方式的变化细节,更可从中了解到他们在这一过程中的情绪变化。

2. 在集体性记忆中塑造的中国游客情结:请到我家后院来

集体性记忆是指一个具有自己特定文化内聚性和同一性的群体对自己过去的记忆。旅游情境人地关系是历史与情感的统一。旅游目的地居民对中国游客和中国化景区景点的记忆首先是一种个体性的人地关系记忆,具有高度的主观性、杂乱且破碎性特征,它们在旅游情境人地关系的建立中,往往起着关键作用(Kong,1999)。这种个体性的人地关系记忆通常嵌入于旅游目的地居民的日常生活事务之中,特定旅游区域内共同生活的当地居民,在同一性文化的驱动下便在当地形成集体性记忆。课题组在深入芭提雅进行实地访谈时,发现当地社区居民对中国游客的情结主要源于过去的生活经验和旅游接待经历,这种经历已深深地根植于内心的记忆,使其对中国游客产生了一种特定的情感认同。

> 之前我在海滩一个旅游玩乐项目点工作,我经常与中国游客接触,有时会和中国游客一起玩,一起喝啤酒,向他们介绍泰国的文化、本地的美食,听他们讲中国的故事,这些都成为我美好的回忆。在这些年旅游业停滞的过程中,这种回忆逐渐变成了一种情感。
>
> ——居民4

人们关于人地关系的记忆通常包含和个人、他人、环境相关的感知及情绪因素(Lewicka,2008),它的形成会受到主观和客观世界的同时影响。从客观影响上看，国际旅游业的停滞使芭提雅的旅游社会环境发生巨大变化，游客没有了，旅游社区的主客关系突然不存在了，旅游情境人地关系也随之发生变化，社区居民在感知这种变化的过程中触发了个体性记忆的情感变化。从主观影响上看，个体性记忆往往在与他人关联的过程中发生，过去旅游社区居民与中国游客高频的接触交往已融入其日常生活中，社区居民关于中国游客的记忆以及由此产生的中国游客情结就是在这种接触交往下形成的。课题组在芭提雅调研当地旅游社区居民的中国游客情结时，发现他们的中国游客情结主要源于他们经验化的主观记忆以及当时客观的旅游情境人地关系，与Lewicka等学者的研究结论吻合。

> 旅游业恢复后，希望来我们这里的中国游客更多，这样能给我们带来更多的收入，芭提雅也会变得更加漂亮，就像曼谷那样……
> ——居民24

通过上述研究可知，旅游情境人地关系承载着社区居民丰富的情感，在全球国际旅游业受到冲击的背景下，旅游情境人地关系下的社区居民受到了精神上的时间压力，在持久的压力下，积极的社会空间文化氛围将受影响。芭提雅社区居民昔日接待中国游客的日常生活经历、往日地方景观的车水马龙、作为全球著名滨海度假旅游地的地方特有优越感，以及对于中国游客重返后可以带来美好生活的想象战胜了过去对中国游客曾经存在的邻避情结，产生了"请到我家后院来"的迎臂效应。在危机冲击下，芭提雅旅游社区与中国游客形成了新型的人地关系，也进一步加深了社区居民的中国游客情结。

5.4.5 研究启示

从对芭提雅个案的研究发现，在"中国游客—社区"旅游情境人地关系的建构过程中，发育与成长并不是一个封闭的过程。其中，中国游客发挥了强大的推力作用，使之在这一构建过程中形成了三种"中国游客—社区"模式类型。在全球国际旅游业发展停滞的背景下，中国游客与旅游社区居民长时间的隔断并没有淡化社区居民对中国游客的集体性记忆,中国游客的推力作用反而加速了"中国游客—社区"关系的演化,也使我们对新时代新阶段如何看待旅游目的地社区居民对"一带一路"民心相通的新解读有了更理性的观点。

研究还发现,中国游客与社区居民在建立邻避效应或迎臂效应关系时,是一个动态的互动过程。社会背景不同、主客交往方式不同,中国游客与社区居民的邻避或迎臂效应关系也不尽相同,它是在中国游客与社区居民反复的磨合下形成的。同时,本研究还发现邻避效应与迎臂效应并非是完全对立的关系,邻避效应在特定社会背景和主客交往方式下可向迎臂效应转化,即邻避效应与迎臂效应存在相互转化的可能,而且邻避效应转化来的迎臂情结往往具有更为深刻、爆发和持久的效应(刘美新、蔡晓梅,2018)。因此,在新时代新阶段中国加快恢复面向东南亚南亚出境业务、继续发挥出境旅游在共建"一带一路"倡议中的先联先通效应时,应充分考虑到中国游客与旅游社区居民的邻避效应或迎臂效应的互动关系,以提升其效应水平。

5.5 中国出境旅游对旅游目的地居民科学素养的辐射效应

科学已成为当代旅游业不可或缺的要素,智慧旅游的产生和个性化旅游满意度的提升都是科学发展的结果,可以说科学与旅游活动的全过程都息息相关。作为旅游活动基本载体的旅游目的地,当地居民对旅游业现代科技发展和应用水平的认知与其科学素养直接相关,这也将影响游客在当地旅游消费的满意度。

当前,全球正进入数字经济时代,2019年世界银行发布的《东南亚数字经济:加强未来增长基础》指出,东南亚的数字经济在快速发展,数字经济成为全球经济复苏的关键动力(牛东芳等,2022)。新冠疫情对旅游业造成巨大影响,"疫情+科技"加速了传统旅游业的转型升级,出现了大量具有数字经济特征的旅游新业态,旅游数字经济也成为旅游经济发展的最大亮点。在数字经济时代,民众的数据科学素养成为数字经济良性发展的基石。课题组通过一段时间的观察，发现海量的中国游客在全球国际旅游业停滞的情况下，通过智能设施设备、科技手段和旅游新业态满足了其出境旅游的需求。

中国旅游消费的科技赋能场景同样感染了东南亚南亚旅游目的地的居民消费，对东南亚南亚旅游目的地居民，特别是青少年，形成了意想不到的示范效应，泰国、马来西亚、印尼等东南亚国家的旅游从业人员纷纷仿效我国的旅游直播方式。例如，2022年泰国众多养象人通过直播大象等活动，获得打赏以维持大象的日常饲料费，这些直播活动直接带动了居民科学素养的提升。进一步探究数字经济时代下中国游客基于科技赋能的新型旅游消费形态是怎样影响东南亚南亚旅游目的地居民科学素养的，以及居民的数据科学素养水平与共建"一带一路"民心相通存在什么样的关系，有利于我们拓宽对东南亚南亚中国出境旅游新效应的认识。

科学素养是一个颇具争议的概念，当代对科学素养的讨论始于20世纪50年代末。1983年，米勒提出了科学素养"三维模型"理论，这一理论在学术界基本形成了共识。"三维模型"理论认为科学素养由"对科学原理和方法（科学本质）的理解、对重要科学术语和概念（科学知识）的理解、对科技的社会影响的意识和理解"三个方面构成。1989年，在《面向全体美国人的科学》报告中，美国科学促进会认为，科学素养包括科学态度和科学技能（思维的习惯），并以此为基准形成了国家科学教育标准。据此，可以将目前国际上认为科学素养的形成方式概括为三个部分，即了解科学知识、了解科学的研究过程和方法、了解科学技术对社会和个人所产生的影响（李瑾等，2021）。公众理解掌握当代科技程度属于科学素养内容范畴，它包括了居民对相关科学知识的认知程度、运用科学知识解决现实问题的能力和科学精神，它也反映出居民的科学素养水平。当前，以人工智能、生命科学、物联网、机器人、新能源、智能制造等一系列创新所带来的物理空间、网络空间和生物空间的融合为主要特征的第四次工业革命已到来，其着重提升公众科学素养水平，让公众跟上时代发展的步伐，根据各自生活和工作需要掌握不同程度的科学技术，运用所掌握的科学技术去解决生活和工作中遇到的问题，这对于促进科技发展和社会进步具有十分重要的现实意义。

人是文化传播的载体，中国游客在境外旅游过程中的旅游科技消费行为对当地民众具有示范效应，成为当地民众最容易接触到中国旅游科技进步对社会和个人影响的传播载体。随着共建"一带一路"倡议的不断深入、"五通"成果越来越丰富，我们越来越强烈地意识到，东南亚南亚旅游目的地居民的科学素养，特别是数据科学素养，对于个人和当地社会发展以及在当地促进"一带一路"合作项目地落地发挥着越来越重要的作用。数据科学素养可以帮助"一带一路"沿线居民更好地运用科技手段和新媒介了解共建"一带一路"倡议的新动态、新成果，从而加深对中国的了解，主动参与共建"一带一路"倡议的各类活动。

为了解东南亚旅游目的地居民的基本科学素养和数据科学素养情况，课题组参照了米勒（1983）的科学素养测量体系，并结合旅游业的特点，从"居民对基本科学术语和科学基本观点的理解、对科学研究方法和过程的理解、对科学技术与社会和个人之间影响关系的理解"三个维度设计了本次研究的调查问卷，并于2022年2月委托川登喜皇家大学、清迈职业学院的大学生分别对曼谷大皇宫景区周边街区和清迈四方古城街区共360名18—40岁的当地居民进行了一次关于科学素养及相关事项的问卷调查，共回收有效问卷287份。

5.5.1 居民对科学知识的理解

1. 居民对旅游科技领域的科学术语的理解

理解科学术语是具备一定科学素养的基本表现。根据旅游科技发展的应用情况，课题组列出了"北斗""大数据""云计算""人工智能""高铁""无人驾驶""5G""PM2.5""全球气候变化""元宇宙"等10个科技术语，并对每个科技术语设置了"了解""有所了解""不了解"三个选项，让受访者根据自己对这些术语的认知情况做出选择。如果选择"了解"和"有所了解"的科技术语达到6个及6个以上，则认定该受访者能理解基本的科技术语。

结果显示，居民对环境、新一代信息技术以及交通等方面的术语认知度较高。在环境领域，选择"了解"与"有所了解"两选项总数比例最高的是"全球气候变化"，达到82.20%（236人），体现出旅游目的地大多数居民能够认识到全球气候对旅游目的地环境保护的重大影响。新一代信息技术方面，对"大数据""人工智能"这两个术语的理解达到"有所了解"及以上程度的分别为73.52%（211人）和71.78%（206人），表明与智慧旅游紧密相关的科技术语已走进公众的视野。对我国在"一带一路"的国家名片"高铁"了解程度达"有所了解"的比例为54.01%（155人），对我国的另一个国家名片"北斗"的认知度还不高，了解程度达"有所了解"的比例为24.04%（69人），表明调查地居民对中国自有知识产权高、在智慧旅游应用领域有特殊意义的科技最新发展状况有一定了解，但较为有限。

2. 居民对科学观点的认知

为了解居民对科学观点的认知，课题组设置了"5G智能手机最大的特点""网上购物带来的安全问题""旅游城市空气最大的污染源""引发2004年印度洋海啸的原因""游客给泰国大象旅游带来的伤害"等10个题目进行测评，只要有6个题目给出合理答案，即可认定受访者能够对科学观点做出正确判断。结果显示，能合理回答6个及以上问题的受访者比例为42.86%（123人），且存在不平衡现象，对与日常事务关联度大、媒体传播频率高的问题回答率明显高于其他类型问题。

5.5.2 居民对科学研究方法和过程的理解

1. 居民对科学方法的认知

居民对科学研究方法的认知程度是衡量居民科学素养水平的重要指标（张庆军，2015）。本研究从居民对"科学地研究事物""对比法"和"概率"三个方面的理解程度进行评价。结果显示，能够对"科学地研究事物"一题做出正确判断的受访者占34.84%（100人）。能够对"工程师想知道一种手机导航软件是否精准，在以下的测试方法中，您认为哪一种方法最好"一题做出正确回答的受访者占35.89%（103人）。对"一个游客要购买一张从曼谷到清迈的机票,售票员告诉他,如果他坚持要买10:30的航班,航班延误的可能性为33%。请问你认为售票员的话意味着什么"一题能做出正确回答的受访者占27.53%(79人)。根据本次的调查设计,如果受访者答对全部3道题,即视为能理解基本的科学方法。统计显示,受访者理解科学方法的比例15.68%(45人)。

2.居民对科学研究过程的理解

科学技术在推进社会发展的同时,也带来了一些社会问题,在一定程度上引起了居民对科学的怀疑。只有在正确理解科学研究方法及研究过程的基础上,居民才能逐步培养起科学化的思维方式,合理运用正确的科学方法解决现实生活中遇到的难题。本次调查设置了"你是否能根据手机说明书来学会使用升级换代的新智能手机""在遇到不会使用的功能或技术时,你是自己研究还是向他人请教解决""购买手机时你是否会接受别人推荐的新一代智能产品"3道有关智能手机的题目。调查结果发现,对"你是否能根据手机说明书来学会使用升级换代的新智能手机"这一问题有19.29%的受访者回答"可以熟练做到"。对"在遇到不懂使用的功能或技术时,你是自己研究还是向他人请教解决"这一问题有38.37%的受访者回答"自己研究"。对"购买手机时你是否会接受别人推荐的新一代智能产品"这一问题有64.62%的受访者回答"观察别人用的结果再做决定"。以上结果说明,受访者在应用科学的方法认识新生事物方面比较被动,可能存在一定的认知困难,也可能存在对待新产品或新科技应用的观望或从众心理,反映出泰国旅游目的地居民对科学研究方法和过程的理解能力仍需进一步提高,以适应旅游科技快速发展的大环境。

5.5.3 居民对科学技术与社会生活之间影响关系的理解

1.居民对科学技术的态度

在线电子商务已快速渗透居民的日常生活,跨境旅游电子商务在东南亚南亚旅游目的地居民中也得到迅速普及。居民对科学技术的理解和支持态度既是科学素养的重要内容，也是提高居民科学素养的重要目标。本次调查共设计了6道题目来测试居民对科学技术的态度。测试结果中，认为科学技术有助于提升国家竞争力的人数占82.93%（238人），赞同科学技术有利于提高人民生活品质占88.15%（253人），认为人工智能等科学新技术的研究和应用应尊重人类社会自然发展规律的人数占81.88%（235人），认为全球人员流动交往有助于科学技术发展的人数占71.78%（206人），认为科学技术进步主要依靠政府支持推动的人数占69.34%（199人），在"你最敬重哪种职业"的选答中排在前三位的分别是教师、科学研究人员和企业管理人员。调查测试结果表明，绝大部分居民对科学技术的发展持肯定态度。

2. 居民获取科技信息的渠道

无接触的商业行为和社交活动越来越快地得到普及，使得东南亚南亚的互联网应用特别是移动互联网应用的普及率大大提升。近年来，各类新兴传播媒介在新一代信息技术和众多互联网应用的加持下取得了长足发展，并成为普通居民获取科技信息、提升自身科学素养的重要渠道。根据泰国国家统计局数据，2018年泰国6岁及以上的人口大约为6330万人，其中电脑用户1790万（28.28%）、互联网用户3600万（56.87%）、手机用户5670万（89.57%），说明泰国居民普遍已具备了较好互联网使用条件，可以较便利地从互联网获取科技信息。本次调查设置的"有关科学技术的消息，你主要从哪些渠道获取"这一问题的调查结果显示，有90.24%（259人）受访者通过互联网获取科技信息，其中通过手机上网获取科技信息是主渠道，其比例高达78.75%（226人）。除了通过手机上网，还有一部分受访居民通过电视、报纸杂志、图书、广播等传统渠道获得科技信息，其具体分布为：电视（40.08%）、报纸杂志（18.12%）、图书（16.03%）、广播（14.98%）、亲朋好友及同事的交流（12.89%）、到当地旅游的国际游客（11.15%）以及其他（3.36%）。由此可知，互联网已成为受访地居民获取科技信息的最主要渠道，电视、报纸杂志、广播等传统媒介的信息渠道作用已大大下降，居民通过阅读图书获取科技信息的比例也较低。

3. 居民接触使用科普设施情况

公众性的科普设施是科普宣传的重要平台，也是居民理解科学、获取科技知识的有效载体。课题组选取了有外国游客参观游览的博物馆、科技馆、动物园，以及以本地居民为主的图书馆等科技场馆进行调查。调查显示：居民中去过这些地方的人数比例分别为动物园51.92%、博物馆38.32%、科技馆30.31%、图书馆27.87%，去过专业科技场所（当地大型企业、大学或科研机构等）的人数比例较低，只有16.03%。

5.5.4 研究启示

根据上述研究，可得到受访地居民目前具备基本科学素养的比例为5.72%（2018年中国公民具备基本科学素养比例为8.47%），说明东南亚南亚旅游目的地居民的科学素养总体上还是偏低的，与当前数字经济快速发展存在脱节。数字经济已成为当前和今后一段时期共建"一带一路"倡议的重要推动力。泰国受访居民具备基本科学素养的比例还不高，可以利用中国游客在当地的影响力，借助数字经济快速发展的强大动力，将中国出境旅游与共建"一带一路"倡议活动融合到当地科学素养教育的活动中，从而形成提升居民科学素养的合力。可以利用旅游目的地主客交往的优势，进一步有效利用中国游客的旅游科技消费行为，推动科学知识和科学方法的普及。可以用好中国与东盟的教育交流平台，为赴东盟交流学习的中国高校师生赋予责任，以进一步促进东盟高校大学生的科学素养水平。可以用好"抖音""今日头条"等在东南亚南亚有较大影响力的新媒体平台，以增强面向东南亚南亚旅游目的地居民的科学知识的传播与普及影响力。

第6章

促进出境旅游高质量发展更好服务"一带一路"民心相通的政策建议

习近平总书记在党的二十大报告中指出，"高质量发展是全面建设社会主义现代化国家的首要任务"，要推进高水平对外开放，增强国内国际两个市场资源联动效应。出境旅游为我国旅游业发展、扩大我国旅游国际影响力和推动共建"一带一路"做出了重大贡献，成为构建更加紧密的中国—东盟命运共同体的重要纽带、稳定中国与南亚地区的平衡器，增强了中国在处理与周边国家关系方面的软实力，也加快了中国由旅游大国向旅游强国转型发展的历史进程。

出境旅游已经成为我国加强"一带一路"沿线人员往来、促进民心相通的重要纽带。因此，政策上应该发展以服务"一带一路"沿线民心相通为宗旨的出境旅游发展战略。特别是在新时代新阶段，"一带一路"倡议在东南亚南亚的深化建设面临新挑战，我国更应该积极推动以促进民心相通为宗旨的出境旅游发展战略。这个战略要求我国在面向东南亚南亚开展对外旅游交往与旅游经贸合作中，更积极地形成和运用出境旅游"一带一路"民心相通效应优势，发挥出境旅游人员往来规模优势，以进一步提升我国的出境旅游发展质量。

面向东南亚南亚实施以促进民心相通为宗旨的出境旅游发展战略，关键在于积极推动出境旅游"一带一路"民心相通效应优势的形成、运用和维护，争取出境旅游在东南亚南亚拥有更多的主动权和话语权。为此，相关政策应考虑三个方面的问题：如何推动出境旅游"一带一路"民心相通效应优势的形成，如何推动出境旅游"一带一路"民心相通效应优势在东南亚南亚的运用，如何维护并长期拥有出境旅游"一带一路"民心相通效应优势。基于我国的实际情况，特别是基于我国面向东南亚南亚具有的巨大的出境旅游消费需求和国际旅游市场巨大的供应能力而形成的大国优势，应当从战略上推动出境旅游的疫后恢复和创新发展，构建在东南亚南亚出境旅游"一带一路"民心相通效应上的新优势。本研究建议可以从以下三个方面着手推进出境旅游高质量发展，更好服务"一带一路"民心相通。

6.1 推动构建中国出境旅游"一带一路"民心相通效应的战略布局策略

出境旅游"一带一路"民心相通效应的基础是产业发展模式和市场规模。因此，秉承"一带一路"倡议所倡导的"和平合作、开放包容、互学互鉴、互利共赢"理念，提供能够促进我国与东南亚南亚诸国共享共赢的出境旅游产业发展模式和更大规模的市场基础是赢得"一带一路"民心相通效应的前提条件。出境旅游已在后疫情时代重启，在此情况下，我国需要做好出境旅游的战略布局。文化是旅游的灵魂，生态是旅游可持续发展的核心，科技是旅游创新发展的动力，以"文化+生态+科技"构建我国出境旅游三位一体的高质量发展模式，以促进我国出境旅游新发展与东南亚南亚各国的新需求有机结合，有效应对中国出境旅游效应在东南亚南亚各国长期不平衡的问题，以推动新阶段"一带一路"倡议在东南亚南亚的落地实施，持续发挥世界第一大出境旅游客源国对"一带一路"民心相通的积极效应。

6.1.1 推动新时代新阶段"文化+生态+科技"三位一体的高发展模式

中国出境旅游与东南亚南亚的经济发展和国际关系建设是一个长期、常态的过程，也是一个互动发展的过程。一方面，中国出境旅游所具有的经济、政治、社会文化、环境和科技等影响效应，将持续推动中国深化与东南亚南亚的经济社会联系，助力中国在东南亚南亚地区重大"一带一路"项目工程建设进度，促进与东南亚南亚地区民众的民心相通。另一方面，东南亚南亚地区针对中国游客入境旅游市场所进行的国家相关政策改革、旅游基础设施建设、旅游产业供应链建设、旅游消费市场管理，乃至社会管理等大量工作，对东南亚南亚的经济社会产生了深远的影响。在当地经济社会因中国游客的到来而加快发展的同时，不同国家的不同社会阶层对中国及"一带一路"倡议的解读也出现了更多的声音。

新冠疫情对全球经济造成了严重冲击，中国与东南亚南亚之间的国际秩序不稳定因素增加，全球治理发展模式面临新挑战（欧亚、任远喆，2020）。出境旅游发展多年积累起来的对外综合效应也在一定程度上被削弱。如何有效应对当前阶段的这些挑战，持续发挥出境旅游在助力"一带一路"倡议和东南亚南亚民心相通的作用，将极大地考验着我们的国际秩序治理能力和国际旅游新规则的制定能力。为此，在我国推进高水平对外开放、促进出境旅游高质量发展的过程中，应该抓住出境旅游疫后重启的契机，推动以服务"一带一路"沿线国家对华民心相通为宗旨的出境旅游发展战略。实施这个战略的关键在于把握在构建更加紧密的命运共同体框架下的面向东南亚南亚出境旅游的高质量发展产业模式，找准出境旅游恢复发展的共识、动能、空间和合作平台，以进一步提升中国出境旅游的国际影响力和话语权。

对于经历全球性突发事件之后的中国出境旅游发展的考量，应回到服务共建"一带一路"这一核心任务上。为此，《"十四五""一带一路"文化和旅游发展行动计划》中部署了三大重点任务，指出2025年要使讲好中国故事的品牌活动影响力不断攀升，与共建"一带一路"国家合作的广度和深度不断拓展，共建"一带一路"文化和旅游高质量发展取得成效。坚持"以文塑旅、以旅彰文"是面向东南亚南亚讲好中国故事、传播好中国声音的重要形式。东南亚南亚国家受益于"一带一路"文化和绿色发展的生态理念，逐渐开始转变传统的旅游开发思路，从而更好地服务于中国游客。同时，以科技为驱动力，加强推动旅游文化和生态的共同发展，已成为东南亚南亚旅游业新阶段发展的共识。全国工商联旅游业商会2022年3月发布的《出境旅游业务专项调研》显示，61.1%的受访业者认为出境旅游重启后必须做出改变和创新，需要开辟新的业务及渠道，建立新的客户关系。据此，课题组认为，出境旅游首先应重视文化交流互鉴，要充分发掘并合理利用中外优秀文化；出境旅游要以生态、绿色为导向，坚持可持续、高质量发展；出境旅游要以科技为驱动，通过科技创新来推动出境旅游业的高质量发展。为此，"文化＋生态＋科技"三位一体的高质量发展模式，可以更好地服务"一带一路"倡议在东南亚南亚的落地实施和民心相通。

6.1.2 借助文化交流互鉴以强化出境旅游的政治和社会文化效应

中国与东南亚南亚的文化交流互鉴具有先天优势。民间交往能够促进文化交流。东南亚南亚丰富多彩的文化能够对中国游客形成强大的吸引力，东南亚南亚地域文化和中国传统文化之间的共鸣能够为中国出境旅游提供内驱力。我国的出境旅游经营者在开发出境旅游新产品和开辟新业务中，应充分发挥出境旅游文化交流互鉴的功能与作用。从中国文化的角度看，中国传统文化以儒家文化为核心，展现了本分勤恳、任劳任怨、自强不息等这些中国人的形象特点，国外社会也对中国人的这些特点形成了普遍印象，这样的文化认知比较容易获得东南亚南亚民众的情感认同。从东南亚南亚文化的角度看，东南亚南亚不仅有丰富的海洋文化，还有与中国的儒家传统文化存有较大关联的宗教文化和乡土文化。这些丰富多彩的文化散发着浓郁的地方气息，承载着当地民众美好的情感，也成为民心相通的基础。富有当地民俗文化特色的出境旅游产品，不仅符合中国游客的消费需求特点，而且中国游客在当地参与这些民俗文化活动，会使当地民众产生强烈的归属感和身份认同感，从而促进中国游客与当地民众的民心相通。

充分重视当前东南亚南亚出境旅游产品在文化交流互鉴上面临的现实困难。中国虽然作为东南亚南亚多个国家的最大客源国，但一些东南亚南亚旅游目的地所提供的旅游产品文化表达不清晰，对中国游客感兴趣的文化定位缺乏理性判断，文化交流互鉴的形式也缺乏时代感和科学性，导致与中国游客的文化共鸣不足。此外，部分中国游客对文化交流互鉴也缺乏足够的认识，在东南亚南亚旅行过程中文化冲突的现象时有发生。东南亚南亚众多的传统文化并非都对中国游客有吸引力，中国游客自身所承载的中国文化符号也并非都适合在东南亚南亚传播。如果不加甄别地简单整合，可能会引起某些文化冲突并放大文化冲突的负面影响,从而影响当地对共建"一带一路"的感知。特别是一些经济比较落后的东南亚南亚旅游目的地,当地居民在与中国游客交往中处于劣势,一些游客把当地经济落后的主要原因归结于当地文化落后,并对当地一些传统文化持贬低、轻视态度,从而影响中外文化交流互鉴的推进。东南亚南亚在开发以接待中国游客为主的旅游景区景点和旅游产品中,也存在产品线统筹不足、地方特色文化挖掘不够、产品同质化严重等问题。泰国、越南等东南亚南亚国家在推进旅游项目开发中,还存在为了迎合中国游客而盲目模仿中国同类旅游项目或其他东南亚国家同类旅游项目的现象,致使东南亚南亚各地文化的内涵与特色被抹杀。也有一些地方简单模仿中国的一些同类旅游项目的成功个案,但往往昙花一现,造成大量的资源浪费。

以文化自信统领文化交流互鉴。针对中外文化交流互鉴中存在的现实困境,中国游客首先需对自身的传统文化要有文化自觉和文化自信,应了解中国传统文化的形成过程、特色和新时代发展趋势。具备这些基础知识,中国游客在境外旅游过程中就可以面对异域文化的各类情况及时做出心理调整,提高中外文化交流互鉴的可能性和效果。在文化交流互鉴中促进民心相通,还需中国游客对东南亚南亚地域文化进行科学认知,需要引导中国游客把文化交流互鉴的关注点放在当地社会效应良好、地域特色鲜明的传统文化上。在现实生活中,东南亚南亚一些地方存在有意排斥中国文化、对"一带一路"倡议有不同声音等现象,这些观念和认知还在不同程度地影响着当地民众与中国游客的交往,成为中外民心相通的羁绊。对于这些负面的文化,不应出现在出境旅游的供应链、产品线上。

6.1.3 通过"绿色+生态"的出境旅游业务底蕴来强化出境旅游的环境效应

责任共同体是"一带一路"建设"三同"的内容之一。当前,东南亚南亚由于经济发展压力大,在环境保护和生态建设上仍有较大发展空间。鉴于出境旅游主要是对旅游目的地的资源消耗,出境旅游与旅游目的地生态环境的改善密不可分。因此，在规划新时期出境旅游时，应充分考虑到旅游目的地的绿色、生态责任，所开展的出境旅游业务要以生态保护为先，坚持出境旅游与旅游目的地协同实现高质量发展。党的十八大报告把生态文明建设提升到国家战略层面，生态文明建设工作备受关注和重视，国民的生态文明意识大大增强，中国游客在境外的不文明行为也大大减少，在塑造和传播中国形象上做出了贡献。因此，出境旅游新时期的发展之路，也应是东南亚南亚旅游目的地可持续发展之路、生态文明建设之路。

秉承"利益共同体、命运共同体和责任共同体"理念，在国际组织及东南亚南亚各国等多方的共同努力下，东南亚南亚的旅游目的地生态环境得到了很大改善。近年来，亚洲开发银行一直在推动东南亚南亚发展中国家与中国交流互鉴生态旅游发展经验，向旅游目的地民众进行环境保护教育，传播环境治理给当地旅游业及民众日常生活带来的好处，促使当地居民心理幸福感不断提升。然而，由于经济发展需要与环境保护难以平衡，不管是东南亚南亚还是我国，当前众多旅游目的地生态环境保护与建设的形势依然非常严峻，环境污染与生态破坏问题依然存在（刘国贞、吕丽红，2022）。如泰国著名旅游目的地清迈，2019年因空气污染问题，当年入境游游客量减少了30%以上。还有日益严重的东南亚海洋垃圾问题，已成为全球性生态问题。

东南亚南亚旅游目的地生态环境问题的主要根源不仅与当地经济发展水平有关，还与当地的民众、游客及旅游企业环保意识不强有关。新冠疫情虽然严重阻碍了旅游业的发展，但也使民众的生态与环保意识空前强化，旅游目的地政府趁势加强生态旅游的监管与引导，推动企业、游客与当地居民协同行动，深化开展旅游目的地生态环境的治理工作。从中外旅游行政管理部门的角度看，应加强生态文明宣传教育，把旅游目的地居民和到访游客作为最好的宣传员，把旅游产品和服务作为最好的教育载体，促进当地居民与到访游客共同履行生态环境保护的责任，在旅游目的地生态问题得到不断改善的同时，拉近当地居民与游客的距离，相互获取更多的认同感。

6.1.4 以科技为出境旅游创新发展驱动，强化出境旅游的经济和科技效应

科技创新是第一生产力。旅游科技的行业应用和创新发展越来越受到企业的重视，并且得到了国家层面的支持。2019年，《国务院办公厅关于进一步激发文化和旅游消费潜力的意见》明确提出，要提升文化和旅游消费场所宽带移动通信网络覆盖水平，提高文化和旅游消费场所银行卡使用便捷度，进一步释放出运用科技创新手段、促进旅游业发展的强烈信号。文化体验旅游、科技创新融入、旅游企业的创意开发、社会各界的创业热情共同形成了提升旅游服务质量的新动能。

随着国家层面对科技创新的重视，互联网、文创、VR/AR等当代科技新要素为旅游业高质量发展提供了全新动能和无限可能。然而，当代新科技在旅游业的应用还存在许多不足。于出境旅游业而言，首先，存在科技创新理念在出境旅游产品和服务中的融入度不够的问题。东南亚南亚各地在推进旅游业发展时，虽然重视科技的作用，但在将科技创新理念与本地旅游资源和旅游产品、服务的实际情况结合方面存在不足，导致一些服务和产品链条不完整。其次，一些旅游目的地的旅游科技应用基础设施较差，缺乏应用条件，出现科技应用与游客需求"两张皮"的现象。最后，国内外的旅游企业和政府部门对出境旅游业务的组织管理创新不够。当前，出境旅游中的科技创新主要集中在信息查询、即时通信、移动支付等方面，对于跨境旅游安全服务、旅游与文化的融合技术、跨境旅游保险与跨境金融服务技术、跨境OTA平台管理等方面的创新意识还比较薄弱。

旅游数字化是旅游创新发展的基本方向。新加坡、马来西亚、泰国、印尼等国有关国际旅游数字化的建设很能代表科技创新当前在出境旅游发展中的运用情况。新冠疫情暴发以来，跨境旅行的隔断加速了这几个国家在旅游科技应用上的发展，数字基础设施覆盖面不断扩大，互联网络质量不断提升，旅游科技运用场景越来越丰富。疫情虽然隔断了游客流动，但是这些国家许多旅游从业人员纷纷做起全球旅游直播，通过直播带货、打赏等新商业模式，一些国际旅游项目得到维持甚至获得发展。

例如，泰国的大象表演从业人员通过直播大象表演获得打赏，这些收入基本够维持大象每天的喂养成本。不管是东南亚南亚国家，还是中国，"云旅游"已成为疫情期间旅游业的热词。一些医疗旅游、教育旅游、美食旅游、非遗文化等产品也在云旅游中获得新生。虽然取得了这些成绩，但是我们也要看到，东南亚南亚众多旅游目的地的旅游企业成功实现数字化转型的还不多，智慧旅游的应用水平仍停留在比较粗浅的层次。第一，支撑旅游业数字化发展的数字基础设施配套水平还不高，与中国旅游数字化水平的差距不但没缩小反而有扩大的趋势。第二，数字信息技术的旅游应用场景也不丰富，目前主要运用在线预订和在线支付等生活服务性消费方面，而在旅游产品或服务的开发、旅游企业数字化转型等生产性服务方面使用率仍然较低，从供给端到消费端的旅游终端应用还比较缺乏。第三，东南亚南亚旅游目的地居民数据科学素养整体偏低，新一代信息科技人才存量和增量培养均不足，与社会和市场对信息科技类人才需求的差距较大。

数字化建设中所存问题的解决，离不开当地政府部门的有效调度与引导（刘国贞、吕丽红，2022），也离不开来访游客的支持和教育。当地政府需根据本国旅游业发展和市场需求特点，用好"一带一路"资金融通和设施联通的机制和政策，持续扩大数字基础设施建设，加快北斗导航、人工智能、5G、物联网等新技术在东南亚南亚旅游业的应用，推动旅游服务和旅游生产的数字化升级。数字技术要想在旅游目的地更好得到应用与推广，可以发挥中国在数字经济和智慧旅游方面的成果和资源，通过中国出境旅游的产品和服务平台以及中国游客传递到旅游目的地。一方面，可以通过与有出境旅游业务的中方旅游企业合作，向东南亚南亚合作方提供数字技能职业培训和大数据人才培养的服务支持，并形成稳定的、互利共赢的合作机制。此外，还可发挥中方在数据、算力、算法上的巨大优势，加强中外企业或中外地方政府间的旅游科技合作，加大数字化出境旅游产品及服务的供给。此外，还可以制订政策引导"游中教、教中游"，鼓励中国游客向旅游目的地普通民众开展数字化普及与教育。

6.2 合理运用中国出境旅游"一带一路"民心相通效应的战略布局策略

产品、金融和供应链是决定出境旅游恢复发展实施效果的关键要素。实施教育跨境流动和康养旅游优先政策，为出境旅游有序恢复发展打造新共识，助力民心相通；面向东南亚南亚制订跨境旅游消费金融支持政策，为出境旅游有序恢复发展培育新动能，助力资金融通；重构数字化国际旅游供应链，为出境旅游创新发展拓新空间，助力贸易畅通。

6.2.1 优先发展教育和康养两类出境旅游产品线，为出境旅游有序恢复发展打造新共识

以逐步有序恢复外国留学生入境为契机，优先发展教育和康养两类出境旅游产品线，为出境旅游有序恢复发展打造新共识。人流是经济、贸易等各方面合作的基础，加强人员往来对共建"一带一路"的顺利开展至关重要。可以说，没有人员往来，没有面对面的交流，就没有真正的文化传播和文化认同。《"十四五"旅游业发展规划》也指出，依托我国强大的旅游市场优势，统筹国内国际两个市场，分步有序促进入境旅游，稳步发展出境旅游，持续推进旅游交流合作。让出境游客当好中华文化的传播者和国家形象的展示者。旅游教育和康养旅游是两个市场需求明确、项目操作相对容易的产品线，是能迅速激活东南亚南亚旅游目的地旅游活力的"小而美"的民生工程。为此，以文化自信统领文化交流互鉴，统筹兼顾国家需要和市场需求，扩大人员往来，是促进当前东南亚南亚民心相通最直接最有效的方式。

1. 优先发展旅游教育

以旅游教育为国际交流的突破口，有序扩大出境旅游业务。我国文化和旅游部在2023年上半年发文，试点恢复全国旅行社及在线旅游企业经营中国公民赴有关国家出境团队旅游和"机票+酒店"业务，先后公布

了两批目的地国家名单,为项目实施提供了政策保障。优先发展留学生和学习类人员的国际流动是大多数国家的共识。2020年5月,澳大利亚提出在国际旅行还没有全面开放的情况下,率先考虑允许恢复国际学生入境,并在2021年5月开始了国际学生返澳学习的试点;日本在恢复发展入出境旅游业务上也是优先发展技能实习生和留学生等教育旅游类市场。当前,东南亚南亚是全球第二大旅游教育市场区域,处于旅游产业恢复发展中的旅游从业人员创造了庞大的旅游继续教育市场需求。在新时代新阶段,国际旅游业的发展更加强调科技应用的旅游新业态、新场景、新消费,需要旅游院校学生和旅游从业人员加快新知识的迁移,以适应中国游客市场有序恢复后的新市场环境,并快速改善新时代新阶段东南亚南亚旅游从业人员对中国出境旅游的获得感。

旅游教育领域优先恢复发展出境旅游业务,可以从学历教育、行业培训、联合科研等三个方面着手进行。

首先,组织中国与东南亚南亚旅游院校在校学生广泛开展双向交流学习。中国与东南亚南亚旅游类在校大学生总人数超过50万人,旅游业的创新发展当然不应缺少旅游专业大学生的作用。我国广西、云南、广东、浙江、山东等旅游教育资源相对较丰富地区的旅游教育院校,可以按区位和传统市场特点分别对接东南亚南亚国家的旅游院校,设置国际交流专项课程和专项基金,在国家行业机构和国际机构的协调和支持下,实施旅游教育大学生流动"双万计划",向全球展示中国的出境旅游政策导向,向东南亚南亚居民传达出积极的信号。其次,世界旅游联盟(WTA)可以携手各国旅游部实施"New Tourism New Industry"旅游援外培训项目。世界旅游联盟(WTA)是中国参与旅游业全球治理的重要议程设置成果,可以在新时代新阶段出境旅游恢复发展中发挥重要作用。以后疫情时代中国出境旅游在东南亚南亚的新旅游、新场景、新消费的市场特征为主要内容的援外行业培训,一方面,可以解决东南亚南亚旅游业转型升级过程中的技术和资源严重不足问题;另一方面也可由此加强世界旅游联盟对东南亚南亚旅游行业的渗透力和影响力,为后疫情时代持续发挥中国出境旅游的正效应提供更好的保障。最后,鼓励中外旅游院校联合开展"一带一路"重大项目的旅游效应专项研究。根据当前中国与东南亚南亚恢复国际旅游流动和国际旅游合作的态势及深化共建"一带一路"倡议的国家需求,用好出境旅游的效应驱动作用,支持国内具备相应条件与能力的旅游院校与东南亚南亚旅游部门合作,针对中老铁路、雅万高铁、孟中印缅经济走廊等"一带一路"重大合作项目的旅游效应联合开展专项研究,并结合《"十四五""一带一路"文化和旅游发展行动计划》的基本目标要求,制定出国际联合行动方案,共同推动新时代新阶段中国出境旅游有序恢复发展和国际旅游市场合作发展。

2.优先发展康养旅游

在全球,康养旅游已逐渐成为一种流行的休闲方式。新加坡、泰国、印度等一些在康养旅游领域处于领先地位的东南亚南亚国家,以及印尼、越南等一些康养旅游后发展国家,都在重启入境旅游时加大对医疗旅游和康养旅游发展的支持力度。我国以中医为核心的康养旅游业获得了快速发展,从中央到地方政府出台了一系列支持中医药发展的政策,使发展中医药上升为国家战略。顺应市场需求,将旅居式出境康养旅游作为继教育旅游之后的出境旅游产品,将有助于推动我国出境旅游恢复发展,并获得持续的动力。

差异联动,打造中国—东南亚南亚区域性的康养旅游共同体。亚洲是全球最大的康养旅游目的地,东亚、东北亚、东南亚、南亚都有拥有地域文化特色鲜明的康养旅游资源以及较大的康养旅游市场占比。在这些地域,中医药文化不仅已深入民心,还与当地康养旅游资源和康养旅游产品进行了一定程度的融合。以"中医+"为特色,可以从政策、产品、市场、技术等方面形成共识,建立机制,共建康养旅游共同体。在政策沟通方面,有效协调新加坡领先的医疗旅游、泰国传统的SPA和草药康养旅游、印度传统的瑜伽康养旅游、印尼的草药旅游,以及越南的温泉旅游等东南亚南亚特色康养旅游的发展政策,加强产业政策沟通,避免同质化和低价的恶性竞争。在产品协同开发方面,发挥中国在旅游大数据挖掘、算法、算力上的技术优势,建立中国与东南亚南亚康养旅游的产品信息交换、技术成果转化,以及售后服务的协同机制。在客户协同培育和营销上,可按东南亚南亚不同国家的康养旅游资源禀赋和市场特点，分层分类定位和培育不同的康养旅游客户群，按出境旅游市场变化趋势协同制定不同的市场营销策略。例如，在国际航班数量逐步增加的情况下，可聚焦大中城市城区退休干部，将其作为出境康养旅游发展初期的主要客源。积极推进"中医+"的国际民族医药健康养生产品的开发、国际康养旅游服务的设计，以及境外旅居养老产品的开发与推广，优先着力打造单体产品"品牌效应"，并不断丰富和提升国际康养旅游产业链内容。

创新产品，优化康养旅游公共服务环境。东南亚南亚各地的康养旅游资源禀赋各具特色，康养旅游产品互补性强，对中国出境游客的吸引力大。以中医药的深厚文化底蕴为牵引，围绕区域性康养旅游共同体战略定位，带领东南亚南亚康养旅游市场主体协同创新开发产品和服务，打造旅居、康养、医疗、休闲一体化的出境康养旅游产品链。借助"数字丝绸之路"新基建和中国—东盟信息港基础，搭建中国—东南亚南亚康养旅游大数据平台，进一步提高区域内的国际康养旅游公共服务体系建设。可以借鉴泰国设立康养旅游签证专用海关通道的做法，在东南亚南亚主要康养旅游目的地国家设立统一的康养旅游签证标准和绿色通道。搭建统一的出境康养旅游商业服务平台，为康养旅游客人提供签证、翻译、机票、住宿、餐饮、娱乐、休闲、旅游等配套服务，在疾病治疗、康复疗养、度假养生等方面提供专业的解决方案。创新开发跨境康养旅居所需的保险服务产品，尽快建立健全的跨境医疗保险服务机制，为跨境康养旅游的进一步发展提供优质的服务环境。

6.2.2 制定跨境旅游消费金融支持政策，为出境旅游新发展培育新动能

制定跨境旅游消费金融支持政策，为出境旅游新发展培育新动能，助力资金融通。中国和东南亚南亚的双向国际旅游业已进入良性的发展循环阶段，形成了万亿级的巨大的消费市场，东南亚南亚众多国家旅游业对中国的出境旅游已形成依赖。国际旅游业的新发展需要金融端发力，需要创新旅游消费金融业务，从而使其在恢复发展中国与东南亚南亚旅

游服务贸易中发挥重要作用。我国消费金融对整体零售额的贡献率从2014年的15%增加到2019年的32%（其中旅游消费金融产品占消费金融总额10%），新兴的消费金融将在经济高质量发展中有效提振消费增长。2019年，我国出境旅游总消费达1338亿美元（中国旅游研究院，2020），占到我国当年外贸进口总额的6.4%，旅游消费的高现金流特性蕴藏了巨大的消费金融动能。东南亚南亚作为我国重要的出境旅游目的地，已形成规模化的跨境旅游消费和跨境金融结算市场，但该市场动能尚未有效引流到服务"一带一路"倡议上。

当前，中国与东南亚南亚国家都在推动RCEP的落地实施。近年来，我国也密集出台了开展跨境电商、跨境金融、稳外贸稳外资、开展数字人民币试点、促进新型消费加快发展等国家层面的重大政策，我国与东南亚南亚商贸关系密切的地区也纷纷出台了自贸区、金融开放、西部陆海新通道、现代服务业、外资促进等地方配套政策。这些国内外的重大政策将为出境旅游新发展释放巨大的政策红利。同时，还可以实施"东南亚南亚跨境旅游消费金融支持计划"，有效挖掘旅游消费的金融动能和效应，创新跨境旅游消费金融供给侧改革。这将直接促进中国—东盟万亿级的旅游消费和跨境金融结算市场融合发展，进而推动我国国际旅游业和跨境金融业的双增长，助力中国与东南亚南亚的资金融通高质量发展。

第一，主动作为，激活出境旅游业巨大金融能量。2019年，我国出境旅游人数和境外旅游消费总额双双位列全球第一，出境旅游经济规模持续扩大。然而，我们的目光更多只聚焦在光鲜的旅游经济数据上，其背后的金融能量还没有引起足够重视，跨境金融业的相关特征更没有得到有效关注，旅游消费金融应有的乘数效应没有激发出来，更没有将巨大的旅游消费金融转化为生产力。我国各大在线旅游平台从2014年就开始布局金融领域，到如今很多在线旅游平台都推出了旅游消费金融产品。与此同时，部分商业银行、互联网金融平台也推出了旅游信贷产品、分期付款服务和信用卡优惠活动等。但是，从课题组的调查数据来看，这些旅游消费金融产品在市场上没有获得预期的反响。一方面，是由于仍然停留在传统业态的旅游消费金融产品缺乏吸引力，另一方面是由于了解这些金融产品的旅游消费者仍然不多。我国部分地区及东盟的情况也大致如此。大多居民对旅游消费金融还不是很了解，也没有形成旅游消费金融的消费习惯，我国及东南亚南亚的旅游消费金融市场还需要一定的培育过程。

第二，集成创新，搭建"海上丝路"跨境旅游消费金融云平台。把目前分散在各个应用中心的支付系统集成搭建成"海上丝路"跨境旅游消费金融云平台，作为东南亚南亚跨境旅游消费流量总入口，把旅游消费资金流量和跨境金融结算利润留存在国内。在短期内有效促进"旅游＋金融"流量变现，在长期内将平台培育成为一个独具特色的旅游消费金融IP，占领我国面向东南亚南亚的国际旅游消费金融业发展的"制高点"。

第三，创设场景，建设"海上丝路"跨境旅游金融服务生态。跨境旅游消费业务链长、节点多，消费场景要求高，需要根据跨境旅游消费的特点构建相应的旅游金融服务生态，以应对疫后旅游消费力减弱的挑战。2019年，消费支出对中国经济增长的贡献率达到了57.8%，消费需求连续6年成为经济增长的第一拉动力。疫情深刻改变了消费者的消费行为，科技赋能进一步推动消费金融的创新发展。东盟国家的消费者深受中国数字经济场景和中国游客移动支付行为的影响，也为旅游消费金融业态发展带来了巨大的潜力。2018年我国消费金融市场规模约为8.45万亿元，2020年达12万亿元，市场渗透率达25%，与美国40%的渗透率相比，发展空间大。这给新型旅游消费金融发展带来了新机遇，也为旅游消费金融发展创造了肥沃的土壤。通过"海上丝路"跨境旅游消费金融云平台，将线上线下的各个旅游消费场景与东南亚南亚地域文化特色的金融服务深度融合，在中国与东南亚南亚之间形成一条"场景—决策—交易—分享"的全渠道服务生态，实现为体系内的消费者、商家、政府平台赋能，实现多方共赢，从而激活"海上丝路"旅游消费的金融能量。

第四，另辟蹊径，打造"海上丝路"专属特色的跨境旅游消费金融产品。以建设面向东南亚南亚金融开放门户为契机，顺应数字经济新发展和新型国际旅游消费新趋势，差异化设计出适用中国与东南亚南亚双边不同游客社群需求的跨境旅游消费金融产品,特别是在跨境旅游服务交换、虚拟旅游货币发行、虚拟货币兑换、数字人民币旅游应用等领域进行大胆创新,提升目标客户对"海上丝路"旅游消费金融平台及旅游消费金融产品的使用频率和流量,实现面向东南亚南亚的旅游消费及跨境结算业务快速增长,应对东南亚南亚率先恢复入境旅游对我国出境旅游新发展所形成的外部挑战。

第五,创新培育,持续扩大国内外跨境旅游消费金融用户群体。建设具有国际影响力的旅游消费金融平台,需要客户数量做基础,业务流量做内容。这不是一蹴而就的事情,要统筹规划、分步推进。在发展初期,集中优势资源开展丰富多彩的营销活动,不断归拢游客碎片化的旅游消费金融流量入口,在中国与东南亚南亚两地消费者中建立起足够横向互动的游客社群关系,持续打造"海上丝路"旅游消费金融品牌。随着优质消费金融资源的引进、旅游消费流量增加、品牌效应扩大,适时推出"海上丝路"专属的旅游消费金融品牌产品,使之成为中国重启出境旅游突出的创新成果之一。

6.2.3 重构数字化国际旅游供应链,为出境旅游创新发展拓新空间

以数字经济快速发展为契机,重构数字化国际旅游供应链,为出境旅游创新发展拓新空间,助力贸易畅通。数字化供应链是指为满足复杂多变的市场需求,通过综合运用5G、云计算、人工智能、工业大数据等数字化技术,激发供应链的各业务环节的数据要素创新潜能,使其更加快速、高效以及低成本(吕昳苗,2022)。数字化国际旅游供应链以数字化平台为支撑,以东南亚南亚旅游供应链上的物、人、信息的全链接为手段,以服务中国出境旅游业务为核心,由中国与东南亚南亚相关旅游企业或旅游行业管理部门联合构建一个产品设计、采购、生产、销售、服务等多环节高效协同、快速响应、敏捷柔性、动态智能的跨国旅游生态体系。

习近平总书记在2019年的第二届"一带一路"国际合作高峰论坛以

及2020年的中国—东盟博览会上均强调了建设"数字丝绸之路"的重要性。东南亚地区是中国在数字经济领域重要的合作目的地之一，是中国数字企业未来"出海"的重要市场（马慧敏等，2022）。新冠疫情加速了数字经济的发展，东南亚南亚各国纷纷出台数字化发展战略以顺应数字化社会新环境，以数字丝绸之路为核心的数字经济成为疫情之下东南亚南亚各国与中国共建"一带一路"重要合作领域之一。由于历史原因，东南亚南亚区域的各国经济发展水平和产业结构差异较大，新冠疫情不仅改变了世界治理格局，还导致了单边主义和贸易保护主义抬头，加上俄乌冲突给全球能源和地缘政治带来的深刻影响，共建"一带一路"在东南亚南亚面临着更复杂的政治、经济和文化冲突的挑战。当前，我国在互联网、大数据、人工智能和信息技术服务等新一代信息技术产业，以及智能终端生产、销售和服务等领域，发展水平总体高于东南亚南亚国家，在智慧旅游上已经拥有一批具有较强竞争力的新技术和新产品。世界经济论坛《2019年全球竞争力报告》显示，现阶段东南亚南亚大部分国家在全球工业价值链中处于中下游的位置，产业竞争力匮乏，急需从生产端和消费端盘活数字经济链条，以提高其数字经济的竞争力。中国出境旅游游客的新旅游消费由此将成为东南亚南亚数字经济发展的强劲动力。从国家层面看，亟须发挥中国出境旅游的国际影响力，在社会数字化转型中促进中国的数字经济产业"走出去"，在"一带一路"沿线国家或地区建立若干数字基建支点，面向东南亚南亚开展国际数字化技术服务支持。这是国家战略需要，也是出境旅游重启之际主动服务和融入国家战略的重大产业机遇。

王春豪通过比较"一带一路"建设与跨国供应链形成的目标、过程、内容以及原则，发现"一带一路"建设与跨国供应链形成具有同步性和耦合性，跨国供应链关系的建立和维持有利于丝绸之路经济带沿线国家之间的互利共赢（王春豪，2017）。中国数字经济的快速发展塑造了新型旅游消费主体、客体和环境，中国游客的数字化素养也将对出境旅游消费场景提出全新的要求。目前，东南亚南亚不仅在整体上与我国存在较大的数字鸿沟，而且其区域内部的数字化水平差异巨大，菲律宾、柬埔寨、缅甸、巴基斯坦、孟加拉国等国从数字基础设施、数字技能人才到国民整体数据科学素养均处于全球较低水平（李晓钟等，2021）。在这种情况下，面对重启的中国出境旅游业务，东南亚南亚已基本坍塌的中国出境旅游供应链难以在短时间恢复，更难以按数字经济要求进行变革性恢复，中国出境旅游在东南亚南亚所应肩负的"一带一路"民心相通建设使命也将难以发挥。在重启出境旅游之际，我国旅游行业部门及相关企业积极与东南亚南亚国际旅游企业等市场主体主动对接，推动合作共建以中国出境旅游为核心的数字化国际旅游供应链，并优先做好东南亚南亚旅游在大数据、云服务以及数字医疗、健康等领域的战略布局。在东南亚南亚国际旅游的供给侧做好对华民心相通工作，以保持中国出境旅游效应的优势，加快消除东南亚南亚共建"一带一路"的数字鸿沟，更好地服务于中国与东南亚南亚贸易畅通大局。

"国际旅游数字化供应链共建计划"的主要内容为发挥中国数字化供应链要素优势，以打造一站式数字化平台为目标，构建以平台型企业为中心的国际旅游供应链体系，着力拓展数字化国际旅游供应链的海内外战略布局，在"数字丝绸之路"的原则指引下形成东南亚南亚数字化经贸规则新框架。国际旅游供应链具体建设思路如图6-1所示。

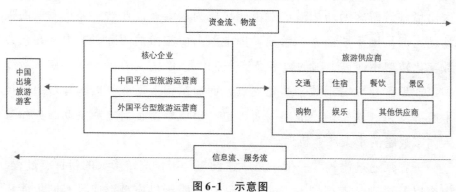

图6-1 示意图

培育数字化平台型旅游企业。根据中国出境旅游客源地特点，在国内分区域确定国际旅游供应链核心平台企业，从数据、算法、算力和知识等方面对其进行数字化支持，再由中方的核心平台企业辐射带动东南亚南亚的核心平台企业，增强东南亚南亚核心平台企业的对华情感和对"一带一路"倡议价值的共识。

构建数字化供应产业链。传统的旅游供应链主要以旅行社为核心组建，业务主导权在旅行社，企业主要关注游客接待规模和产品单品销售规模效益。在新的数字经济时代，跨境旅游商业模式已转向平台化、共享化、可视化，新型的国际旅游供应链也由以旅行社为核心演进到以平台企业为核心，供应链的核心企业通过平台整合出境旅游供需双方的信息资源，协同向中国游客提供高效率、低成本的跨境旅游消费服务。出境旅游重启后，在以旅游新业态为主导、突出游客个性化服务的市场环境下，旅游产业边界越来越模糊，旅游服务产品跨越时空的定制化趋势更加明显，单个企业或部门难以满足游客的多元需求，需要中外旅游企业协同，国际旅游供应链与其他相关行业供应链协同，共同创造新时代的出境旅游产品价值。

提高国际旅游供应链的持续性。供应链治理是一种有别于公司治理的新型治理对象，其机制对跨国供应链存续具有重要影响（李维安等，2016）。由于东南亚南亚大多数国家市场经济发展不完善，企业之间的合作关系远远大于竞争关系。因此，采取合理的供应链治理机制在跨国供应链的形成过程中将发挥决定性的作用。建立以核心平台企业（采购者）驱动的供应链治理结构，可有效构建与维护战略供应商和战略客户间的关系，并能较好地管控企业交易成本、内部控制成本等，助力中国旅游企业"走出去"，扩大海外市场，实现企业国际旅游供应链关系的存续（王春豪，2017）。

支持中小企业融入数字供应链体系。中国国际经济交流中心发布的《数字平台助力中小企业参与全球供应链竞争》报告显示，近年来全球跨境B2B模式快速发展，已成为跨境电子商务的主体，我国跨境电商B2B市场规模已占全球跨境电商市场的72.8%。反观东南亚南亚的跨境电商B2B市场则显得非常弱小。在推进数字化国际旅游供应链建设的过程中，东南亚南亚的中小旅游企业普遍缺乏商品、技术、资金等关键要素，需要发挥中国跨境电商B2B市场的领先优势，带动东南亚南亚中小旅游企业的数字化转型，使之成为数字丝绸之路的有机组成。随着数字技术的快速发展，全球旅游信息和旅游服务共享门槛大大降低，中外中小型旅游企业不但可以利用核心企业平台将旅游产品和服务销往更广阔的市场，还能够借助核心企业平台进行便捷的跨境采购，共同为中国出境旅游游客提供个性化、多样化的定制式服务，从而成为中国出境旅游重启后的数字化国际旅游供应链和数字丝绸之路建设的重要参与者。

打造数字化生态系统。在数字技术的支撑下，国际旅游供应链上下游以数据为关键要素，对中国出境旅游系列业务进行全方位的改造和提升。首先，利用数字技术对中国出境旅游相关企业运营的各业务环节进行数字化改造提升，推动数字技术与产品研发、流程重组、场景服务等深度融合，为供应链数字化转型增添活力与竞争力。其次，集合技术、知识、信息、产品等要素，打造一个具有生产、流通、消费等功能的出境旅游商务生态虚拟平台，有效克服旅游企业在数字化转型的过程中遇到的资金、技术等难题，为出境旅游各方市场交易的参与主体提供贷款、支付、社交、电子商务等服务（吕昳苗，2022）。原供应链、产业链的上下游商家、消费者、金融机构、政府部门、平台型企业均下沉到数字化中国出境旅游业务生态系统中，在生态系统中扮演新角色、承担新职能，并在共建共享中实现协同发展。

加快旅游业与"一带一路"重大项目的深度融合。在数字技术环境下，加快中国出境旅游业转型升级，能够更加高效地让企业界定出境旅游产品与"一带一路"倡议的同频共振生命周期阶段，并科学定义中国出境旅游产品的经济、政治、社会文化、环境和科技效应的不同使命，而不再仅仅关注企业的旅游产品提供能力。通过数字技术，实现中外旅游企业之间、中外旅游企业与中国游客之间的信息传递，使中国游客在出境之前或在出境旅游过程中能便捷地参与旅游线路设计、酒店选择、当地文化体验元素选择等个性化产品生产，也使国家通过平台企业合理引导中国出境游客主动服务旅游目的地的民心相通。参与"一带一路"建设的各个国家或地区跨国公司的深度合作，能够推动跨国供应链的形成（丁俊发，2016）。同时，跨国供应链的形成又能促进各个国家或地区的全球化进程，这两者之间具有相辅相成、共生共赢的耦合关系（王春豪，2017）。

6.3 持续促进中国出境旅游"一带一路"民心相通效应的战略布局策略

近十年来，中国的出境旅游客流迅速增加，带动了巨大的资金流、信息流和物流涌向东南亚南亚各国，这不仅给中国的对外开放和"一带一路"建设带来持久动力，还有效带动了东南亚南亚各国旅游业的共同发展。然而，当前中国旅游业面临着三期重叠压力（潘志煜，2019），即国内旅游恢复艰难期、产业转型升级阵痛期、东南亚南亚出境旅游边缘化敏感期。因此，中国重启后的出境旅游应以促进中国与东南亚南亚国际旅游要素合理流动为重点，以东南亚南亚各国急需恢复发展入境旅游为契机，以文化和科技赋能促进出境旅游经济实体化。此外，应在东南亚南亚合作打造区域性国际旅游创新发展合作园区，打通中国与东南亚南亚的海上邮轮、陆上自驾、"空中丝路"等海陆空立体旅游商道，助力设施联通，带动东南亚南亚区域旅游增长。通过持续提高中国出境旅游"一带一路"民心相通效应的持续发展水平，实现"硬联通"与"心联通"的有效平衡。

6.3.1 合作建设国际旅游创新发展实体园区，提高中国出境旅游与东南亚南亚国际旅游经济韧性

挖掘出境旅游积淀的商业资源，打造国际旅游创新发展合作园区，推进中国与东南亚南亚区域旅游经济合作实体化，从而提高中国出境旅游与东南亚南亚国际旅游经济韧性。区域经济合作是国家积极参与全球经济一体化的一种方式，合作共建产业园区已被国内外的实践证明是优化区域资源配置、缩小区域发展差距及实现区域共赢的有效途径。我国出境旅游业可借鉴国家在与"一带一路"沿线经济园区合作的经验，按经济园区模式将与出境旅游产业链相关的出境旅游产品开发与运营、旅游教育、金融支持、旅游科技支持、供应链建设等业务整合成一个国际

旅游产业园区，作为出境旅游创新发展的商业模式。该园区模式将实体经济与虚拟经济有机结合，不仅可大大增强中国出境旅游业在当地的发展韧性，还可提升东南亚南亚当地居民对国际旅游经济实体化的感知、提升当地政府从发展中国出境旅游业务获得的综合效应。

在实施国际旅游产业园区合作建设中，应以旅游目的地当地需求为导向，打造新时代新阶段的"一带一路"旅游合作精品项目。在项目设计上，根据东南亚南亚各国人均GDP和中国游客人数规模的不同水平，将其设计为不同层级的商业模式，在国际旅游产业园区框架下形成项目群和项目链，增强"一带一路"旅游项目合作的辐射力。对于人均GDP较高且中国游客流量较大的国家，如新加坡和马来西亚，可采取以"科技+"为核心的智慧旅游服务输出型园区模式；对于人口规模较大、收入中等、中国游客流量较大的国家，如泰国、印尼、越南等，可采取"旅游教育+"和"金融+"等生产型园区模式；对于人口规模较大、收入水平较低、中国游客流量不大的国家，如南亚国家，可采取"旅游教育+"和"文化+"等服务型园区模式。

6.3.2 打通"21世纪海上丝绸之路"海陆空立体旅游商道，夯实国际旅游产业园区可持续发展基础

通过发挥广西和云南的"桥头堡"优势，可以打通"21世纪海上丝绸之路"海陆空立体旅游商道，夯实国际旅游产业园区合作内容和可持续发展基础，增强中国出境旅游对"21世纪海上丝绸之路"沿线特别是南亚区域的国际旅游影响力。目前，"21世纪海上丝绸之路"面向东南亚南亚的空中交通只停留在初级的交通通道层面，邮轮旅游航线、航班仍处于低水平低效益的发展阶段，跨境自驾游经过多年探索试点仍然没有取得突破，海陆空三个方面的旅游产业功能仍然割裂在不同的经济部门，没有形成合力。然而，中国出境旅游经过多年高速发展之后在东南亚南亚积蓄了强大的市场动能，广西和云南的"桥头堡"地位也得到确立并不断加强。因此，出境旅游重启之机也是促进"21世纪丝绸之路"沿线海陆空旅游整合发展之机，将"空中丝路"、邮轮、跨境自驾整合打造成

"海陆空立体旅游商道",不仅必要,而且可行。

首先,开拓发展"空中丝绸之路"旅游。"空中丝绸之路"实际上是对"一带一路"倡议的补充完善,让"一带一路"建设覆盖的维度更加广泛(每日经济新闻,2022)。《"十四五"民用航空发展规划》提出要重点推进"空中丝绸之路"建设和增强国际航空货运能力两大工程。2022年5月,民航局、国家发展改革委联合印发《"十四五"时期推进"空中丝绸之路"建设高质量发展实施方案》,该方案为"空中丝绸之路"建设发展做好了顶层设计。"空中丝绸之路"不是简单的通航,而是要通过航空连接两个临空经济区而实现变现(每日经济新闻,2021),"空中丝绸之路"旅游就是要把简单的空中客流变现成有消费和能产生GDP的商流。近年来,我国进出口货物、跨境电商、境外购物、出境游人数等数据都保持了高速增长,实施"空中丝绸之路"旅游的基础得到夯实,以广西为面向东盟"桥头堡"、以云南为面向南亚"桥头堡",支撑起东南亚南亚"空中丝绸之路"旅游的条件已具备。根据东南亚南亚各国的气候环境和地理位置,在中国与东南亚南亚各国之间协同开放专属的"空中丝绸之路"航权,将合作建设的国际旅游产业园区建成"空中丝绸之路"旅游的产业龙头企业、后勤与政策支持的服务中心、人力资源与科技应用的策源地。合力打造旅游贸易供应链、金融供应链、基础设施供应链,显著降低"空中丝绸之路"旅游的交易成本和制度成本,提升互联互通效率,将"空中丝绸之路"旅游培育成出境旅游重启后新的增长点。

其次,加快发展邮轮旅游。当前邮轮旅游市场尚不成熟,需要加强市场培育,增加东南亚多国长线航线以及南亚和南太平洋航线。将国家鼓励发展邮轮旅游的政策细化成可落地的扶持政策,以契合"21世纪海上丝绸之路"深化建设要求为出发点,以市场培育为目的。改变单纯以提高游客接待量和船舶艘次增量为主的发展思路,分层分类对接新加坡、马来西亚、印尼、越南、柬埔寨、斯里兰卡等邮轮旅游市场节点和港口节点,联动开展相关运营管理和市场推广的交流活动。及时协调解决邮轮旅游产品运营过程中各方遇到的实际问题和困难,不断增强港、航、旅的参与信心。推动"21世纪海上丝绸之路"沿线国家邮轮旅游通关政策与设施的建设，不断提高通关便利化水平。探索实施"邮轮旅游专项签证政策"，逐步实现"21世纪海上丝绸之路"沿线邮轮旅游目的地国家有限免签，有力拓展海内外的市场空间。

最后，协同发展跨境自驾游。跨境自驾旅游市场一直未能有效放开，其主要障碍是缺乏国家之间的市场准入政策依据。在原有的中越、中老国家间跨境运输协定及跨境自驾游的试行经验基础上，积极探索基于RCEP框架下的区域性跨境自驾游运输协议原则，建立中国与东南亚南亚国家的区域性运输协定框架，将中国与东南亚南亚国家的跨境旅游自驾车纳入国际道路运输管理范围，从根本上解决跨境自驾旅游的市场准入问题。在市场初期，可根据各国实际条件和市场情况先试行小范围的市场许可，共同商定一国自驾车进入对方国境内可到达的指定区域或景区景点及相关的运行线路，商定跨境自驾车的申报条件、报批流程和通关监管模式；共同编制区域内的跨境自驾旅游车辆通行证件和交通规则，提高交通安全保障与服务水平。2022年9月，文化和旅游部发布《边境旅游管理办法（修订征求意见稿）》，对发展跨境自驾旅游业务发出了积极的信号，也为推出更积极的跨境自驾旅游市场准入政策奠定基础。

6.3.3 聚焦数字经济联通建设，增强国际旅游产业园区可持续营运能力

提高区域数字联通水平，增强国际旅游产业园区可持续营运能力，可以增强中国出境旅游对东南亚南亚设施联通和贸易畅通的支持力度。中国的数字经济在新时期获得更强的发展动力，在面向东南亚南亚的数字经济发展中具有明显的"高地"效应，可以向东南亚南亚提供数字经济方面的人才和技术支持，在电子商务、智慧城市、5G技术、云计算等方面加强合作，在恢复发展出境旅游业务和加大国际旅游经济合作中不断提高数字联通水平，顺应数字时代国际旅游业与共建"一带一路"协同发展的需要。

重点发展"小而美"、通民心的数字旅游经济。东南亚南亚各国在数字经济基础领域差异较大（杨路明、陈丽萍，2021），很多国家在消费端

的移动互联网用户人口占比较低,数字经济发展受到制约。为此,可以利用国际旅游产业合作园区的平台优势,促进区域性的网络基础设施建设,加速将数字经济导入国际旅游业的各个环节。特别要紧密结合移动设备和移动互联网,发展贴近游客和旅游目的地居民交往的移动互联消费活动。例如,可以充分发挥中国在生活消费类电子商务的巨大优势,带动东南亚南亚发展移动支付、网约经济、共享经济等"小而美"的生活消费类数字经济项目,将数字经济技术不断下沉到当地居民的民生应用场景,持续扩大东南亚南亚数字旅游经济的客户群体。

加强国际旅游产业园区之间的空间合作,有效发挥其聚集效应。东南亚南亚地区数字经济发展不平衡,总体水平也还不高。在旅游业的应用停留在比较初级的消费行为,数字经济在国际旅游业领域的应用仍然比较零散,数字旅游经济的聚集效应优势没能发挥出来。因此,各国可在不同的国际旅游产业园区间广泛开展旅游大数据、人工智能、智慧酒店和智慧景区等数字化旅游业务的合作,加强技术标准互认互通工作。围绕数字经济协同发展目标,提升数字经济政策互通水平,避免各自为政或恶性竞争,在不同国家、不同区域之间形成良好的合作关系和聚集效应。针对地区数字经济发展不平衡的问题,可在"一带一路"倡议和人类命运共同体理念协调下加强东南亚南亚区域内部及东南亚南亚与中国之间的技术共享,在与中国的双循环新发展格局的对接中不断缩小各方数字经济发展鸿沟。各方在国际旅游产业园区的产品和服务输出方面形成良好的分工与协作机制,高效地利用好中国出境旅游带来的丰富资源,不断凝聚合作共识,将国际旅游产业园区建成"一带一路"合作共赢的旅游产业平台,增强国际旅游聚集发展的经济效应。

第 7 章
结 论

民心相通是"一带一路"的"五通"建设内容之一，也是其他"四通"建设的最终目标。出境旅游被誉为"民间外交"，是促进人员交往、文化交流的最直接方式，在推进共建"一带一路"中发挥着先联先通的作用，对促进沿线民心相通具有独特优势。尽管东南亚南亚是我国公民传统的出境旅游目的地，我国出境游客规模在当地占有显著优势，但这种优势在促进当地对华民心相通中没有充分发挥出来。

本课题以中国出境旅游在东南亚南亚地区所产生的效应为研究对象，以"21世纪海上丝绸之路"关键节点的东南亚南亚区域作为研究范围，将出境旅游置于"一带一路"沿线民心相通工作中来进行考量，通过对中国出境旅游与"一带一路"沿线民心相通互动关系的文献分析、现实研判，构建中国出境旅游"一带一路"民心相通效应相关理论模型，从理论上阐述了中国出境旅游国际影响力对"一带一路"沿线居民对华民心相通影响的产生路径及作用机制，并以此理论成果为基础系统研究中国出境旅游对东南亚南亚的经济、政治、社会文化、科技和环境的综合效应，从调研分析和计量检验两个角度来进行实证。课题组在开展研究过程中碰到全球性新冠疫情这一突发事件，课题组适时调整了研究思路和框架，增加了突发事件影响下东南亚南亚中国出境旅游效应新动态的研究内容，在对策研究上则选取了如何在新时代新阶段发展我国在东南亚南亚的出境旅游市场、持续发挥中国出境旅游在东南亚南亚民心相通推动效应等视角，提出具体的政策建议。研究所进行的创新性工作和所得出的主要结论如下。

首先，审视中国出境旅游快速发展服务"一带一路"沿线民心相通的"两个问题"。出境旅游是促进人员交流、增进彼此了解的最直接的方式。东南亚南亚是我国公民重要的出境旅游目的地，国家间具有良好的旅游交往基础，但我国出境旅游在平衡东南亚南亚的"心联通"与"硬联通"方面的表现仍有进步空间。通过审视"为什么要重视我国出境旅游在东南亚南亚地区民心相通的作用""百年变局与双循环新发展格局下如何用好中国出境旅游'一带一路'民心相通效应"这两个问题，确立本课题研究主线。

其次，构建中国出境旅游"一带一路"民心相通效应相关理论模型，系统研究和测算中国出境旅游在东南亚南亚的综合效应，从理论上回答"两个问题"。"民心相通"是衡量出境旅游服务"一带一路"倡议实施效果的关键指标。出境旅游作为"一带一路"沿线民心相通的促进因素之一，主要通过旅游外交、来华旅游、科教文卫交流等形式推动"一带一路"民心相通效应的产生。据此理论模型，探讨中国出境旅游与"一带一路"沿线民心相通的关系，并通过对印尼雅加达和泰国曼谷的调研进行实证检验，验证了中国出境旅游对"一带一路"沿线民心相通具有显著的正向影响，国家形象认知、文化包容性在上述关系中起中介作用，中国出境旅游客流规模越大，中国出境旅游对国家形象认知和文化包容性的影响越强。基于旅游目的地居民视角构建了中国出境旅游"一带一路"沿线民心相通效应的测量指标，以认知、情感、意动为测量的三大维度。运用该测量指标对印尼、泰国、越南、斯里兰卡、印度等国家开展实证研究，测量了东南亚南亚当地居民对华民心相通的成效，为后续研究提供了理论依据。全面系统地分析了中国出境旅游在东南亚南亚产生的经济、政治、社会文化、环境和科技等效应：经济上，中国出境旅游已成为东南亚南亚地区经济发展的重要带动力，不同时期、不同的国家和地区，对经济增长的带动效应有所不同；政治上，提升了我国在东南亚南亚的软实力和好感度；社会文化上，提升了东南亚南亚旅游目的地居民心理幸福感，促进了当地文化包容性发展；环境上，掌握了目的地居民对旅游环境影响感知及环境责任行为意向的情况，通过量化分析正面回答了旅游对东南亚海洋塑料垃圾污染的争论，促进了东南亚南亚环境保护事业的发展；科技上，探究了东南亚南亚数字经济发展的应用场景和市场动力，为新时代新阶段加快中国与东南亚南亚开展旅游数字经济合作明确了方向。以中国出境旅游的五个效应为一级指标建立东南亚南亚中国出境旅游综合效应测量模型，首次系统测算了东南亚南亚14个国家2010—2021年的中国出境旅游效应水平，分析了东南亚南亚中国出境旅游效应的区域差异及发展趋势，为系统把握中国出境旅游对东南亚南亚的影响提供依据。

再次，深入实地研究新时代新阶段中国出境旅游对东南亚南亚民心相通影响的新动态，从服务国家战略上为我国出境旅游新发展提供理论依据。受突发事件影响，东南亚南亚众多旅游目的地因缺乏国际游客而陷入萧条，影响了当地旅游经济韧性；旅游经济萧条也深刻影响了东南亚南亚民众的心理状态，中国出境旅游的长时间中断使当下东南亚南亚民众对共建"一带一路"的解读出现晕轮效应、对当地社会文化影响上出现了"资源诅咒"效应、对旅游环境影响上出现了邻避与迎臂效应等新动态，为我国出境旅游新时代新阶段发展如何促进与东南亚南亚"一带一路"民心相通提供理论依据。

最后，构建中国出境旅游"一带一路"民心相通效应的战略布局策略和顶层设计分析，提出促进出境旅游高质量发展更好服务于"一带一路"民心相通的政策建议。在我国推进高水平对外开放、促进出境旅游高质量发展的过程中，应当用好出境旅游新发展的契机，从推动构建中国出境旅游"一带一路"民心相通效应战略布局策略、合理运用中国出境旅游"一带一路"民心相通效应战略布局策略、持续促进中国出境旅游"一带一路"民心相通效应的战略布局策略三个方面提出政策建议，推动以服务"一带一路"沿线对华民心相通为宗旨的出境旅游发展战略。实施这个战略的关键，在于构建更加紧密的命运共同体框架下的面向东南亚南亚的出境旅游高质量发展产业模式，找准出境旅游恢复发展的共识、动能、空间和合作平台，进一步提升中国出境旅游的国际影响力和话语权。

本研究在研究内容和研究方法上实现了创新。研究内容的创新有两方面：一是，率先将"一带一路"民心相通效应指标引入我国出境旅游领域，从旅游目的地视角来判断我国出境旅游在促进东南亚南亚民心相通中的优势，并以此为基础来探讨我国在东南亚南亚出境旅游的战略问题；二是，率先系统研究并量化测算了东南亚南亚14个国家的中国出境旅游综合效应。研究方法的创新在于，深入东南亚南亚多个国家具有代表性的旅游目的地实地收集第一手数据，为全面认识和判断中国出境旅游对东南亚南亚旅游目的地的综合影响情况提供了坚实的基础。

本研究虽针对东南亚南亚中国出境旅游效应问题开展了创新性工作，但仍存在一些不足，还可以做进一步的研究。

一是数据方面的问题。目前东南亚南亚国家的旅游统计数据非常不完善，既无法全面显示与中国游客赴东南亚南亚旅游的相关信息，也不能与国民经济和产业经济统计体系很好地对接，这在一定程度上限制了本研究实证检验部分的深入开展，但也为下一步的深入研究提供了方向。

二是国际对比问题。对东南亚南亚各国的中国出境旅游效应进行更加深入的国际比较对于本项目的进一步研究有着非常重要的意义。但由于东南亚南亚和国家之间在旅游产业的管理体制、发展水平、在本国经济社会中的地位作用上的巨大差异，要进行效应的国际对比，还需要更加全面、更加细致的数据。

三是政策措施问题。本研究所提政策建议，如果能在政府行业管理部门、涉外旅游企业等相关实际工作部门进行检验，深入探讨其可行性与实际运行效果，会更具系统性和实践性。

参 考 文 献

[1] Pereira A, Green E G T, Visintin E P. National identification counteracts the sedative effect of positive intergroup contact on ethnic activism[J]. Frontiers in Psychology, 2017(8).

[2] Akadiri S S, Lasisi T T, Uzuner G, et al. Examining the causal impacts of tourism, globalization, economic growth and carbon emissions in tourism island territories: bootstrap panel Granger causality analysis[J]. Current Issues Tourism, 2020(4).

[3] Andereck K L. The Impacts of Tourism on Natural Resources[J]. Arlington: Parks & Recreation, 1993(6).

[4] Antonioni A, Tomassini M. A growing social network model in geographical space[J]. Journal of Statistical Mechanics Theory and Experiment, 2017(9).

[5] Archer B. Tourism Multipliers: The Stale of the Art[J]. Bangor Occasional Papers in Economics, 1977(11).

[6] Azam M, Alam M M, Hafeez M H. Effect of tourism on environmental pollution: Further evidence from Malaysia, Singapore and Thailand[J]. Journal of Cleaner Production, 2018(190).

[7] Bauman Z, Donskis L. Moral blindness: The loss of sensitivity in liquid modernity[M]. Hoboken: John Wiley & Sons, 2013.

[8] Benckendorff P J, Sheldon P J, Fesenmaier D R. Tourism information technology[J]. Tourism Information Technology, 2014.

[9] Boley B B, McGehee N G, Hammett A T. Importance-performance analysis(IPA) of sustainable tourism initiatives: The resident perspective[J]. Tourism Management, 2017(58).

[10] Brida J G, Cortes-Jimenez I, Pulina M. Has the tourism-led growth hypothesis been validated? A literature review[J]. Current Issues in Tour-

ism,2016(5).

[11] Osti L, Faccioli M, Brida J G. Residents' perception and attitudes towards tourism impacts: A case study of the small rural community of Folgaria(Trentino-Italy)[J]. Benchmarking: An International Journal, 2011(3).

[12] Brodsky A, Amabile T M. The downside of downtime: The prevalence and work pacing consequences of idle time at work[J]. Journal of Applied Psychology,2018(5).

[13] Brollo F, Nannicini T, Perotti R, et al. The political resource curse[J]. American Economic Review,2013(5).

[14] Buhalis D, Leung R. Smart hospitality——Interconnectivity and interoperability towards an ecosystem[J]. International Journal of Hospitality Management,2018(71).

[15] Capó J, Valle E. The macroeconomic contribution of tourism[J]. Tourism Development: Economics, Management, and Strategy, 2008(201).

[16] Challis B H, Krane R V. Mood induction and the priming of semantic memory in a lexical decision task: Asymmetric effects of elation and depression[J]. Bulletin of the Psychonomic Society,1988(26).

[17] Chen C, Chorus C, Molin E, et al. Effects of task complexity and time pressure on activity-travel choices: heteroscedastic logit model and activity-travel simulator experiment[J]. Transportation,2016(43).

[18] Chen M H. Causal relations among tourism and development, exchange rate, exports and economic activity[J]. Tourism Development: Economics,Management and Strategy,2008(101).

[19] Vaughan D R, Edwards J R. Experiential perceptions of two winter sun destinations: The Algarve and Cyprus[J]. Journal of Vacation Marketing,1999(4).

[20] Dai B, Jiang Y, Yang L, et al. China's outbound tourism-Stages, policies and choices[J]. Tourism Management,2017(58).

[21] Das S, Rasul M G, Hossain M S, et al. Acute food insecurity and short-term coping strategies of urban and rural households of Bangladesh during the lockdown period of COVID-19 pandemic of 2020: report of a cross-sectional survey[J]. BMJ Open, 2020(12).

[22] Dev S M, Sengupta R. COVID-19: Impact on the Indian economy[J]. Indira Gandhi Institute of Development Research. Mumbai April, 2020.

[23] Dong S, Deng Y B, Huang Y C. SEIR model of rumor spreading in online social network with varying total population size[J]. Communications in Theoretical Physics, 2017(4).

[24] Dwyer L, Edwards D, Mistilis N, et al. Destination and enterprise management for a tourism future[J]. Tourism Management, 2009(1).

[25] Plant E A, Devine P G. The antecedents and implications of interracial anxiety[J]. Personality and Social Psychology Bulletin, 2003(6).

[26] Eades J, Cooper M. Soldiers, victims and neon lights: the American presence in post-war Japanese tourism: Jerry Eades and Malcolm Cooper[M]//Tourism and War. London: Routledge, 2013.

[27] Ettema D, Friman M, Olsson L E, et al. Season and weather effects on travel-related mood and travel satisfaction[J]. Frontiers in Psychology, 2017(8).

[28] Finucane M L, Alhakami A, Slovic P, et al. The affect heuristic in judgments of risks and benefits[J]. Journal of Behavioral Decision Making, 2000(1).

[29] Gajdosik T, Gajdosikova Z, Strazanova R. Residents perception of sustainable tourism destination development: A destination governance issue[J]. Global Business and Finance Review, 2018(1).

[30] Gao Y, Ge B, Lang X, et al. Impacts of proactive orientation and entrepreneurial strategy on entrepreneurial performance: An empirical research[J]. Technological Forecasting and Social Change, 2018(135).

[31] Garhammer M. Pace of life and enjoyment of life[J]. Journal of Happiness Studies, 2002(3).

[32] Gartner W C. Tourism development: principles, processes, and policies[M]. New York: John Wiley & Sons, 1996.

[33] Gevers J, Mohammed S, Baytalskaya N. The conceptualisation and measurement of pacing styles[J]. Applied Psychology, 2015(3).

[34] Greeff H, Manandhar A, Thomson P, et al. Distributed inference condition monitoring system for rural infrastructure in the developing world[J]. IEEE Sensors Journal, 2018(5).

[35] Halbesleben J R B, Neveu J P, Paustian-Underdahl S C, et al. Getting to the "COR": Understanding the role of resources in conservation of resources theory[J]. Journal of Management, 2014(5).

[36] Hall C M. Trends in ocean and coastal tourism: The end of the last frontier?[J]. Ocean & Coastal Management, 2001(44).

[37] Harcombe D. The economic impacts of tourism[J]. ABAC Journal, 1999(2).

[38] Holbrook M B, Batra R. Assessing mediators to the role of emotions responses as consumer advertising[J]. Journal of Consumer Research, 1987(3).

[39] Holden A. Environment and Tourism[M]. New York: Routledge, 2016.

[40] Hollinshead K, Hou C X. The seductions of "Soft Power": The call for multifronted research into the articulative reach of tourism in China [J]. Journal of China Tourism Research, 2012(8).

[41] Hossain M S, Ferdous S, Siddiqee M H. Mass panic during COVID-19 outbreak – A perspective from Bangladesh as a high-risk country[J]. Journal of Biomedical Analytics, 2020(2).

[42] Huijbens E H, Alessio D. Arctic 'concessions' and icebreaker diplomacy? Chinese tourism development in Iceland[J]. Current Issues in Tourism, 2015(5).

[43] Hung C D, Goo J, Num K, et al. Smart tourism technologies in travel planning: The role of exploration and exploitation[J]. Information & Management, 2017(6).

[44] Kühnel J, Sonnentag S, Bledow R. Resources and time pressure as day-level antecedents of work engagement[J]. Journal of Occupational & Organizational Psychology, 2012(1).

[45] Kleiner S. Subjective time pressure: General or domain specific?[J]. Social Science Research, 2014(47).

[46] Kubberød E, Pettersen I B. The role of peripherality in students' entrepreneurial learning[J]. Education + Training, 2018(1).

[47] Butler R, Suntikul W. Tourism and war[M]. London: Routledge, 2013.

[48] Li S, Li J. Social network structures and bank runs[J]. The European Physical Journal B, 2016(89).

[49] Van Lierop D, El-Geneidy A. Is having a positive image of public transit associated with travel satisfaction and continued transit usage? An exploratory study of bus transit[J]. Public Transport, 2018(10).

[50] Lim C. Analysis of time pressure and value perception: An exploratory study of consumer travel fair[J]. Journal of Travel & Tourism Marketing, 2013(5).

[51] Manzoor F, Wei L, Asif M, et al. The contribution of sustainable tourism to economic growth and employment in Pakistan[J]. International Journal of Environmental Research and Public Health, 2019(19).

[52] Brambilla M, Ravenna M, Hewstone M. Changing stereotype content through mental imagery: Imagining intergroup contact promotes stereotype change[J]. Group Processes & Intergroup Relations, 2012(3).

[53] Marzuki A. Local residents' perceptions towards economic impacts of tourism development in Phuket[J]. Tourism: An International Interdisciplinary Journal, 2012(2).

[54] Mathieson A, Wall G. Tourism, economic, physical and social impacts[M]. London: Longman Scientific & Technical, 1982.

[55] Mayo E J, Jarvis L P. The psychology of leisure travel. Effective marketing and selling of travel services[M]. Boston: CBI Publishing Company, 1981.

[56] Merz J, Rathjen T. Time and income poverty: An interdependent multidimensional poverty approach with German time use diary data[J]. Review of Income and Wealth, 2014(3).

[57] Meyer E T, Schroeder R, Cowls J. The net as a knowledge machine: How the Internet became embedded in research[J]. New Media & Society, 2016(7).

[58] Moore D A, Tenney E R. Time Pressure, performance, and productivity[M]. Bingley: Emerald Group Publishing Limited, 2012.

[59] Naruse T, Taguchi A, Kuwahara Y, et al. Relationship between perceived time pressure during visits and burnout among home visiting nurses in Japan[J]. Japan Journal of Nursing Science, 2012(2).

[60] Nooteboom B, Van Haverbeke W, Duysters G, et al. Optimal cognitive distance and absorptive capacity[J]. Research Policy, 2007(7).

[61] Podsakoff P M, MacKenzie S B, Lee J Y, et al. Common method biases in behavioral research: a critical review of the literature and recommended remedies [J]. Journal of Applied Psychology, 2003(5).

[62] Poon J M L. Mood: A review of its antecedsents and consequences[J]. International Journal of Organization Theory and Behavior, 2001(4).

[63] Rice S, Trafimow D. Time pressure heuristics can improve performance due to increased consistency[J]. The Journal of General Psychology, 2012(4).

[64] Roudi S, Arasli H, Akadiri S S. New insights into an old issue-examining the influence of tourism on economic growth: evidence from selected small island developing states[J]. Current Issues in Tourism, 2019(11).

[65] Russell J A. Pancultural aspects of the human conceptual organization of emotions[J]. Journal of Personality & Social Psychology, 1983(6).

[66] Sala-i-Martin X, Subramanian A. Addressing the natural resource curse: an illustration from Nigeria[J]. Journal of African Economies, 2013(4).

[67] Sam J S. Ethnography for the Internet: Embedded, Embodied and Everyday[J]. International Sociology, 2016(5).

[68] Seabloom R W, Plews G, Cox F. The effect of sewage discharges from pleasure craft on Puget sound waters and shellfish quality[M]. Washington: Washington State Department of Health. 1989.

[69] Sghaier A, Guizani A, Ben Jabeur S, et al. Tourism development, energy consumption and environmental quality in Tunisia, Egypt and Morocco: a trivariate analysis[J]. GeoJournal, 2019(84).

[70] Shakouri B, Khoshnevis Yazdi S, Ghorchebigi E. Does tourism development promote CO_2 emissions?[J]. Anatolia, 2017(3).

[71] Sharif A, Afshan S, Nisha N. Impact of tourism on CO_2 emission: evidence from Pakistan[J]. Asia Pacific Journal of Tourism Research, 2017(4).

[72] Stringer K. Visa diplomacy[J]. Diplomacy and Statecraft, 2004(4).

[73] Su L J, Hsu M K, Swanson S. The effect of tourist relationship perception on destination loyalty at a world heritage site in China: the mediating role of overall destination satisfaction and trust[J]. Journal of Hospitality & Tourism Research, 2017(2).

[74] Tohmo T. The economic impact of tourism in Central Finland: a regional input-output study[J]. Tourism Review, 2018(4).

[75] Valek N S, Fotiadis A. Is tourism really an escape from everyday life? Everyday leisure activities vs leisure travel activities of expats and Emirati nationals living in the UAE[J]. International Journal of Culture, Tourism and Hospitality Research, 2018(2).

[76] Vanhove N. The economics of tourism destinations: theory and practice[M]. London: Routledge, 2022.

[77] Voci A, Hewstone M. Intergroup contact and prejudice toward immigrants in Italy: The mediational role of anxiety and the moderational role of group salience[J]. Group Processes & Intergroup Relations, 2003(1).

[78] Wright S C,Aron A,McLaughlin-Volpe T,et al. The extended contact effect:knowledge of cross-group friendships and prejudice[J],Journal of Personality and Social Psychology,1997(1).

[79] Ng Y L,Kulik C T,Bordia P. The moderating role of intergroup contact in race composition,perceived similarity,and applicant attraction relationships[J]. Journal of Business & Psychology,2016(31).

[80] Ling-Yun Z,Nao L,Min L. On the basic concept of smarter tourism and its theoretical system[J]. Tourism Tribune,2012(5).

[81] DUANGNALY KHOUNKEO(王精辟). 老挝民众对"一带一路"建设的认知差异及应对策略研究[D]. 浙江师范大学,2020.

[82] 包富华,杨尚英. 2000年以来国内旅游的社会文化影响的研究回顾[J]. 世界地理研究,2016(5).

[83] 曹笑笑,马雨欣. 中国对阿拉伯国家旅游外交的理念与实践[J]. 阿拉伯世界研究,2021(3).

[84] 曹云华. 关键是民心相通——关于中国—东南亚人文交流的若干问题[J]. 对外传播,2016(5).

[85] 曾博伟. 新时期旅游政策优化的思路和方向[J]. 旅游学刊,2015(8).

[86] 曾德明,陈培祯. 企业知识基础、认知距离对二元式创新绩效的影响[J]. 管理学报,2017(8).

[87] 曾金枫. 福建省公众科学素养水平评价及其影响因素研究[D]. 福州:福建农林大学,2013.

[88] 常素梅. 2012年常州市城市社区居民科学素养调查研究[J]. 淮海工学院学报(人文社会科学版),2013(9).

[89] 陈国宏,朱建秋. 科技创新与旅游产业发展的耦合机制——以沈阳旅游产业为例[J]. 沈阳师范大学学报(社会科学版),2013(5).

[90] 陈如平,牛楠森. 以每个人的文明建构一个国家的形象[N]. 光明日报,2017-02-06(5).

[91] 陈万灵,何传添. 海上丝绸之路的各方博弈及其经贸定位[J]. 改革,2014(3).

[92] 陈武强,赵敏燕,唐甜甜,等. 国家公园社区居民环境责任行为意向的

影响机理[J].林业经济,2021(3).

[93]陈奕平.华侨华人与"一带一路"软实力建设[J].统一战线学研究,2018(5).

[94]陈颖,邓舒展,汤杰惠.中国旅游业和科技服务业融合互动关系研究——基于VAR模型的实证分析[J].环渤海经济瞭望,2020(8).

[95]陈志军,黄细嘉,范桂辰.旅游感知视角下红色旅游地满意度评价——以井冈山为例[J].企业经济,2014(11).

[96]程胜龙.东盟国际旅游市场研究[J].广西大学学报(哲学社会科学版),2011(4).

[97]储殷."一带一路"的真正风险尚未到来[J].商业观察,2016(1).

[98]戴斌.长安读书会:出境旅游综合效应与治理[EB].[2015-8-24].https://www.sohu.com/a/29176769_188245.

[99]戴丽昕.凝心聚力提升公民科学素质[N].上海科技报,2018-06-29.

[100]戴学锋.出境旅游应成为扩大中国国际影响力的重要手段[J].旅游学刊,2011(8).

[101]戴学锋.论出境旅游在扩展中国国际影响力中的作用[J].北京第二外国语学院学报,2012(9).

[102]邓爱民.中国出境旅游需求决定因素的实证研究[J].宏观经济研究,2011(12).

[103]赵宝春,田志龙.中国大陆游客境外目的地发达程度和文化距离偏好研究[J].管理学报,2008(6).

[104]邓颖颖.21世纪"海上丝绸之路"建设背景下中国—东盟旅游合作探析[J].广西社会科学,2015(12).

[105]翟崑,王丽娜.一带一路背景下的中国—东盟民心相通现状实证研究[J].云南师范大学学报(哲学社会科学版),2016(6).

[106]丁俊发.美国全球供应链安全国家战略与中国对策[J].中国流通经济,2016(9).

[107]范月娇,王金燕.21世纪海上丝绸之路运输通道的海运效率评价——基于SBM模型和DEA窗口分析方法[J].中国流通经济,2020(4).

[108] 范周.做好旅游文章 讲好中国故事[N].经济日报,2018-04-27.

[109] 傅梦孜."一带一路"高质量发展:态势、环境与路径[J].边界与海洋研究,2022(1).

[110] 高波,吕有金.中国式现代化道路:理论逻辑、现实特征与推进路径[J].河北学刊,2022(6).

[111] 高嘉勇,王如月.中国与东盟出入境旅游与国际贸易的关系研究[J].河北旅游职业学院学报,2022(2).

[112] 谷慧敏,高敬敬,郭帆,等.中国旅游者绿色旅游消费行为差异分析[C].旅游教育出版社,2011.

[113] 谷明.国外滨海旅游研究综述[J].旅游学刊,2008(11).

[114] 关达.旅游产业转型升级对区域经济发展的影响——以北京市延庆区为例[J].中国商论,2021(6).

[115] 郭红东,丁高洁.关系网络、机会创新性与农民创业绩效[J].中国农村经济,2013(8).

[116] 郭鸿炜."一带一路"民心相通的理论解析与路径选择——基于跨文化治理的视角[J].行政与法,2019(7).

[117] 郭鲁芳,张素.中国公民出境旅游文明与软实力提升研究[J].旅游学刊,2008(12).

[118] 海外网."一带一路"带火沿线游:中外双向旅游交流已逾6000万人次[EB].[2019-4-26].http://m.haiwainet.cn/middle/3541351/2019/0426/content_31545251_1.html.

[119] 何高平.中国国家形象变化及启示——基于《中国国家形象全球调查报告》(2012—2015年)[J].文化软实力研究,2016(4).

[120] 何学欢,胡东滨,粟路军.旅游地居民感知公平、关系质量与环境责任行为[J].旅游学刊,2018(9).

[121] 何艳玲."中国式"邻避冲突:基于事件的分析[J].开放时代,2009(12).

[122] 贺圣达.东南亚格局中的中国策略[N].中国科学报,2014-01-06(7).

[123] 胡必亮,刘清杰,孙艳艳,等.五、以"一带一路"建设为"抓手",促进全球化转型发展[J].经济研究参考,2017(55).

[124]黄端,陈俊艺.民心相通是"一带一路"建设取得成功的关键点和落脚点[J].发展研究,2017(5).

[125]黄娟.基于文献计量的中国"一带一路"研究综述[J].南宁职业技术学院学报,2019(1).

[126]黄名扬.提出八项量化预期指标 两部门发文推进"空中丝绸之路"建设[N].每日经济新闻,2022-05-10(9).

[127]黄欣文,卓如莲.利率与汇率对我国出境旅游人数增长的综合影响——基于1998—2018年的时间序列分析[J].时代金融,2019(29).

[128]黄雪莹,梁儒谦."一带一路"倡议框架下的旅游外交[N].中国旅游报,2017-10-03.

[129]纪思琪.厦门湾海洋塑料垃圾来源定量及其政策研究[D].厦门:厦门大学,2019.

[130]贾益民,胡培安,胡建刚."21世纪世界华文教育发展愿景与行动"倡议[J].世界华文教学,2017(0).

[131]江金波,郭祎.中国与"一带一路"沿线国家间出入境旅游与国际贸易互动关系研究[J].旅游导刊,2018(5).

[132]姜辽,苏勤,杜宗斌.21世纪以来旅游社会文化影响研究的回顾与反思[J].旅游学刊,2013(12).

[133]蒋千璐.中资企业境外安全防范的现状和应对建议[J].国际工程与劳务,2021(10).

[134]蒋依依.以国家形象与旅游形象有机融合促进入境旅+游持续发展[J].旅游学刊,2018(11).

[135]金美兰.旅游地居民亲环境行为的影响机理研究[J].旅游纵览(下半月),2019(10).

[136]孔建勋,沈圆圆."一带一路"倡议下东南亚中资企业推进民心相通的实证分析[J].云南师范大学学报(哲学社会科学版),2021(6).

[137]寇彧,唐玲玲.心境对亲社会行为的影响[J].北京师范大学学报(社会科学版),2004(5).

[138]李东进,安钟石,周荣海,等.基于Fishbein合理行为模型的国家形象对中国消费者购买意向影响研究——以美、德、日、韩四国国家形

象为例[J].南开管理评论,2008(5).

[139] 李冬梅.试论中华文化"包容性增长"的价值体现[J].人民论坛,2014(11).

[140] 李飞.论旅游外交:层次、属性和功能[J].旅游学刊,2019(3).

[141] 李慧,王苗苗.收入分配对经济韧性的影响分析[J].投资与创业,2022(12).

[142] 李继波,黄希庭.时间与幸福的关系:基于跟金钱与幸福关系的比较[J].西南大学学报(社会科学版),2013(1).

[143] 李开宇,张艳芳.中国入境旅游受突发性事件影响的时空分析及其对策[J].世界地理研究,2003(4).

[144] 李兰兰.城市形象对游客满意度的晕轮效应研究——以内地赴香港游客为例[D].蚌埠:安徽财经大学,2017.

[145] 李蕊含."一带一路"沿线五国互联互通评价研究[D].上海:东华大学,2017.

[146] 李维安,李勇建,石丹.供应链治理理论研究:概念、内涵与规范性分析框架[J].南开管理评论,2016(1).

[147] 李文珍,唐彬宇,林滨.粤港澳大湾区建设对香港与内地青年交往心态的调适——基于群际接触理论的分析[J].当代青年研究,2021(5).

[148] 李怡.大数据下的智慧旅游发展研究[J].今日财富,2019(7).

[149] 李有根,赵西萍,邹慧萍.居民对旅游影响的知觉[J].心理学动态,997(2).

[150] 李中建,孙根年.中国出境旅游的外交效应[J].浙江大学学报(理学版),2021(6).

[151] 李中建,孙根年.中美英德法出境旅游国际影响力比较——基于经济视角的时空分析[J].资源科学,2019(5).

[152] 李中建.中国出境旅游国际影响力的时空测评研究[D].西安:陕西师范大学,2019.

[153] 梁莎莎,陈英豪,施川.中国—东盟环境合作新方向:共同解决海洋塑料垃圾[J].环境与可持续发展,2020(5).

[154] 刘国贞,吕丽红.乡村振兴的"文化+生态+科技"三位一体模式探讨[J].山东理工大学学报(社会科学版),2022(2).

[155] 刘静艳,靖金静.宗教旅游体验对游客行为意向的影响研究——游客心境的中介作用[J].旅游科学,2015(3).

[156] 刘娟.出境旅游客流输出与国家形象感知的空间对应性分析[J].宁夏社会科学,2015(1).

[157] 刘娟.论国家旅游形象境外推广和中国传统文化传承[J].现代商贸工业,2015(17).

[158] 刘美新,蔡晓梅.邻避或迎臂效应:东莞豪华酒店与社区的互动关系[J].地理研究,2018(11).

[159] 刘民坤,蒋丽玲,陈湘漪."一带一路"背景下中越跨境旅游合作区开发路径研究[J].经济研究参考,2015(53).

[160] 刘倩倩,刘祥艳,周功梅.中国出境旅游研究:一个文献综述[J].旅游论坛,2021(3).

[161] 刘倩倩,姚战琪,周功梅.入境旅游的GDP贡献越大经济增长带动效应越强吗?——理论机制、国际经验与双循环发展启示[J].西部论坛,2021(2).

[162] 刘祥艳,杨丽琼,吕兴洋.文化距离对我国出境旅游的影响——基于引力模型的动态面板数据分析[J].旅游科学,2018(4).

[163] 刘小兵.基于互联网思维的大学生创业思考[J].财经界,2015(21).

[164] 刘晓燕.旅游危机事件及危机管理探析[J].太原城市职业技术学院学报,2010(4).

[165] 刘永芳,毕玉芳,王怀勇.情绪和任务框架对自我和预期他人决策时风险偏好的影响[J].心理学报,2010(3).

[166] 刘玉国,王晓丹,尹苗苗,等.互联网嵌入对创业团队资源获取行为的影响研究——创业学习的中介作用[J].科学学研究,2016(6).

[167] 柳春.浙江省新零售发展现状及驱动因素分析[J].统计科学与实践,2021(3).

[168] 柳红波,郭英之,李小民.世界遗产地旅游者文化遗产态度与遗产保护行为关系研究——以嘉峪关关城景区为例[J].干旱区资源与环

境,2018(1).

[169] 卢小丽,武春友.居民旅游影响感知的模糊综合评价[J].管理学报,2008(2).

[170] 陆林.旅游地居民态度调查研究——以皖南旅游区为例[J].自然资源学报,1996(4).

[171] 陆奇斌,赵平,王高,等.消费者满意度测量中的光环效应[J].心理学报,2005(4).

[172] 骆妙璇,吴浩存.危机事件对我国入境旅游规模的影响研究——基于TBTL-IA组合模型[J].资源开发与市场,2018(1).

[173] 马慧敏,贾丽平."数字丝绸之路"背景下数字经济合作对策研究——以东南亚国家为例[J].国际经济合作,2022(4).

[174] 马丽君,江恋,孙根年.菲律宾入境中国旅游与贸易对重大事件的响应及相关关系[J].华中师范大学学报(自然科学版),2015(4).

[175] 冒佩华,徐骥.农地制度、土地经营权流转与农民收入增长[J].管理世界,2015(5).

[176] 孟妮.区域内旅游可迎来哪些利好?[N].国际商报,2022-01-10(3).

[177] 民心相通:夯实丝路合作的民心基础[J].政协天地,2016(8).

[178] 闵冬梅,汪发元.产业结构升级、科技创新对旅游经济发展的影响——基于安徽省2000—2019年数据的实证分析[J].新余学院学报,2021(4).

[179] 牛东芳,沈昭利,黄梅波.东南亚数字经济发展:评估与展望[J].东南亚研究,2022(2).

[180] 潘志煜."一带一路"背景下中国与东南亚区域经济合作路径与策略研究[J].国别和区域研究,2019(4).

[181] 庞中英."经济共同体"+"安全共同体"——东盟重新定位的含义[J].世界知识,2003(22).

[182] 裴长洪,倪江飞,李越.数字经济的政治经济学分析[J].财贸经济,2018(9).

[183] 齐俊妍,任奕达.东道国数字经济发展水平与中国对外直接投资——基于"一带一路"沿线43国的考察[J].国际经贸探索,

2020(9).

[184] 祁潇潇,赵亮,胡迎春.敬畏情绪对旅游者实施环境责任行为的影响——以地方依恋为中介[J].旅游学刊,2018(11).

[185] 任佳,马文霞.环印度洋地区南亚国家经济增长与发展现状[J].东南亚南亚研究,2015(3).

[186] 任娟.旅游业对环境的影响分析[D].北京:首都经济贸易大学,2011.

[187] 史春云,孙勇,张宏磊,等.基于结构方程模型的自驾游客满意度研究[J].地理研究,2014(4).

[188] 宋子千.科技引领"十四五"旅游业高质量发展[J].旅游学刊,2020(6).

[189] 孙根年,舒镜镜,马丽君,等.五大危机事件对美国出入境旅游的影响——基于本底线模型的高分辨率分析[J].地理科学进展,2010(8).

[190] 孙根年,周露.日韩东盟8国入境我国旅游与进出口贸易关系的研究[J].人文地理,2012(6).

[191] 孙根年.论旅游危机的生命周期与后评价研究[J].人文地理,2008(1).

[192] 孙敬鑫."一带一路"对外传播:现状、阻力与应对[J].中央社会主义学院学报,2022(4).

[193] 孙钰,章圆,齐艳芬,等.京津冀城市群基本公共文化服务水平的时空演变、溢出效应与驱动因素研究[J].北京联合大学学报(人文社会科学版),2022(2).

[194] 唐晓云,戴慧慧,彭建.旅游领域的科技发展:回顾与展望[J].中国旅游评论,2020(3).

[195] 唐晓云.旅游社会文化影响:分析框架、测量量表与评价方法[J].北京第二外国语学院学报,2013(7).

[196] 唐颖,张显春.旅游目的地居民心理幸福感量表的开发与验证[J].太原城市职业技术学院学报,2019(12).

[197] 田祥利,白凯.旅游目的地突发事件对西藏入境旅游市场规模影响

与政策响应[J].旅游学刊,2013(3).

[198] 田祥利.旅游目的地突发事件对西藏入境旅游影响分析与响应机制研究[J].西藏民族学院学报(哲学社会科学版),2012(5).

[199] 汪萍.城市旅游危机管理研究[D].乌鲁木齐:新疆师范大学,2009.

[200] 汪卓群,梅凤乔.环境满意度与环境负责行为关系研究——以深圳市红树林海滨生态公园为例[J].北京大学学报(自然科学版),2018(6).

[201] 王春豪.丝绸之路经济带建设中跨国供应链形成机制及影响因素研究[D].北京:对外经济贸易大学,2017.

[202] 王江琦,肖国华.我国科技风险投资政策效果评估——基于典型相关分析的中国数据实证研究[J].情报杂志,2012(6).

[203] 王洁洁,孙根年,马丽君,等.中韩出入境旅游对进出口贸易推动作用的实证分析[J].软科学,2010(8).

[204] 王洁洁,孙根年,郑鹏,等.美国台海政策的两面性与旅游互动的反对称性研究[J].思想战线,2010(3).

[205] 王利平.国内目的地居民对旅游环境影响感知研究综述[J].山西科技,2010(2).

[206] 王丽民,刘永亮.环境污染治理投资效应评价指标体系的构建[J].统计与决策,2018(3).

[207] 王灵恩,钟林生,成升魁.旅游消费的资源环境效应研究框架及其作用机理探析[J].资源科学,2016(8).

[208] 王鹏飞,魏翔.旅游外交与构建我国新型国家关系问题探析[J].现代管理科学,2017(12).

[209] 王琪延,韦佳佳.收入、休闲时间对休闲消费的影响研究[J].旅游学刊,2018(10).

[210] 王勤,金师波.新冠肺炎疫情对东盟经济发展的影响[J].亚太经济,2021(2).

[211] 王勤.疫情背景下中国与东盟共建"一带一路"的路径[J].当代世界,2021(12).

[212] 王素洁,Rich Harrill.目的地居民对旅游影响的评价研究——来自

山东省的实证检验[J].旅游科学,2009(2).

[213] 王艳.城市型滨海旅游目的地和度假区型滨海旅游目的地比较研究——以北海银滩和三亚亚龙湾为例[J].旅游论坛,2015(4).

[214] 王毅,陈娱,陆玉麒,等.中国旅游产业科技创新能力的时空动态和驱动因素分析[J].地球信息科学学报,2017(5).

[215] 王玛璠.基于VAR模型的贵州旅游业与经济增长动态发展实证研究[J].生产力研究,2021(1).

[216] 王跃伟.我国滨海旅游业的发展现状及对策分析[J].海洋信息,2010(3).

[217] 卫志民."一带一路"战略:内在逻辑、难点突破与路径选择[J].学术交流,2015(8).

[218] 吴成基,彭永祥,孟彩平,等.旅游区三重旅游环境系统及其优化调控——以西安为例[J].旅游学刊,2001(4).

[219] 吴东荣.旅游对接待地文化生态的影响[D].桂林:广西师范大学,2006.

[220] 吴丽云,张一帆,赖梦丽.中国"一带一路"旅游外交的挑战与应对策略[J].旅游导刊,2018(5).

[221] 吴茂英,周玲强."新公共外交"视角下的出境文明旅游与国家形象关系研究[J].旅游学刊,2016(7).

[222] 吴宁,章书俊.生态文明与"生命共同体""人类命运共同体"[J].理论与评论,2018(3).

[223] 吴童祯.面向"一带一路"的企业技术标准联盟驱动因素与发展模式研究[D].杭州:杭州电子科技大学,2021.

[224] 吴晓刚,张卓妮.户口、职业隔离与中国城镇的收入不平等[J].中国社会科学,2014(6).

[225] 项顺贵.浅析旅游的社会文化效应[J].长江大学学报(社会科学版),2012(1).

[226] 肖洪根.对旅游社会学理论体系研究的认识——兼评国外旅游社会学研究动态(上)[J].旅游学刊,2001(6).

[227] 肖蕾.消费金融对居民消费驱动效应研究[J].河北企业,2021(10).

[228] 肖佑兴,明庆忠.旅游综合效应评价的一种方法——以白水台为例[J].生态学杂志,2003(6).

[229] 肖佑兴.旅游目的地的旅游效应及其调适对策——以白水台为例[D].昆明:云南师范大学,2002.

[230] 谢春山.旅游产业的区域效应研究——以大连市为例[D].长春:东北师范大学,2009.

[231] 谢冬明,黄庆华,易青.游客旅游活动对环境影响的研究综述[J].老区建设,2019(16).

[232] 谢彦君.基础旅游学[M].北京:中国旅游出版社,2004.

[233] 熊丽.数字化国际供应链时代加速到来[N].经济日报,2022-03-30(6).

[234] 熊正德,姚柱,张艳艳.基于组合赋权和SEM的农田抛荒影响因素研究——以农民个人资本为视角[J].经济地理,2017(1).

[235] 徐亮.旅游通过国际关系对目的地政治的一般性影响——国际政治与经济发展前沿研究系列之四[J].中国集体经济,2015(10).

[236] 徐绍华,周文,蔡春玲."一带一路"建设中的民心相通研究综述[J].中共云南省委党校学报,2019(2).

[237] 阎学通.塑造国际形象不能舍本逐末[J].政府法制,2009(27).

[238] 杨宏浩,戴斌.出境旅游市场影响因素理论与实证分析[J].企业经济,2009(8).

[239] 杨劲松.办好"旅游年"增进中国和太平洋岛国人民福祉[N].中国旅游报,2019-04-12(3).

[240] 杨劲松.大众时代的出境旅游和解决方案[J].旅游学刊,2011(7).

[241] 杨军.中国出境旅游"双高"格局与政策取向辨析——兼与戴学锋、巫宁同志商榷[J].旅游学刊,2006(6).

[242] 杨莹莹,陈瑛.我国出境旅游研究综述与展望[J].资源开发与市场,2018(7).

[243] 姚柱,罗瑾琏,张显春.工作使命感对员工亲组织非伦理行为的影响:道德辩护的中介效应[J].管理工程学报,2021(1).

[244] 姚柱,罗瑾琏,张显春.时间创造幸福:时间领导对主观幸福感的作

用机制[J].管理工程学报,2021(4).

[245] 尹文渊.21世纪海上丝绸之路研究评述[J].现代商业,2015(6).

[246] 于泳,王慧.智慧旅游生态系统的构建及多中心治理机制研究[J].企业经济,2020(10).

[247] 俞万源,冯亚芬,梁锦梅.基于游客满意度的客家文化旅游开发研究[J].地理科学,2013(7).

[248] 张红珍.旅游发展与环境效应问题研究——以石林地质公园为例[D].昆明:昆明理工大学,2005.

[249] 张军,许庆瑞.提升企业自主创新能力:从哪里出发?[J].清华管理评论,2017(Z2).

[250] 张凌云.差距与挑战:中国主题乐园发展之路[J].旅游规划与设计,2016(1).

[251] 张萍,卢家楣,张敏.心境对未来事件发生概率判断的影响[J].心理科学,2012(1).

[252] 张庆军.提升县域居民科学素养的路径研究——基于对山东省寿光市居民的调查[J].长春理工大学学报(社会科学版),2015(1).

[253] 张显春.桂林入境游客旅游环境感知差异研究——基于韩国、马来西亚、美国游客的调查[J].社会科学家,2018(12).

[254] 张显春.欢乐还是幻乐:麻将娱乐对农村中老年群体幸福感的影响机制[J].西北人口,2019(4).

[255] 张晓,白长虹.快乐抑或实现?旅游者幸福感研究的转向——基于国外幸福感研究的述评[J].旅游学刊,2018(9).

[256] 张彦,于伟.旅游活动对城市旅游目的地社会资本的影响分析——以济南市两社区为例[J].旅游学刊,2011(8).

[257] 张彦,于伟.主客冲突对旅游目的地居民心理幸福感的影响——基于山东城市历史街区的研究[J].经济管理,2014(4).

[258] 张圆刚,程静静,朱国兴,等.古村落旅游者怀旧情感对环境负责任行为的影响机理研究[J].干旱区资源与环境,2019(5).

[259] 章锦河,刘珍珍,陈静,等.中国出境旅游与国际服务贸易关系分析

[J].地理科学,2012,32(10).

[260] 赵可金.从国际秩序到世界秩序转型中的中国[J].国际关系研究,2015(2).

[261] 赵倩."一带一路"战略背景下中国与东盟旅游业合作研究——基于AHP-SWOT分析法的视角[J].中国市场,2016(17).

[262] 赵珊."一带一路"带火沿线游[N].人民日报海外版,2019-04-26(12).

[263] 赵媛,王远均,杨柳,等.基于弱势群体信息获取现状的弱势群体信息获取保障水平和标准研究[J].情报科学,2016(1).

[264] 赵宗金,董丽丽,王小芳.地方依附感与环境行为的关系研究——基于沙滩旅游人群的调查[J].社会学评论,2013(3).

[265] 东盟国家向海洋垃圾"宣战"[N].中国海洋报.2019-06-28.

[266] 《"十四五""一带一路"文化和旅游发展行动计划》制定印发[N].中国旅游报.2021-07-20.

[267] 钟明品.全面建成小康社会的世界意义研究[D].上海:中共上海市委党校,2022.

[268] 周成,冯学钢,张旭红.中国旅游科技创新的时空结构、重心轨迹及其影响因素研究[J].世界地理研究,2022(2).

[269] 周广肃,樊纲,申广军.收入差距、社会资本与健康水平——基于中国家庭追踪调查(CFPS)的实证分析[J].管理世界,2014(7).

[270] 周青,吴童祯,杨伟,等.面向"一带一路"企业技术标准联盟的驱动因素与作用机制研究——基于文本挖掘和程序化扎根理论融合方法[J].南开管理评论,2021(3).

[271] 朱丹,王珂,徐红罡.中国出境游对构建国家软实力的影响与实施路径——基于澜湄次区域的研究[J].世界地理研究,2018(4).

[272] 朱红根,解春艳.农民工返乡创业企业绩效的影响因素分析[J].中国农村经济,2012(4).

[273] 综合中国网、科技日报等相关报道.科技创新驱动旅游业高质量发展[J].今日科技,2020(1).

[274] 邹统钎,胡莹.旅游外交与国家形象传播[J].对外传播,2016(5).